江郎山·廿八都

国家5A级旅游景区高质量发展助力共同富裕

《旅游景区高质量发展助力共同富裕》研究组◎编著

光明日报出版社

图书在版编目（CIP）数据

江郎山·廿八都国家 5A 级旅游景区高质量发展助力共

同富裕／《旅游景区高质量发展助力共同富裕》研究组

编著 . -- 北京：光明日报出版社，2024.8. -- ISBN

978 - 7 - 5194 - 8247 - 3

Ⅰ. F592.755.4

中国国家版本馆 CIP 数据核字第 2024CC4584 号

江郎山·廿八都国家 5A 级旅游景区高质量发展助力共同富裕
JIANGLANGSHAN · NIANBADU GUOJIA 5AJI LÜYOU JINGQU
GAOZHILIANG FAZHAN ZHULI GONGTONG FUYU

编　　著：《旅游景区高质量发展助力共同富裕》研究组

责任编辑：李　晶　　　　　　　责任校对：郭玫君　董小花

封面设计：中联华文　　　　　　责任印制：曹　净

出版发行：光明日报出版社

地　　址：北京市西城区永安路 106 号，100050

电　　话：010-63169890（咨询），010-63131930（邮购）

传　　真：010-63131930

网　　址：http：//book.gmw.cn

E － mail：gmrbcbs@gmw.cn

法律顾问：北京市兰台律师事务所龚柳方律师

印　　刷：三河市华东印刷有限公司

装　　订：三河市华东印刷有限公司

本书如有破损、缺页、装订错误，请与本社联系调换，电话：010-63131930

开　　本：170mm×240mm

字　　数：245 千字　　　　　　印　　张：14.5

版　　次：2025 年 1 月第 1 版　　印　　次：2025 年 1 月第 1 次印刷

书　　号：ISBN 978 - 7 - 5194 - 8247 - 3

定　　价：78.00 元

前　言

共同富裕是社会主义的本质要求，是中国式现代化的重要特征，是人民群众的共同期盼。在全面建成小康社会、开启全面建设社会主义现代化国家新征程的关键时刻，党中央高瞻远瞩、审时度势，进一步研究扎实促进共同富裕问题，明晰共同富裕的原则、核心和举措，指明实现共同富裕的路径。全域旅游高质量发展是促进乡村振兴，实现共同富裕的重要途径。

近年来，浙江省江山市围绕"处处是风景、时时享风景、人人皆风景"的目标，把"景区"作为全域旅游转型发展的第一资源，把"创新"作为全域旅游动能转换的第一动力，全力打造以景区带动全域旅游发展的江山样本，初步形成了以高等级景区为龙头、乡村休闲旅游为支撑的全域旅游格局，打响了全国一流休闲旅游目的地品牌，成为中国优秀旅游城市、首批国家全域旅游示范区之一，取得了丰硕成果。但随着全域旅游发展的逐渐繁荣，一大批旅游景点和乡村旅游如雨后春笋，旅游竞争也日趋激烈，江山旅游高质量发展面临重大挑战。江山市需要打破旅游发展管理体制的制约，创新现代管理体系，开拓旅游发展新举措，实现江山旅游在促进共同富裕的征途上再创辉煌。

以浙江工商大学程乾教授为主的课题研究团队，从国内外高等级景区高质量发展特色及模式，江山市旅游发展优势、劣势、机遇和威胁（SWOT）出发，全面分析江郎山·廿八都旅游景区不同发展阶段和特征，全域旅游高质量发展助力共同富裕贡献测算模型及评价分析，对全域旅游背景下高等级旅游景区助力共同富裕的举措以及创新路径，探索全域旅游背景下高等级景区带动全域旅游和乡村振兴的内在机制和发展路径，提出了针对性建议。

本书在全域旅游背景下对高等级旅游景区发展助力共同富裕展开研究，对于县域旅游发展促进共同富裕具有一定的指导意义。该书是高校和地方产业的结合，学科研究与产业发展的结合，是研究课题组集体智慧的结晶。

本书全面工作主要由程乾、曹慧郎和吴康勇负责，包括总体思路、大纲编写、人员组织、前言、全书修改完善和完稿等工作。导论、第一章、第二章、第三章、第五章、第十二章、第十三章由程乾、曹慧郎和吴康勇撰写，第四章、第六章和第七章由张帆撰写，第八章、第九章和第十章由程乾撰写，第十一章由朱跃林撰写。

本书得以顺利完成，感谢江山市旅游发展有限公司的各级领导干部在实际调研过程中给予的关心和大力支持，他们在书稿的撰写和研讨过程中提出了宝贵的修改意见，在此一并致谢！

目 录
CONTENTS

导　论

　　全域旅游高质量发展是将一定区域作为完整旅游的目的地，以旅游业为优势产业，统一规划布局、优化公共服务、推进产业融合、加强综合管理、实施系统营销、强化共建共享，以实现旅游发展全域化、旅游供给品质化、旅游治理规范化、旅游效益最大化。全域旅游高质量发展是促进乡村振兴，实现共同富裕的重要途径。

　　近年来，江山围绕"重现旅游辉煌"主战略，全力打造最具区域影响力的休闲旅游首选地，为全省旅游高质量发展提供江山样本。"如诗如画，亦是江山。它是王希孟《千里江山图》中描绘的青绿山水，也是毛主席《沁园春·雪》中赞叹的诗意山河。高耸门楼、古朴山墙，充满浙西风情的江山是生态优美、休闲适宜的山水家园。历史人文荟萃，文化底蕴深厚的江山正不断厚植资源优势，蓄力奋发讲好'江山故事'。"

　　一、高能级带动，绘就锦绣江山"大景区"

　　地处浙、闽、赣三省交界的江郎山是浙江首个世界自然遗产。2017年2月，文化和旅游部公布新一批5A级旅游景区名单，江郎山·廿八都旅游区成功入选。"世界自然遗产""5A级景区"，这是江山旅游的最大吸引力。以核心景区为带动，江山绘就了"星罗棋布、众星拱月"的全域旅游壮美画卷。按照"挖掘一方文化，塑造一个景区"的理念，江山梳理区域"4+1"特色人文，成功打造世界自然遗产地1处、4A级景区3处、3A级景区12处，全面建成5大核心景区。"核心景区"的建立，让旅游红利不断向周边释放，从景区游逐渐辐射至乡村游。"随着市民游客对个性化、重体验产品需求的增加，江山民宿也从最初的重视数量到如今的品质为先，走上了高质量发展的路径。"目前，江山吸引了一批高等级民宿如西坡、过云山等全国知名品牌集聚，民宿成为江山全域旅游的一张"金名片"。与此同时，随着江山金陵大酒店、君澜·江山国际度假酒店成为国家五星级酒店，春风·江山的开元大酒店、贺村的海外海酒店等一批酒店项目也按照五星级标准拟建，江山市酒店产业初步形成了以多家星级酒店为主体、300 余家各类型旅游住宿设施为补充的服务体系。特色民宿与高端酒店互补，"游周边，住江山"成为游客消费新趋向。高质量发展是全域旅游的有力抓手，也是打造千万级核心景区的关键。江山通过引入春风·江山田园文旅颐养小镇、城北旅游综合体、旅游集散中心等一批强链补链项目先后落户。随着廿八都国际非遗活化（手造）街一期、云鹿宿集、开元乡村度假酒店、春风·江山宿集等项目落地，江山高等级旅游景区的带动效应将不断彰显。

二、高质量融合，"旅游+"启动发展新引擎

作为浙西地区首个实景演出节目，《你好江山》融合了江山婺剧、廿八都山歌、大陈村歌、红色抗战历史等特色文化元素，自首演以来，吸引了上万游客观看，受到了社会各界的广泛好评，成为江山"旅游+文化"的典型。目前全市所有景区村庄都拥有自己的村歌，作品累计荣获国家、省级荣誉 20 多项，被誉为"中国村歌发祥地""中国村歌之乡""中国村歌创作基地"，江山村歌还唱进北京人民大会堂，并入选 G20 杭州峰会文化礼品。村歌已成为"旅游+文化"的黏合剂，赋予了全域旅游更多内涵和灵气。在推进旅游业发展的过程中，业态融合是大势所趋，"旅游+文化"只是一个缩影。近年来，江山市依托核心景区串联带动，全面调整旅游供给结构，提高旅游供给质量，培育旅游全新动能，已先后培育了数十个国家级、省级"旅游+"业态融合产品。2021 年元旦当天，当第一缕阳光照亮世界自然遗产地——浙江江山江郎山时，已有数千名健身爱好者迎着朝霞拾级而上，以登高这个传统的方式祈福。自 2016 年全国新年登高健身大会后，健身爱好者们第 6 次集体在美丽的江山领略"运动之城、体育福地"的独特魅力。近年来，江山积极发展赛事 IP，连续承办全国新年登高健身大会、江山 100 国际越野跑等 60

多场国际、国家级赛事，并先后创建了一批省运动休闲旅游示范基地、精品线路和优秀项目，以此带动全域旅游发展。

三、高标准提升，"城市+乡村"美美与共

红红火火的乡村旅游，很大程度上要归功于江山清漾村前几年开始的村容、人居改造工程。近年来，江山把村庄景区化建设作为实施乡村振兴战略、发展全域旅游的主方向，以描绘现代版"千里江山画卷"的气魄，全面打造美丽乡村建设的江山样本，实现了A级景区村庄全域覆盖，且景区村庄的数量、品质均居全省前列。农村的环境变好，乡村旅游的人气变高，农家乐、民宿餐饮、田园采摘、土特农产品销售等业态的出现，促进了农业旅游产业链的兴盛，一批过去人迹罕至的空心村变成了今天车水马龙的景区村，富民成效显著。据统计，旅游业对全市乡村就业贡献率连续两年突破10%，主要旅游乡镇农民年均可支配收入增幅超15%，旅游富民成为乡村振兴发展的新引擎。为了提升游客的体验感和获得感，在浙江省率先实施旅游厕所五类管理工作法，推动全市近300个旅游厕所改造提升，基本实现了旅游厕所全域覆盖。同时还构建了外联内畅的综合交通体系，杭衢高铁、通景公路等重大交通项目加快推进，旅游综合网络枢纽站即将建成投用，游客"落地自驾自由行"触手可及。春至箬山踏青，夏来石鼓戏水，秋赏鳌顶红柿，冬看浮盖飞雪。多娇江山，已经成为长三角地区乃至全国响亮且独具魅力的城市品牌。

四、高品质转化，"两山银行"助力共同富裕

党的十八大以来，我国旅游业紧紧围绕美丽中国和生态文明建设，充分发挥战略性支柱产业作用，在推进绿色发展、提振消费、乡村振兴、脱贫攻坚等国家战略中蓬勃发展，涌现许多实践案例及创新举措，深入诠释了习近平生态文明思想的强大力量，成为践行"两山"理念的生动样板。"两山"理念在旅游领域实践的成功表明，旅游业是绿水青山的"保护伞"，绿水青山是旅游业的"聚宝盆"。自"两山"理念提出以来，显示出持久的理论生命力和强大的实践引领力。面对新冠疫情影响和经济下行压力增大等风险挑

战，面对人民群众更加美好的旅游需求，践行"两山"理念是应对风险挑战、推动旅游业转型升级的长久之策，是坚定不移贯彻新发展理念、实现旅游业高质量发展的必由之路。越是面临困难，越要向绿色转型要出路。要牢固树立生态优先、绿色发展的导向，以全域旅游为引领，加快转变旅游业发展模式，实现从数量增长到质效提升、从粗放型经营到集约发展的转型。江山市充分运用生态优势应对变局、开拓新局，依托农村绿水青山、田园风光、乡土文化等资源，大力发展休闲度假、旅游观光和乡村旅游，借助电商、直播带货、云平台等最大限度降低疫情造成的影响，实现旅游业发展和旅游资源环境可持续改善。"两山"理念推动"两山银行"着重发展，江山"两山银行"通过统一集中收储，"碎片化"资源规模形成；通过分类开发运营，"低效化"资源价值提升；通过增信经营主体，"沉淀化"资源激活变现；通过利益共享机制，"薄弱化"主体实现增收；通过平台赋能产业，"立体化"产业培育加快。以"两山银行"重点领域突破带活联动全局，从县城层面印证了贯彻落实习近平总书记关于"绿水青山就是金山银山"重要论述的实践伟力，彰显了绿色发展的时代底色。

"两山银行"融合评估机构、担保机构、金融机构等在内的十大支撑体系，全面覆盖调查—评估—管控—流转—储备—策划—提升—开发等转化全流程，将农村布局分散、闲置抛荒、低效利用的生态资源进行标准化集中收储。通过包装策划、分类提升、品牌培育等路径，为后续运营开发打下坚实基础，有效解决原本招商项目因政策处理难、周期长而不能顺利落地的问题。"两山银行"借鉴商业银行分散式输入、集中式输出模式，以农业产业投资银行、生态资源储蓄银行、低效资产招商银行、文化资源开发银行、有偿权限变现银行、生态安全保障银行"六大行"为目标定位，通过建立增信体系，对经营权、生产资料等有偿取得的权项、难以确权的权项进行金融赋能，并与金融机构、担保机构共同承担贷款风险，盘活长期"沉睡"的生态资源。"两山银行"创设利益共享机制，在对村集体内的生态资源进行综合开发利用过程中，通过参股分红、修建基础设施、提供就业岗位等多种形式，将获得的收益反哺给村集体，形成绿水青山转化为金山银山再反哺绿水青山的闭环机制，让当地村集体和农户实实在在享受经济发展和环境保护双重红利，使城乡居民的获得感、幸福感、安全感更加充实、更有保障、更可持续。

五、高水平竞争，江山旅游高质量面临挑战

随着全域旅游发展的逐渐繁荣，一大批旅游景点和乡村旅游如雨后春笋，旅游竞争也日趋激烈。江山旅游高质量发展面临重大威胁，一是周边旅游地区激烈的空间替代竞争，二是游客群体对旅游产品的品质需求和多样化需求，三是江山旅游发展到一定阶段需要再次提升。由于旅游业是一个新的国民经济增长点，兄弟县市都认识到旅游是大力推动农村经济发展、改善农民生活方式和提高生活质量的有效途径，同时对农村环境保护、乡土文化的推广和传承都起到了积极的作用。各级政府前所未有的重视使得旅游业蓬勃发展，而各个地区在旅游资源开发方面的速度也在不断加快，在旅游景点开发、项目推广、战略营销方面不断推陈出新。江、浙、沪、皖周边地区，相对来说旅游开发时间更早，产业发展成熟，有稳定的市场占有率和吸引力。由于旅游市场的门槛较低，经营者和从业者不需要经过复杂严格的培训程序，就能胜任日常的接待、餐饮、住宿等工作，因此，从业者众多也是乡村旅游竞争日趋激烈的原因之一。邻近地区旅游环境相近、旅游产品同质化严重的问题，也是江山旅游高质量发展所面临的压力和挑战。高速时代延长了人们的出游半径，游客的选择机会日益增多，接触各类旅游产品的机会增多，游客对旅游产品更加挑剔，需求更加品质化和多样化。

六、高统筹发展，构建旅游高质量管理体系

江山全域旅游发展迅猛，但与高质量发展所匹配需要的高质量管理还存在较大差距。旅游资源虽然丰富，潜力大，但周边大部分乡村旅游多为自然市场发展，乡村特色不够明显，地区文化资源挖掘不深，有些乡村传统文化流失严重。非遗文化传承和创新，人才培养和资金投入步伐与地区文化旅游发展不能同步，其经济收入与行业推动作用不明显，乡村基础设施、综合治理等还需加强。而出现这些问题的根本原因在于江山市的景区管理，尤其是

高等级景区管理体制机制方面存在很多不足。

（一）景区管理体制与全域旅游发展不相适应

目前江山市高等级景区有 1 个国家 5A 级景区（江郎山·廿八都景区），3 个国家 4A 级景区（浮盖山、仙霞关和大陈村）。在景区管理上，属于江山市旅游发展有限公司，但地域管理上仍然属于当地乡镇。虽然景区已经设立了景区管理委员会来对景区进行专门管理，但仍然跟不上景区管理的客观需求，尤其是景区运维常态化管理。首先，是当地乡镇和国有旅游公司共同管理运营的模式。这种模式当然有它的优点，比如，既能强化政府的管理职能，又能发挥企业的市场作用。但这种模式也使得企业要更多地考虑甚至遵照政府部门的指示和要求来进行景区维护和开发。由于政府始终是景区管理的权威者，专业性旅游机构和人员在景区规划、发展乃至管理中，远不能发挥决定性作用，他们在大多时候只是政府决策者的智囊机构甚至只是执行机构。往往在这种方式下，旅游公司只能管理涉及游线或公共区域，涉及老百姓房屋、老百姓生活习惯和村庄的生产活动，旅游公司很难管理，只能通过乡镇进行协调管理。这在当下乡村旅游全域化、无边旅游的情况下，景区管理很难实现对全域景区的有效管理。因此，江山在全域旅游背景下很难实现对高等级景区的高质量管理，景区管理体制机制方面存在劣势。

（二）政策制度落实无法跟上旅游市场需求

江山全域旅游以发展乡村旅游为主，旅游资源丰富，但缺乏旅游接待能力和应有的接待配套设施，如各种级别的旅馆、客栈等，品牌知名度、美誉度和忠诚度亟待提升。江郎山景区是典型的以发展乡村旅游为主的旅游目的地，有多种旅游产品；但现有的许多特色产品由于缺少规模经营和文化内涵，核心竞争力不强。此外，当地的旅游发展模式不够精细，无法衍生出以旅游为核心的产业链和产业集群，造成旅游内部结构和地域结构不合理，无法形成区域性的经营组织引导有序化经营、集约化发展，这一切导致当地旅游业缺乏一套行之有效的经营管理和资源配置体制机制，不可避免地制约了旅游业的可持续发展。江郎山景区内特色文化多种多样，文化旅游产业未能发挥较大作用，且文化旅游的建设发展离不开政府的支持，政府没有充分发挥主导作用，对做好重大特色文化产业品牌项目的扶持和经营力度不够。政府虽重视当地特色文化在乡镇文化建设中的作用，但是对当地特色文化认识较浅，且利用程度不高，导致在进行文化建设过程中出现文化重复的问题，在文化内容等方面高度相似，自身文化特色不明显，文化分布较分散，文化IP 彰显不足。

从城市营销的方式看，缺少城市文化 IP 打造，缺少系统的旅游产品以及业态运营无法弥补景区门票收益的缺失。从招商引资看，江山需要破解用地指标、条块分割、落地推进等瓶颈。江山旅游已经迈入国家全域旅游发展的高质量阶段，但缺乏与之相匹配的旅游高质量管理体系，高质量管理体制的缺乏制约着江山全域旅游高质量发展，因此，全域旅游高质量发展迫切需要在管理体制上实现创新突破。

七、高质量治理，提振全域旅游管理现代化

目前国内大多数成功的国家 5A 级旅游景区的管理经验模式，都是景区管理委员会负责景区所在区域的全面运营管理，统筹协调景区各方诉求，保证服务品质，易于管理。景镇合一的管理模式，既保证了景区建设运营的全面管理、有序协调管理，也保障了居民参与景区管理的积极性。

因此，江山市需要通过旅游领域体制机制的改革创新，打破旅游发展管理体制的封锁，完善现代旅游治理体系，健全旅游业可持续发展的现代体制，提高现代旅游治理能力，全面改变江山市全域旅游背景下高等级旅游景区管理体制，以适应当前全域旅游发展需求的高质量，实现旅游高质量发展，促进城乡共同富裕。

第一，创新落实旅游运营管理的现代技术评价体系。破解旅游产业发展中资源整合与统筹协调、旅游规划与产业促进、旅游监管与综合执法、市场营销、旅游公共服务等领域长期以来存在的协调难题，形成现代旅游治理新体系。针对不同旅游利益主体，推进旅游改革和管理体系改革，完善政府、企业、行业组织、居民等多元参与利益关系机制，合理兼顾不同主体利益的诉求，建立现代旅游治理体系，形成旅游业持续健康发展的良好制度环境，

实现从传统旅游治理管理向全面依靠信息科技提升治理现代化和科学化，提升旅游治理效能，促进旅游治理规范化。

将运营机制纳入政府年度考核体系，建立旅游高质量发展工作的督查、落实数字化考核机制，确保机制有效运行。要建立体现高质量发展的评价指标体系。建立高质量发展评价指标体系要实行总量指标和人均指标相结合，效率指标和持续发展指标相结合。旅游高质量以游客服务为中心，提高旅游高质量和幸福感指标。江山旅游高质量评价指标不能"一刀切"，应允许在总体框架下，各地因地制宜突出重点，使评价指标真正起到风向标和助推剂的作用。通过江山市旅游高质量发展数字化评价指标体系，评价全域旅游背景下各个景区旅游发展实际，评价各个景区发展成效。通过发展评级，发现发展中存在的问题，找出各个景区的发展困境，激发各个景区的发展积极性，便于后续提出解决对策。

第二，培育完善旅游市场政策和公共服务体系。完善促进旅游市场消费的体制机制，进一步优化消费环境，增加有效供给，满足人民群众日益增长的美好生活需要。一方面，坚持面向消费需求，增加有效供给，满足不断升级和多样化的居民消费需求；另一方面，依法管理消费市场秩序，切实保护消费者利益。同时，加强对消费市场的监管，加强对消费侵权的查处，严格打击假冒伪劣商品，使人民群众放心安全地消费。支持社会力量进入医疗、养老、教育、文化、体育等领域，满足不同层次收入群体的多样化需要。同时加强必要的质量、风险和收费标准监管，使其与政府投资形成良好的互动和补充。高质量发展需要高质量的服务环境和服务要素。根据江山旅游产业结构由观光向度假休闲转型升级的需要，加强在职培训，提高旅游人才对高质量发展的适应程度。制定多层次人才政策，构建适应各类人才的薪酬和激励机制，吸引各类旅游人才。通过各种制度强化和完善旅游市场政策和公共服务体系的高质量。

第三，旅游全产业链统筹管理保障高质量发展。随着当前社会经济的快速发展，游客对物质生活水平的要求日益提高，对生活品质的日益追求，对高质量旅游品质需求的提高，其旅游消费需求、旅游习惯和消费习惯也随之改变，这给江山旅游产业分工和专业化带来了更大的空间，高等级景区产业需要更加集聚，旅游结构需要更好优化。建立统筹管理的景区管理机制，实现产业链的延伸和拓展，完成旅游全要素、全产品、全过程和全服务的提升。江山市旅游产业链只有进一步细分和延伸，城镇与景区、乡村与景区之间开始形成网状一体的产业链条。不同独立的旅游产业单元合并成更大的单元，旅游产业和景区旅游走向"全域—景区"一体化旅游，朝向"全域旅游社区"的形式发展。因此，旅游全产业链需要统筹管理的组织体制机制，才能保障旅游高质量发展。

八、开创新体制，激活景区促乡村旅游共富

江山市始终以满足人民群众日益增长的美好生活需要为方向，扛起旅游高质量发展和建设共同富裕示范区的文旅担当，努力推动旅游发展及文化服务成为"物质富裕"和"精神富有"的最靓底色。在全域旅游背景下，通过江山高等级旅游景区带动共同富裕的创新举措和路径，实现江山旅游促进全域共同富裕，勾画出江山新的全域旅游促共同富裕发展格局。

开创"景村全域旅游"的新举措，本质要义就是适应大众旅游时代旅游消费蓬勃且持续增长的需求，适应大众旅游时代旅游消费需求的全新而巨大的变化，以新的旅游资源观和发展观为指导，把一个景区和乡村整体作为环境优美、业态丰富、功能完备、服务配套的旅游目的地来建设，创造更多、更大、更美的旅游生活空间，以增加旅游产业的有效供给，提升旅游发展的整体水平。这是旅游发展理念的创新，旅游发展模式的变革，也是旅游发展格局的突破。旅游景区是以自身的旅游资源为依托形成具有相应吸引力的区域，是一个可供人们进行旅游活动的相对完整的空间环境。在投资和运营体制上，要践行开放带动，破除景区内外的体制壁垒，推进景区所有制和管理机制改革，引入多元投资主体和经营主体，激发景区建管的活力。

因此，需要创新建立与全域旅游高质量发展相适应的高规格景区管理体系和相关举措，可以加快全域旅游高等级旅游景区带动作用的进程。

第一，需要创新适应全域旅游背景下景区促进乡村旅游共富的管理机制。全面改革和创新江山旅游景区的管理模式是江山全域旅游高质量发展的

迫切需求。借鉴省内其他国家 5A 级旅游景区的成功管理经验，建立具有市级行政权的高规格管委会。跨多个建制镇的大型景区管理委员会，将带动力大、辐射强的多个资源点和景区与建制镇及村庄紧密结合，建立形成独立的行政建制或准县级行政权的派出机构，强力推进目的地旅游区域综合发展；深化提升国家 5A 级旅游景区、省级及国家级旅游度假区、特色小镇等综合区域发展。景区改制是分层次的，有小的古村乡村景区、有江郎山大景区，大景区原则上可以作为副县级机构来管理，也可以将目前景区管理旅游开发公司和所在乡镇共同管理高等级景区改革和创新为景区所在区域的景镇合一统筹管理机制，形成党政领导挂帅，统筹所涉及的宣传、组织、政法等党委部门和公安、财政、国土、环保、住建、交通、水利、农业、体育、统计、林业等政府部门参与的全域旅游综合管理机制，从全局推进旅游统一规划、统筹部署、整合资源、协调行动。通过成立江山高等级景区旅游管理委员会，统筹景区所在的乡镇党委、政府、人大、政协等机构参与，全面统筹所在区域高质量旅游发展，促进共同富裕。如国家 5A 级廿八都旅游景区，景区其实涉及多个利益主体，景区管理部门是旅游发展有限公司下属的廿八都景区公司，但景区内居民房屋产权、河道水系、古镇街巷、老百姓生活的场所以及景区内老百姓都由廿八都镇管理，目前的管理体制无法适应全域旅游发展的市场需求，通过成立副县级机构来统筹管理景区，可以实现全范围管理和运维旅游景区和周边乡镇旅游发展，满足游客对于无边界全域旅游的市场需求。

第二，需要全面优化景区和乡村旅游链式产业管理。要延长产业链，提升文化和旅游互动效应，推动差异化发展，不断拓展衍生产品链，增强产业支撑；要拓展产业面，培育多元联动、纵横延伸的产业体系，打造点线连接、区块结合的产业发展格局；要形成产业集群，引导文旅市场高质量发展，推动文旅产业要素集聚集约。首先，江山需要构建产业生态培育的全体系、大系统，生成具有较强市场竞争力和鲜明区域带动力的产业新模式新格局。一是优化产业布局，完善旅游城市集散功能，加快廿八都古镇二期等项目建设，提升核心景区辐射带动效应。整体推进以峡口、廿八都、保安乡为重点的南部连片生态休闲示范区建设，实现区域生态旅游资源联动规划建设。二是丰富"旅游+"产业培育。加快培育"旅游+体育""旅游+养生""旅游+研学"等新业态,特别是在"旅游+体育"方面,逐步形成江山的"旅游+"品牌热点。其次,串联景区乡村,做靓做精景区乡村休闲旅游。一是"点"上做精。努力形成"百花齐放"。二是"线"上集聚。按照景区乡村旅游理念,通过串点成线,推出多条乡村休闲旅游精品线路。三是旅游富民。坚持走景区乡村休闲旅游、生态农业、电子商务"三位一体"发展之路,通过大景区带动农民发展民宿,增加农民收入。

第三,需要加强泛景区化的景区和乡村规划顶层统筹。统筹考虑景区与所在村、镇的生产、生活、生态规划一体化,全面推进景区与乡村交通、能源、水利等基础设施建设。景区与乡村环境一体提升。联动开展品质提升、小城镇环境综合整治和美丽城镇建设、美丽乡村建设等行动,推动景区和乡村居住环境同步改善、持续升级。

包括"多规对接、多规融合、多规合一"三个层面,充分发挥全域旅游规划的统筹与引领作用。多规对接或衔接主要是指旅游规划内容需服从上位规划的相关要求。多规融合主要是指法定规划要满足旅游发展相关需求,且产业规划中要充分考虑发展与旅游融合型项目、产品和业态。多规合一则是指以旅游为主导的多规融合发展规划。其中,多规融合是地方各部门联动的主要法律依据,是产业融合发展的政策保障;多规合一是多规融合的最高形式。如江郎山景区、清漾景区和石门镇旅游统筹规划,充分发挥江郎山和清漾国家 5A 级旅游景区的影响力、地域和人文资源的优势,结合石门镇丰富的乡村配套资源,综合考虑进行度假休闲旅游目的地的打造。

以江郎山国家 5A 级旅游景区为依托,围绕江郎山世遗文化,做精文化旅游产品,全力推进以春风江山田园文旅颐养小镇为核心的江郎山省级旅游度假区申报设立,谋划建设清漾毛氏文化交流基地,打造世界知名、全国一流的全域运动休闲旅游目的地,培育壮大千万级核心景区平台。加强江郎山·廿八都国家 5A 级旅游景区及周边等重大项目建设,通过对江郎山文化的深度挖掘,谋划江郎山养心湖生态旅游区、江郎山滑雪基地项目,加大招商引资力度,建设一批高品质、轻奢型旅游度假设施,逐年建设旅游度假体系产品。

以廿八都景区的古镇资源优势，浮盖山景区山岳资源和廿八都镇众多的乡村资源优势，如周边兴墩村的资源优势，充分发挥廿八都镇和古镇景区的联动作用。以廿八都古镇景区为核心，依托廿八都古镇深厚的历史文化底蕴和"枫溪锁钥"的独特项目资源，以婺剧文化、方言文化为引领，对婺剧、方言以及其他江山非遗进行演绎和活化，融入旅游项目打造、景观风貌优化等多个方面，打响廿八都文化品牌。通过仙霞关景区与保安乡各个乡村统筹规划、联动发展，极大提高景镇村的整体发展。戴笠故居老街：展示民国风情；仙霞雄关古道：仙霞关遗址文化底蕴深厚，古道文化彰显和活化；石鼓香溪景点：戏水亲水的乐园，综合性旅游服务配套设施；箬山梯田乡村：西坡民宿的注入带动整村发展；鳌顶柿林古村：古村周边古柿林遍布，采摘旅游或体验性项目。

第四，需要以景区管理带动提升乡村旅游运维质量。坚持开展"景区管理、景区服务、造血乡村"等旅游质量输出促进乡村振兴等主题活动，推动旅游景区进行旅游提振乡村活动。加大教育培训投入，重点做好行业领军人才和乡村从业人员的培养，举办饭店、旅行社、景区和乡村村民相关岗位技能大赛，推动旅游企业和旅游乡村自主培训。鼓励、指导宾馆、饭店、民宿和农家乐等进行星级饭店、特色文化主题饭店、绿色饭店、品质饭店创建。积极实施旅游质量精细管理，探索旅游景区和乡村旅游专业化、连锁化运营模式，引进国内外知名品牌、专业团队，组建"旅游运营智库"，实施"万村景区化 2.0"，打造专业强、服务优的乡村旅游运营团队，培育"乡村旅游带头人"，推动江山实现乡村旅游服务设施现代化、服务人员专业化、服务方式标准化和服务内容人性化。通过将景区运营管理方式和技能不断输出到乡村，提高乡村旅游运营管理水平，全面实现景村旅游服务和管理一体化。

第五，需要以高质量理念提振景区乡村全域旅游发展。在"景村旅游"的新格局中，发挥景区的引领效应显得十分必要。引导和促进景区走向打造精品、培育精品景区，发挥景区的引领作用和带动效应，使品质景区成为"景村旅游共富"先导区和示范地，综合统筹发展新格局。在"景村旅游"的新格局中，实现景区转型，发展导向、发展体制和管理机制尤为重要，必须依靠创新驱动和品牌引领。在发展导向上要更加注重景区的生态、社会、经济三个效益同步提高；更加注重把景区建成当地市民和外地游客共享的旅游休闲生活空间；更加注重资源的整合，推进景区的集聚发展、特色发展、协调发展，实现"不是建设更多的新景区，而是创造更大的新空间"。

"有限的景区，无限的产业"，延伸景区产业链，培育新的增长点，丰富旅游业态，拉动综合消费，即实现"景区+"，如"景区+地方美食""景区+文创产业""景区+特色购物""景区+亲子旅游""景区+健康养生""景区+节庆活动""景区+婚庆产业"等。实现景区的综合统筹发展，就是要走产业经济之路。

坚持高质量发展战略，以国际引领的文化旅游目的地品牌建设和江郎山文化传承创新示范区建设为抓手，高质量构建文化和旅游产业体系。引入品牌企业带动江山高质量发展，或者打造特色文化小镇、文化遗产旅游产品、演艺娱乐文化产品等一批高质量文化和旅游项目工程，优化文化和旅游产业发展环境，培育新业态，推进产品创新、服务创新和机制创新，加强产业发展的保障措施，实现江山旅游产业高质量发展。通过景区高质量优质产品和服务的输出，引导乡村旅游从传统向精品发展，从低端向高质量发展。

第六，需要建设景村创业孵化学校，实现村民旅游就业创业。高标准实施富民强村行动，推进共同富裕共创共建；实现充分高质量就业；坚持以创业带动就业，对重点群体和新业态新模式从业人员开展精准培训，支持企业开发爱心岗位，推进农村创业创新等；促进低收入群体增收；深化低收入农户"奔富十法"，实施"田园共富""飞地认养"等项目，创新"田园共富""农创共富"等新载体，建立完善持续增收、成果巩固和共建共富的闭环机制；壮大农村集体经济；以市镇两级景村抱团项目为核心，纵深推进景区村级集体经济"壮大工程"，构建高质量增收渠道。

建立景区村民旅游就业创业乡村孵化学校，鼓励村民和新农参与乡村景区创业孵化学习，提高自身旅游从业者和创业者素质，掌握旅游技能，了解最前沿旅游态势和旅游市场前景。景区培训通过在景区设置培训课堂，民宿现场培训以及农家乐培训服务等项目，提高村民参与景区旅游发展的积极性和参与性，实现村民在景区、庭院、田园和农事活动中体现的价值，完成在家门口旅游就业和创业，实现乡村旅游促进共同富裕的愿景。

第七，需要厘清乡村潜力旅游资源，激活景区村镇乡土资源。坚持"活态保护、有机发展"，盘活闲置资源，最大限度节约土地指标，减少各类建设性破坏。在前期江山夯土房助力乡村旅游共富的成功经验基础上，全面梳理景区周边村镇老屋、古树、环境、文化、生活肌理，重现乡村风貌格局和商业活力。全面整理江山高等级景区周边空置的古宅、老屋、旧居、古桥、古树或空心村等资源。结合景区旅游发展，整体统筹这些闲置或没有充分发挥资源优势的乡村，通过保护利用传统村落和活化利用老屋，宗祠、古廊桥、老屋得到修缮保护，乡村植入民宿、生态农业、文化产业等业态。古镇古村在保护规划的同时，结合旅游发展的需要，统筹考虑古镇旅游产品和旅游线路的开发。如廿八都古镇与周边乡村旅游融入了地方旅游经济发展的大流之中，成为廿八都古镇新的经济增长点。古镇保护与发展旅游相结合，一方面提升了古镇的环境空间品质，保留了传统的场所精神，使古镇历史文化资源的内在价值得到体现和提升。另一方面，古镇的知名度通过旅游这一手段得到有效的宣传，并逐步树立古镇自己的品牌形象，进而促进旅游发展，并为古镇保护提供资金支持。通过古镇古村打造一批"民宿村""非遗村""画家村""养生村""户外运动村"，活村活业活态富民。

第八，需要打造景村差异优质产品，满足旅游市场新消费。优质旅游产品永远是稀缺品，也是未来旅游的制胜法宝。新发展阶段，旅游者的需求更加多元化，"游"不再是唯一要素，"住""娱""购"等旅游要素显得愈加重要。一是布局上要更加合理。通过优化旅游产品结构，提高旅游服务质量，重启和优化旅游休闲配套服务，激活和促进旅游休闲业态的整体运行，确保旅游产业高附加值和综合发展质量。二是业态上要更加丰富。通过培育丰富业态，做精做活江郎山和清漾的度假业态、廿八都古镇的民宿集群发展项目、仙霞关景区和保安乡的民国风情体验等项目，通过旅游内容深耕、产品深耕、产业链深耕，满足游客多元化需求。三是服务上要更有温度。注重细分消费者市场，"90 后""00 后"将成为旅游业消费的主力军，有温度、人性化、高效率的服务价值需要在旅游相关行业中被大家认可，这是优质产品的保障。四是景区和乡村要有差异化优质产品。景区和乡村各有不同的资源特色和服务产品，景区以引领性产品为优质产品，而乡村以地域文化特色的乡村个性化旅游产品和服务，满足不同游客群体的旅游需求。对于具备优势产业的乡村，选择其优势产业进行重点扶植和培育，与旅游业进行充分融合，将其打造成景村特色产业；对于不具备优势产业的乡村，选择适宜产业进行导入，例如，对生态环境优美、地域风情浓郁、建筑特色突出、市场发育成熟的廿八都古镇乡村可导入民宿集群产业，并将其打造成景村特色产业推向市场。乡村作为相对原生态的地域空间系统，拥有城市地域无法替代的经济、社会和生态等功能。农业生产是乡村产业发展的根本，而保持景观的乡村性是乡村旅游发展的本质特性。依托乡村生态、生产和生活资源，积极创新旅游产品，构建新型农业经营体系，促进农业与旅游业融合发展。另外，在此过程中，特别要重视"人"（当地村民）的作用，有了当地村民的参与，景村才是有温度、有灵魂的，才能更好地区别于其他景村。提炼村庄的特色资源和人文风情，将其打造为有别于景区的村庄优质旅游产品。

第九，需要树立景村旅游共富典范，廿八都民宿共富示范区先行先试。开展旅游景区促乡村共富示范典型建设，努力形成"以点带面、示范引领"带动效应，努力建成江郎山景区、清漾景区和石门镇旅游休闲度假片区；廿八都古镇休闲旅游目的地的打造和仙霞关景区、保安乡各个乡村统筹发展为休闲旅游片区。

乡村民宿在向游客提供高品质住宿的同时，传递原生态的传统文化生活，增加乡村旅游的文化体验和乡村生活体验。通过"景区引领民宿+乡村小众民宿"的形式，联动景区、乡村的农产品和休闲观光、农事活动体验、地方民俗体验等其他业态的发展，推进乡村资源、农业资源的开发和利用。

目前廿八都民宿发展势头迅猛，依托古镇深厚的文化底蕴、淳朴的民风和古香古色的建筑遗迹，通过在民宿体验过程中加入民俗、非遗等文化元素，契合现代人的文化消费需求，不断提升民宿产品附加值，极大提高廿八都民宿品牌发展，壮大廿八都古镇民宿集群优势。结合树立示范景区乡村共富，休闲产业建设分期实施，可以选择廿八都景区休闲产业发展带动周边乡村民宿发展进行建设示范。以廿八都景区民宿休闲产业为引领品牌，建立乡村民宿孵化学校，引入培训导师和课程，课堂和实践相结合引导乡村居民参与乡村民宿建设和发展，依托美丽山水和人文古镇大力发展乡村民宿，促进当地三产融合发展，带动村民增产创收。通过开发各乡村特色民俗资源，举办打糍粑等系列乡土民俗活动，吸引广大游客参与体验，切身体会本土风情和地域文化。举办地方餐饮大赛，依托庭院经济和本地食材，结合乡村民宿，实现乡村主题民宿和美食休闲业态融合，推广地方美食，带动本地特色农产品销售，实现农民增收。通过廿八都古镇民宿集群发展促进乡村共富的发展典型，总结其发展模式和成功经验，为其他区域景村（仙霞关景区和保安乡全域）共富发展提供示范引领作用。

第一章 研究背景和意义

一、研究现状与意义

（一）研究背景

党的十九大报告指出我国经济已由高速增长阶段转向高质量发展阶段。高质量发展是"十四五"乃至更长时期我国经济社会发展的主题，关系我国社会主义现代化建设全局。

党的二十大报告提出"要坚持以推动高质量发展为主题，把实施扩大内需战略同深化供给侧结构性改革有机结合起来，增强国内大循环内生动力和可靠性，提升国际循环质量和水平，加快建设现代化经济体系，着力提高全要素生产率，着力提升产业链供应链韧性和安全水平，着力推进城乡融合和区域协调发展，推动经济实现质的有效提升和量的合理增长"。

浙江省作为旅游大省，其旅游开发不仅关系到当地人民的生活水平、人们的休闲福祉是否能够得到满足，还关系到国家总体战略的衔接与实现。在生态文明建设时代背景下，如何高质量推进旅游发展由"绿水青山"向"金山银山"的转化和优秀传统文化的保护传承弘扬，促进旅游业的高质量发展，有效衔接巩固脱贫攻坚成果、乡村振兴和共同富裕，是新时代旅游业高质量发展的迫切议题。

江山市位于浙闽赣三省交界处，是浙江西南门户、钱塘江源头之一，地理区位优越，为旅游快速发展奠定了基础。江山市位于华中经济区、珠江三角洲经济区、长江三角洲经济区和海峡西岸经济区四大经济圈交会地带，是浙江经济西进南下的"桥头堡",经济区位优势明显。江山市处于浙闽赣皖生态旅游协作区的重要支撑地和"华东世界遗产走廊"核心承载区,作为徐霞客游线上的重要节点城市,是长三角旅游圈和沪杭的后花园,旅游区位优越;高铁时代的到来,江山进入上海 2 小时高铁圈,即将形成"高速+高铁+航空"的立体化交通体系,交通条件便利。江山市旅游资源丰富,单体众多,种类齐全,拥有 8 个主类、22 个亚类、55 个基本类型,194 个等级旅游资源单体,建筑类和地文类资源占比达到 75%。优质资源单体较多,山水形胜、人文荟萃、品质突出,其中 5A 级资源有江郎山、廿八都和仙霞古道等。江山资源整体分布呈现带状集聚、南强北弱、两翼稀疏、乡村资源全域分布的特征,其中山地资源品级较高、文化资源独特、乡村资源丰富,山、水、文、乡等资源可组合度较高,优势明显。

江山生态资源包括江郎山、浮盖山、须江、碗窑水库、峡口水库等,生态环境良好;生产资源包括特色农业、工业生产、现代服务业、体育健康产业等,产业链有待进一步延展,与旅游业融合开发潜力大;生活资源包括特色美食、特色交通、创意民宿、城市公园、生活街区等,特色明显;文化资源包括江郎山世遗文化、毛氏宗亲文化、仙霞古道文化、村歌文化、古镇古村文化、风土人情等人文环境,文化内涵丰富,有待进一步挖掘。主要有廿八都古镇、仙霞古道、清漾毛氏文化村、戴笠故居、三卿口古瓷村等,有大陈村、兴墩村、耕读村、碗窑村、特色农业、美食特产、乡村风俗等。

江郎山风景名胜区位于江山市南部,由市区以南的江郎山景区、峡里湖景区、仙霞岭景区、廿八都景区和浮盖山景区等 5 个主要景区组成,南北带状绵延 30 多公里;北与江山市区相邻,南与福建浦城接壤,东西宽 10~20 千米。江郎山・廿八都景区由江郎山、廿八都古镇、清漾村三个主要部分组成,集丹霞地貌、古民居建筑、毛氏文化于一体,是世界自然遗产地、国家级景区。景区丰富多彩的人文景观,古朴浓郁的民俗风情,独特厚重的文化积淀,使古朴淡雅的廿八都镇在现代文明的包围中显得异样夺目。众多专家学者和省内外知名人士都到过廿八都,对这里的古建筑赞不绝口,认为其极具历史保护和旅游开发价值。廿八都是代表浙西南明清古建筑群和街区风貌的古代重镇,是我国江南传统村镇和集镇生活的一个典型的活标本,其历史之悠久、保留之完整、历史价值和建筑艺术价值之高，可以认为在浙江省是一流的，即便在全国范围来看，也应占有相当地位。

（二）研究意义

通过对江山全域旅游背景下景区旅游发展实地调研，将高质量发展运用于旅游业与共同富裕研究中，为浙江省文化旅游促进共同富裕的发展提供更好的依据和方案。在充分考虑全域旅游资源利用与经济社会全面发展有机结合的基础上，制定全域旅游高质量发展助力共同富裕的良性运转体系；探索全域旅游背景下高等级旅游景区促进共同富裕、实现经济增长的发展模式。

推动江山全域旅游背景下高等级旅游景区高质量发展，有效助力江山旅游业高质量提速，打造共同富裕示范高地，以江山全域旅游发展背景下高等级旅游景区发展研究为重要突破口和有力抓手，强化文旅融合。对江山全域旅游发展模式进行提炼，全面剖析江山全域旅游发展的优势、劣势、机遇和挑战，进行有效的针对性施策，进行系统化点状发展、标准化分析发展，管理体制等，对旅游发展实践进行知识转化，形成可学习、可复制、可推广的知识成果，实现全域旅游背景下高等级旅游景区的发展模式和成功机制，提炼理论和打造全域旅游背景下高等级景区旅游发展促进共同富裕的独特"江山模式"和独一无二的样板工程。

二、江山市全域旅游背景下高等级景区促进共同富裕的意义

全域旅游是一种不同于传统旅游的新型旅游方式，它能够推动旅游业与农业、林业、水利，与交通、环保、国土、海洋、气象，与科技、教育、文化、卫生、体育等方面的融合发展，有着传统旅游没有的优势与先进性，正因为如此，江山市共同富裕的实现要大力发展全域旅游，通过高等级景区核心带动促进全域旅游产品、服务水平和旅游市场的高质量发展。

（一）全域旅游高质量对乡村产业兴旺的带动作用

旅游业是一项综合性强、带动性大的复合产业，同时随着人民生活水平的提高，旅游高质量需求日益迫切，因此高等级旅游景区高质量可以推动乡村产业的高质量发展。有条件的地区应该把高质量全域旅游作为乡村地区核

心产业、主导产业，积极发展乡村全域旅游产业链，将全域旅游切实下沉到有关产业，从而带动农林牧渔、手工艺、文化创意、教育、卫生等其他多种行业，因地制宜发展观光农业、游憩林业、休闲牧业、体验渔业、研学旅游、康养旅游等健康旅游。开发更多具有自主知识产权和鲜明地方特色的时尚性、实用性、便携性旅游商品，增加收入，优化乡村产业结构，带动乡村产业振兴。

（二）全域旅游对乡村生态宜居的驱动作用

全域旅游的规划实施将提高乡村居民的环保意识，更加重视对古村古镇、自然资源、生态环境、文化遗址的保护，切实推进乡村环境的整治，从而更好地打造集自然美和人文美于一体的大美乡村，打造生态宜居的新农村。深入挖掘历史文化、地域特色文化、民俗文化、传统农耕文化等，实施中国传统工艺振兴计划，提升传统工艺品品质和旅游产品文化含量。积极利用新能源、新材料和新科技装备，提高旅游产品科技含量。推广资源循环利用、生态修复、无害化处理等生态技术，加强环境综合治理，提高旅游开发生态含量。

（三）全域旅游对乡村文明风尚的先导作用

文化是旅游业的灵魂，旅游业要以文化为依托和契机。在发展全域旅游的同时也应当深入挖掘当地的传统文化内涵，从而推动农村优秀传统文化、民族民俗文化、地域特色文化繁荣兴盛、延绵不绝，促进乡村文化多样化和人文乡村建设，提升乡民文化素质，培养良好家风民风，形成文明的乡村风尚，为全域旅游发展提供充足保障。

（四）全域旅游背景下高等级景区对乡村共同富裕的引领作用

共同富裕是社会主义的本质要求。十九届六中全会进一步提出，全面深化改革，促进共同富裕。坚持在发展中保障和改善民生。协同推进人民富裕、国家强盛、中国美丽。进入新发展阶段，推动实现共同富裕被摆在更加突出的位置。高等级旅游景区以其高质量资源、高质量服务和高质量管理引领区域旅游发展，高等级旅游景区旅游业发展对当地社区经济、环境和社会有着重要影响，已经被国内外诸多实践所检验。提升高等级旅游景区可以进一步促进富民和民生品质效应。通过高等级旅游景区引流和品质影响，一方面，扩大旅游乡村创业就业机会，增加农民收入，提高农民生活质量，最终推动乡村地区实现共同富裕；另一方面，还可以使当地传统优秀文化得以复兴，进一步丰富农民文化生活，提升生活品质。

（五）高等级旅游景区对乡村规范治理的推动作用

全域旅游是一项涉及面广、内容庞杂的系统工程。全域旅游的顺利发展，既需要地方政府政策制度、财政资金的支持，又需要农村基层和全社会的积极参与。在乡村全域旅游的发展过程中，应将乡村基层治理规范化与旅游市场治理规范化有机统一起来，建立各部门联动、全社会参与的旅游综合协调机制。探索新的旅游市场治理方式过程，也有利于推动乡村治理能力的提高。江山高等级旅游景区一般地处环境较好的乡村地区，乡村环境和治理与高品质的景区管理有一定距离。因此，在全域旅游背景下高等级旅游景区管理经验对于乡村环境和社会环境质量有一定积极作用。

（六）落实新的旅游发展理念

全域旅游是 21 世纪一种新型的旅游模式。在创新发展方面，全域旅游是发展理念和模式的创新，也是旅游业转型升级的方向。发展全域旅游，还需要推动区域旅游的发展，拓展区域旅游发展空间，培育区域旅游新的增长极，构建区域旅游产业新体系，培育区域旅游市场新的主体和新的消费热点。全域旅游是促进协调发展、提高发展质量的有效载体，有利于全面实施供给侧结构性改革，协调供求关系；有利于促进区域特色发展，促进景区内外协调；有利于提升乡村旅游的质量和效率，促进城乡协调；有利于完善行业支撑要素，促进软硬件协调；有利于提高整体服务水平，促进规模与质量的协调。在绿色发展方面，全域旅游可以将生态和旅游结合起来，将资源和产品联系起来，将保护和发展统一起来，把"绿水青山"变成"金山银山"，创造更多的绿色财富和生态福利。在开放开发方面，全域旅游更注重拓展开放开发空间，打破地域划分和行政区划，打破各种约束，形成开放开发大格局。在共享发展方面，实施全域旅游并促进城乡旅游互动和城乡发展一体化，不仅可以提高农村基础设施和农村人口福祉，还可以提高城乡人民的生活质量，形成统一、高效、平等、有序的城乡旅游市场。这也是全面建设小康社会的重要内容和标志。

（七）提升江山市旅游业的竞争力

旅游业对全球经济发展的贡献超过 10%，已经成为世界上重要的产业。当今世界，美国、西班牙、德国、英国、俄罗斯、日本、韩国、巴西、印度、南非等许多国家都实施了国家旅游战略。在中国旅游业发展的早期，我们主要利用自然遗产和文化遗产。现在游客希望在当地有深入的交流，更注重对当地风俗、居民素质等整体环境的评价。发展全域旅游是顺应旅游业发展新趋势、全面提升江山市旅游业国际竞争力的有效途径。

综上所述，随着大众旅游时代的到来和交通通信技术的发展，人们的出行方式发生了很大的变化。只有优化整个区域的旅游供给，提升旅游质量，才能有效满足游客的需求。新的发展形势要求旅游业必须改变传统的发展模式，更好地适应市场需求。因此，全域旅游高质量发展是促进旅游业转型升级的重要途径。

三、高质量发展是实现全域旅游高质量促进共同富裕的路径

高起点规划。旅游规划体现了对旅游业发展方向、产品开发、形象宣传及环境保护等一系列重要事项的总体安排、顶层设计，对旅游业发展具有宏观指导和动态调控作用。旅游业转型，必先规划转型。针对以往重规划不重策划、重编制不重执行、重产品不重产业的倾向，在规划编制中，要把握旅游业发展的最新趋势，注重"引导、完善、创新"，体现产业融合、项目建设、资源整合、地域特色、指标量化等核心要素，突出精品景区、精品线路建设，瞄准打造高端旅游产品，发展现代休闲产业，满足游客多样化需求，不断提高规划的前瞻性、科学性、引导性。

高标准创建。创建国家和省级品牌、高等级 A 级景区是加快景区转型发展最有效的路径和手段，也是最直接的成果。典型的是多合一：安徽黄山、河南嵩山、山东泰山、福建泰宁、江西庐山、江西龙虎山、广东仁化丹霞山都是集世界遗产、世界地质公园和国家 5A 级旅游景区于一体的景区。

高强度融合。多元化复合型是未来景区的发展方向,景区已经从单一观光到复合型旅游发展,研学旅游、生态旅游、文化旅游、商务旅游等不同的旅游类型在景区内高强度融合才能满足不同游客的需求。

高效率体制。在探索从传统的行政化模式向市场化模式转型的运营模式创新中,"管委会+公司"的政企合作模式、"公司制"的企业治理模式、法定授权行使经济社会管理职能的法定机构模式等"遍地开花"。建立多种形式开发管理委员会,创新形式,灵活应用,形成合力,保障顺利推进。

高质量人才。加快人才培养,促进旅游高质量发展,政府、协会、院校、企业要融合促进、融合发展。就政府而言,要建立一支与旅游业发展相适应的、结构相对合理的高质量人力保障队伍。就院校而言,在高质量旅游的背景下,旅游院校要创新专业,丰富旅游专业建设内涵,探索学校与行业的互动机制,培养一专多能的复合型人才。从企业来说,不能满足于小而散的状况,要善于通过企业之间的联合,打造几个大的旅游集团,吸纳全国各地乃至国际上的高级旅游人才加入,彻底改变旧有的人才生态。

高优惠政策。一是加大政府土地政策支持。要求城乡建设用地增减挂钩试点、低丘缓坡土地综合开发利用试点项目向重大旅游项目倾斜。二是加大政策支持力度。对符合税收优惠政策的旅游企业,可按照相关规定享受税收优惠,全面落实旅游企业使用水、电、气与工业企业同价的政策,实行更加宽松的对外开放政策,实施更加积极的促进旅游就业和旅游惠民的便民政策。

江山全域旅游和江郎山·廿八都国家 5A 级旅游景区经过这些年的发展取得了骄人成绩,是浙江省全域旅游发展促进城乡统筹发展成功实践的一面旗帜,是省内国家全域旅游示范区的典范,是"两山银行"创新发展及推广的案例经验样板地,对开展江山全域旅游高等级景区高质量发展助力共同富裕"江山样板"的理论和实践示范研究具有重要的科学理论和现实意义。

第二章　全域旅游景区高质量发展和
共同富裕的概念和内涵

一、全域旅游的概念和内涵

全域旅游，是指在一定区域内，以旅游业为优势产业，通过管理体制机制创新、政策制度的突破，对区域内经济、社会资源尤其是旅游资源、相关产业、生态环境、公共服务、体制机制、政策法规、文明素质等进行全方位、系统化的优化提升，变革影响旅游业发展的困境和制约因素，实现区域资源有机整合、产业融合发展、社会共建共享，以旅游业带动和促进经济社会协调发展的一种新的区域协调发展理念和模式。全域旅游是空间全景化的系统旅游，是跳出传统旅游谋划现代旅游、跳出小旅游谋划大旅游。全域旅游强调把整个区域作为旅游区进行打造，把全域作为旅游发展的载体和平台，使旅游成为常态化生活方式。

简单来说，全域旅游就是一种生活发展理念，自觉地用旅游学的视角来审视旅游的本质和内容，用旅游理念发展经济，从而构建旅游学科体系。多年以来，业界一直强调"旅游服从大局"，后来讲"旅游服务大局"，实际上无论是服从还是服务，都是将旅游边缘化，都是"客人"在听从"主人"的吩咐。现在全域旅游要求"旅游构建大局"，是指旅游要做"主人"。目前形势下，利用旅游发展理念统筹全域旅游，一要生活品质化，二要服务工业化，三要促进城镇化，四要推动国际化，五要拉动新农村建设，六要改变人们的生活状态。随着社会的发展、人类的进步，旅游作为一种生活方式和理念，还要考虑得更多更广。

准确把握全域旅游的内涵特征与发展架构，是有效落实全域旅游战略目标的基本前提。深入剖析全域旅游的概念内涵，其本质特征主要体现于全局性、空间性、带动性、整合性和共享性五个方面。全域旅游是一种区域旅游发展理念，更是一种旅游发展价值追求。要将质量价值目标、治理价值目标和共享价值目标作为中国全域旅游发展的价值追求，以增强中国旅游业的可持续发展能力。

发展全域旅游，是将一定区域作为完整旅游目的地，以旅游业为优势产业，统一规划布局、优化公共服务、推进产业融合、加强综合管理、实施系统营销、强化共建共享，实现旅游发展全域化、旅游供给品质化、旅游治理规范化、旅游效益最大化。

二、旅游高质量的发展背景

旅游市场需求旺盛、品质旅游要求越发迫切、富民效果更加突出、发展潜力越发巨大，发展旅游是促进居民消费扩大升级、释放消费发展活力、助力乡村振兴战略、落实高质量发展的有效途径和必然选择。在新时代，从国家宏观发展背景和农村现实情境出发，紧抓旅游景区高质量发展，尤其是地处乡村的高等级旅游景区面临更为迫切的历史机遇，把握旅游高质量发展的深刻内涵，探索旅游景区高质量发展的有效路径，为建设美丽中国和实施乡村振兴战略做出积极贡献。

推动旅游景区高质量发展是顺应经济发展趋势、响应相关政策指引、助力旅游产业升级、满足市场需求变化的必然要求，具有坚实的发展背景。党的十九大报告做出"我国经济已由高速增长阶段转向高质量发展阶段"的重大历史判断，近几年的中央经济工作会议都重点强调推动高质量发展，可见高质量发展已成为我国经济社会发展的总指引，也为景区高质量旅游发展提供了战略指引和基本遵循。党的二十大报告提出，要坚持以推动高质量发展为主题，把实施扩大内需战略同深化供给侧结构性改革有机结合起来，增强国内大循环内生动力和可靠性，提升国际循环质量和水平，加快建设现代化经济体系，着力提高全要素生产率，着力提升产业链供应链韧性和安全水平，着力推进城乡融合和区域协调发展，推动经济实现质的有效提升和量的合理增长。

为响应这一国家战略部署，国务院及相关部门先后出台了支持引导旅游提质增效、转型升级的政策方案，浙江省出台了"微改造、精提升"的政策方案，反映了政府层面对旅游激活农村发展活力、助力实现乡村振兴、落实高质量发展等作用的高度肯定与深切期望。

因此，顺应时代发展趋势、响应相关政策扶持，探索景区旅游高质量发展的机制与路径，更好地发挥旅游业在促进乡村经济发展、生态文明、资源整合、文化传承等方面的作用，是当前以及未来亟待解决的重要议题。

在我国农村的现实情境中，乡村旅游正以超预期的规模和速度在全国强势发展，尤其是地处乡村的高等级景区为乡村地区注入了新的产业活力，同时在发展过程中也显现出资源环境保护不力、乡土文化特色不明、主体要素协调不够、产业发展动力不足等一系列问题。

三、高质量发展的概念、内涵及诉求

在高质量发展的时代语境下，景区旅游应不同于以往产品雷同、服务低效、供需失衡、产能低效的发展模式，而是应该从供给有效、精准服务、全域体验、产业发展和环境优良五大方面出发，全面提升和全民发展，形成一种供需均衡、文旅融合、全民参与、绿色发展、产业升级的良性循环。

无论从社会经济发展的时代需求，还是从旅游发展的现实情境来看，提供高质量的有效供给都是旅游景区高质量发展的重要内涵和使命，也是景区旅游转向高质量全面发展阶段特有的必然结果。高等级景区承担着引领旅游高质量发展的使命。

为适应游客高质量消费的需要，旅游景区高质量发展不断跟上结构升级的步伐，提供更多高质量、高品质的产品和服务。在宏观层面，也能与国民经济各领域、各行业正在向高质量发展转向相匹配，推动旅游资源配置效率、从业人员素质、旅游产品与服务质量的有效提升。

从大众旅游消费不断升级、精神文化需求日益丰富的背景来看，精准对接游客需求是景区旅游转向高质量发展阶段的必要前提。党的十九大报告指出，"我国社会主要矛盾已经转化为人民日益增长的美好生活需要和不平衡

不充分的发展之间的矛盾"。

从旅游高质量就是满足旅游消费需求的角度看，旅游高质量是能带给游客真正体验和精神享受的旅游，是能提供丰富的旅游产品和高质量服务的旅游。从产业发展的角度看，旅游高质量是旅游业的发展方向，是旅游消费发展的必然要求。

旅游高质量是对美好生活的定义，这不仅仅局限于物质享受，还是对该景区所处的乡村百姓特有生活方式、生产劳作、特色文化等的体验性需求，以及期望通过到乡村游览度假来提高自身的道德修养、心理素质和审美素养的精神性需求，是当下游客的需求。因此，新时代乡村旅游发展的主线，就是要促进文旅深度融合，精准对接游客需求以提供高质量的精神文化体验。

旅游高质量发展从旅游环境看，也是践行"绿水青山就是金山银山"共识的思想指引，在全社会掀起生态文明建设，弘扬绿色发展理念。实现乡村旅游绿色可持续发展是转向高质量发展阶段的第一要义。只有生态环境保护好了，旅游才有高质量发展的资源与环境基础。

四、共同富裕的概念、内涵和诉求

共同富裕是社会主义的本质要求，是中国式现代化的重要特征，是人民群众的共同期盼。中央财经委员会第十次会议强调，共同富裕是全体人民的富裕，是人民群众物质生活和精神生活都富裕，不是少数人的富裕，也不是整齐划一的平均主义，要分阶段促进共同富裕。在全面建成小康社会、开启全面建设社会主义现代化国家新征程的关键时刻，党中央高瞻远瞩、审时度势，进一步研究扎实促进共同富裕问题，明晰共同富裕的原则、核心和举措，指明实现共同富裕的路径。共同富裕是中国特色社会主义的根本原则，实现共同富裕"是关系党的执政基础的重大政治问题"。

正确理解共同和富裕的关系。"富裕"代表社会主义先进生产力，旨在发挥科学技术是第一生产力的作用，在追求效率中解决发展不充分的问题，不断解放和发展生产力，做大社会财富的"蛋糕"，夯实共同富裕的物质基础。"共同"代表的是社会主义先进生产关系，旨在发挥基本分配制度的作用，在追求公平中解决发展不平衡的问题，消除两极分化，缩小地区、城乡和收入三大差距,切好社会财富的"蛋糕",维护共同富裕的社会基础。从某种意义上而言,共同富裕是社会主义先进生产力和生产关系的有机组合,是破解人民日益增长的美好生活需要和不平衡不充分的发展之间的矛盾的重要钥匙。在两者的关系中,"富裕"是基础,"共同"是关键。要把"富裕"摆在突出的位置,加大科技创新力度,提升科技创新能力,加快建设社会主义现代化强国,创造伟大的物质财富和精神财富。同时,要深化收入分配制度改革,进一步缩小社会贫富差距,保障人民群众安居乐业,维护社会长治久安,巩固"富裕"的社会基础。

五、旅游景区高质量发展的必要性

浙江高质量发展建设共同富裕示范区是习近平总书记亲自谋划、定题、部署、推动的重大战略决策,是党中央赋予浙江的光荣使命。

高质量品质作为旅游业的本质属性,其水平的高低决定旅游业发展水平的高低。持续不断提高旅游业的品质水平,既是实施质量强省战略的必然要求,又是提升旅游品质效益、促进高质量发展的根本需要。为顺应大众旅游时代消费需求变化,在推进旅游服务质量和水平提升方面采取了一系列行之有效的方法和对策,旅游市场活力进一步释放,产品供给多样化、品质化趋势明显,游客体验的满意度不断提升。但对标大众旅游时代旅游者的新需求、新期待,对标建设文化旅游战略性支柱产业和人民更加满意的现代服务业,对标实现文化旅游产业的高质量发展,对标景区高质量旅游服务和水平还存在差距和诸多短板。比如,"旅游+"的融合发展理念和强有力的政策支撑亟待强化。旅游基础设施、公共配套服务设施的投入明显不足,多元有力的旅游业投融资格局尚未形成。旅游业作为一种新兴产业,产业成熟度不高,创新实践不到位。作为市场主体的旅游景区活力不足,是影响旅游产业素质、旅游服务质量提升的关键因素。旅游景区整体开放力度不大、区域不广,统筹利用各种资源的合力尚未形成。旅游景区高质量发展还需要加大投入和发展,这是未来景区高质量旅游推动共同富裕发展的重要基石。

实现共同富裕要提高中低收入者的收入水平,逐步缩小不同阶层的社会成员在收入水平和生活水平方面的差距，推动实现共同富裕，一个基本路径就是在经济增长的基础上，促进就业的扩大，提高就业的质量。旅游产业作为现代服务业的重要组成部分，是劳动密集型产业，旅游产业的发展，会吸收大量的人员到旅游行业从事旅游服务工作。通过全域旅游背景下景区高质量发展提升城乡全域旅游服务，促进城乡全域共同富裕。

第三章　国内外高等级景区高质量发展特色及模式

一、浙江省 20 个国家 5A 级旅游景区特色分析

表 3-1　浙江省 20 个国家 5A 级旅游景区统计表

序号	景区名称	入选时间
1	杭州西湖风景名胜区	2007 年
2	雁荡山风景名胜区	2007 年
3	普陀山风景旅游区	2007 年
4	千岛湖风景名胜区	2010 年
5	乌镇景区	2010 年
6	溪口—滕头旅游景区	2010 年
7	横店影视城景区	2010 年
8	南湖旅游区	2011 年
9	西溪湿地旅游区	2012 年
10	鲁迅故里·沈园景区	2012 年
11	根宫佛国文化旅游区	2013 年
12	南浔古镇景区	2015 年
13	天台山景区	2015 年
14	神仙居景区	2015 年
15	西塘古镇旅游景区	2017 年

续表

序号	景区名称	入选时间
16	江郎山·廿八都旅游区	2017 年
17	天一阁·月湖景区	2018 年
18	缙云仙都景区	2020 年
19	刘伯温故里景区	2020 年
20	台州府城文化旅游区	2022 年

（一）特色分析

1. 杭州西湖风景名胜区

景区类型：文化遗迹

位于杭州市西湖区，其南、西、北三面环山，湖中白堤、苏堤、杨公堤、赵公堤将湖面分割成若干部分。西湖的湖体轮廓呈近椭圆形，湖底部较为平坦。西湖有 100 多处公园景点，有"西湖十景""新西湖十景""三评西湖十景"之说，有 60 多处国家、省、市级重点文物保护单位和 20 多座博物馆，有断桥、雷峰塔、钱王祠、净慈寺、苏小小墓等景点。

发展现状：依托杭州市，交通便利，吸引大量游客，业态发展完善，国际知名度高。

主要短板：景区免费开放导致节庆假日高峰期景区景点游客游览量过大，影响游客游览体验。

2. 雁荡山风景名胜区

景区类型：山岳观光

位于浙江省乐清市境内，部分位于永嘉县及温岭市。因主峰雁湖岗上有着结满芦苇的湖荡，年年南飞的秋雁栖宿于此，因而得名"雁荡山"。雁荡山主要有灵峰、灵岩、大龙湫、三折瀑、雁湖、显胜门、羊角洞、仙桥八大景区，有 500 多处景点。素以独特的奇峰怪石、飞瀑流泉、古洞畸穴、雄嶂胜门和凝翠碧潭扬名海内外，被誉为"海上名山，寰中绝胜"，史称"东南第一山"。

发展现状：面对迅猛的旅游市场变化及行业变革，雁荡山处在了转型升级的瓶颈期，同类型景区逐渐发展，特色展示不够明显突出。

主要短板：产品更新升级缓慢、管理体制机制固化及经营模式落后，后疫情时代市场需求端变化而景区转变难度较大，历史遗留的形象固化问题突出，景点分散，开发限制大。

3. 普陀山风景旅游区

景区类型：宗教文化

普陀山，与山西五台山、四川峨眉山、安徽九华山并称为中国佛教四大名山，是观世音菩萨教化众生的道场。普陀山是舟山群岛众多岛屿中的一个小岛，形似苍龙卧海，与舟山群岛的沈家门隔海相望，素有"海天佛国""南海圣境"之称，是首批国家重点风景名胜区。

发展现状：先后修复了普济寺、法雨寺、慧济寺、大乘庵等40余处古刹名庵，建设了南海观音大佛等一批新的旅游景点；加强了景区配套基础服务设施的建设。

主要短板：自然生态环境保护没有受到足够的重视，旅游产品单一，雷同化严重，产品开发缺乏对当地文化的展现。

4. 千岛湖风景名胜区

景区类型：湖泊观光

位于浙江省杭州市淳安县境内，千岛湖湖形呈树枝型，湖中大小岛屿1078 个，形态各异，群岛分布有疏有密，罗列有致。其主要景点有梅峰岛、猴岛、龙山岛、锁岛、三潭岛等。千岛湖水在中国大江大湖中位居优质水之首，为国家一级水体，不经任何处理即达饮用水标准，被誉为"天下第一秀水"。

发展现状：旅客游览量较大，营业收入较高，门票收入高。

主要短板：以国内游客为主，外国游客较少，旅游业态较少，餐饮收入占比较低。

5. 乌镇景区

景区类型：古村古镇

位于浙江省嘉兴市桐乡市，地处江浙沪"金三角"之地、杭嘉湖平原腹地，距杭州、苏州均为 60 公里。属太湖流域水系，河流纵横交织，京杭大运河依镇而过。乌镇是首批中国历史文化名镇、中国十大魅力名镇、全国环境优美乡镇、国家 5A 级旅游景区，素有"中国最后的枕水人家"之誉，拥有 7000 多年文明史和 1300 多年建镇史，是典型的中国江南水乡古镇，有"鱼米之乡、丝绸之府"之称。

发展现状：以旅游观光为主题，重点呈现原汁原味的水乡风貌和深厚文化底蕴，对景区的历史风貌和遗产保护较好。

主要短板：景区特色不够鲜明，同质化现象比较严重，江南古镇市场重叠，分流现象严重，商业气息较为浓重。

6. 溪口—滕头旅游景区

景区类型：自然人文

位于宁波市奉化溪口镇，历史悠久、山川秀丽、文化底蕴深厚，在民国时期，因为出了蒋介石、蒋经国父子而声名鹊起，又因深厚的佛教文化而享誉中外。溪口位于宁波市西南 20 公里处，东靠武岭，南濒剡溪，北临雪窦山，水绕山环，景色秀丽，是一个集人文之精华、山水之灵秀、佛教之庄严于一体的旅游区。

发展现状：港澳台游客较多，业态发展较为完善，营业收入较高，景区发展趋势较好。

主要短板：景区文化开发融合程度不足，距离宁波市较远，景点之间距离较远。

7. 横店影视城景区

景区类型：主题游乐

位于浙江省金华市东阳市横店镇，是集影视、旅游、度假、休闲、观光为一体的大型综合性旅游区，以其厚重的文化底蕴和独特的历史场景而被评为国家 5A 级旅游景区。1996 年，为配合著名导演谢晋拍摄历史巨片《鸦片战争》而建，并对社会正式开放。横店影视城已成为全球规模最大的影视拍摄基地，中国唯一的"国家级影视产业实验区"，被美国《好莱坞》杂志称为"中国好莱坞"。

发展现状：景区景点形式各样，但是景点内的旅游产品较少，附属产业带动效应不足，政府多元政策扶持。

主要短板：旅游产品形式单一，景区文化内涵开发不足。

8. 南湖旅游区

景区类型：红色旅游

位于浙江省嘉兴市南湖区，与南京玄武湖和杭州西湖并称为江南三大名湖，南湖不仅以秀丽的风光享有盛名，而且还因中国共产党第一次全国代表大会在这里胜利闭幕而备受世人瞩目，是中国共产党的诞生地，成为我国近代史上重要的革命纪念地。

发展现状：经济模式较为单一，旅游产品单一，旅游形式单一。

主要短板：门票收入为主，餐饮收入和住宿收入匮乏，经营模式落后，旅游产品更新换代缓慢。

9. 西溪湿地旅游区

景区类型：湖泊观光

发展现状：与西溪湿地公园各个区块紧密联系、和谐共生，个性文化与原生文化共存，延续历史人文脉络。

主要短板："原住居民"撤村建居与"农转非"问题严重，湿地公园经营权归属不清。资源开发定位与实际操作不符。

10. 鲁迅故里·沈园景区

景区类型：文化遗迹

鲁迅故里位于浙江省绍兴市鲁迅中路，是原汁原味解读鲁迅作品、品味鲁迅笔下风物、感受鲁迅当年生活情境的真实场所，是绍兴市区保存最完好、最具文化内涵、最具水乡古城经典风貌和独具江南风情的历史街区。沈园位于绍兴市越城区春波弄，宋代著名园林，已有 800 多年的历史。沈园，又名"沈氏园"，是南宋时一位沈姓富商的私家花园。园内亭台楼阁，小桥流水，绿树成荫，江南景色。

发展现状：增加免费开放人群，增加景区游览量，促进周边业态发展，转变经营结构。

主要短板：文化内涵挖掘程度不足，文化旅游产品不足且较为单一，景区开发限制较大。

11. 根宫佛国文化旅游区

景区类型：文化创意

位于浙江省开化县，根宫佛国巧妙地以根雕艺术、盆景艺术、赏石文化与园林古建为载体，将中华上下五千年的璀璨历史文化融于奇根异木，构建了一幅恬静优雅、天人合一的画卷，是一处寻根探源的山水文化旅游胜地，被誉为"天下第一奇园"。

发展现状：政府大力支持立足浙江历史经典产业开化根雕的传承和发展，全力打造集全国根雕乃至木雕之大成的根艺之城。

主要短板：文化旅游产品较为单一，经营模式较为落后。

12. 南浔古镇景区

景区类型：古村古镇

位于湖州市南浔区，地处江浙两省交界处。明清时期为江南蚕丝名镇，是一个人文资源充足、中西建筑合璧的江南古镇。旅游景区共分为三大区块。第一块是南浔旅游景点富集区，张石铭故居、刘氏梯号等景点分布其中。第二块是由小莲庄、嘉业堂、文园等景点组成的中心景区。第三块是以东大街以东的张静江故居和百间楼为主的东北区块。

发展现状：对古镇的保护、开发与利用力度不断加大，旅游发展脚步不断前进，依托历史文化底蕴不断提升知名度。

主要短板：旅游总量落后，旅游线路短，旅游产品单一，旅游服务有待提高，周边的配套设施薄弱。

13. 天台山景区

景区类型：山岳景观

位于浙江省天台县城北，主峰华顶山在天台县东北，海拔 1098 米，由花岗岩构成。多悬岩、峭壁、瀑布。素以"佛宗道源、山水神秀"享誉海内外。主要景区有：国清寺、天下奇观的石梁飞瀑、避暑胜地的华顶国家森林公园、济公故里的赤城山、人间仙境的琼台仙谷、休闲天堂的天湖景区、风韵独特的龙穿峡等。

发展现状：在政府的支持下，依靠丰富自然资源和佛教道教文化，旅游业发展迅速。

主要短板：独特地形限制，交通不便，旅游业起步较晚，市场较小，资源整合力度弱。无法形成有效品牌效应。

14. 神仙居景区

景区类型：山岳观光

位于仙居县白塔镇南部，神仙居地质构造独特，是世界上最大的火山流纹岩地貌集群，一山一水、一崖一洞、一石一峰，都能自成一格，形成"观音、如来、天姥峰、云海、飞瀑、蝌蚪文"六大奇观。神仙居景区分南海、北海两块，"西罨慈帆""画屏烟云""佛海梵音""千崖滴翠""犁冲夕照""风摇春浪""天书蝌蚪""淡竹听泉"被称为神仙居新八大景。

发展现状：投资建设支出较大但是景区内营业额较低，入不敷出，景区内经营项目较少。

主要短板：自然观光游为主体，经营模式单一，旅游产品升级缓慢。

15. 西塘古镇旅游景区

景区类型：古村古镇

位于浙江省嘉兴市嘉善县，西塘地势平坦，河流密布，有 9 条河道在镇区交会，把镇区划分成 8 个板块，24 座石桥将古镇的 5 块地区连接成一片，这些古桥大都为单孔石柱木梁桥，至今保存完整。宅弄是西塘的又一大特色，分为连通两条平行街道的街弄、前通街后通河的水弄以及大宅内设在厅堂侧面的陪弄，构建了古镇的整体框架，并连接了新、老镇区。2000 多米的烟雨长廊是西塘建筑最独特的标志，廊棚在沿河一侧设有靠背长凳。西塘历史悠久，地势平坦，河流密布，是古代吴越文化的发祥地之一。

发展现状：业态发展较为完善，经营结构较为合理，住宿收入较高，游客过夜量较大，夜间经济发展较好。

主要短板：古镇受规划保护，开发面积少，开发形式单一，同质化现象明显，商业化形式较重。

16. 江郎山·廿八都旅游区

景区类型：自然人文

江郎山位于浙江省江山境内，山形主体为三块高耸入云的巨石，传说是古时候三个姓江的兄弟登上山顶变为三大巨石而形成，又称"三片石"，堪称"神州丹霞第一峰"。廿八都的前身是一个古驿站，身处苍茫幽静的大山之中，北宋熙宁四年（1071年）江山设都四十四，此地排行第廿八，得名廿八都，至今已有900余年历史。廿八都是中国民间文化艺术之乡，古镇区交流着13种方言，繁衍着142种姓氏，专家称其为"文化飞地"。

发展现状：政府政策支持，顺应时代发展旅游电子商务，从各方位进行景区宣传，景区影响力较大、知名度较高。

主要短板：地方财力有限，开发资金缺口大，产品同质化现象严重，旅游资源整合不到位，产品难以达到集聚规模效应。

17. 天一阁·月湖景区

景区类型：文化遗迹

天一阁位于浙江省宁波市海曙区，建于明朝中期，由当时退隐的明朝兵部右侍郎范钦主持建造，占地面积2.6万平方米，已有400多年的历史，是中国藏书文化的代表之作。天一阁是中国现存最早的私家藏书楼，也是亚洲现有最古老的图书馆和世界最早的三大家族图书馆之一。

发展现状：门票经济为主，政府支持，政府财政拨款较多。

主要短板：景区景点较为分散，难以串联各个景点，经营模式单一，餐饮住宿收入低，文化挖掘程度不足。

18. 缙云仙都景区

景区类型：山岳景观

位于浙江省丽水市缙云县境内，仙都风景区分布于东西约10公里的练溪两岸，由小赤壁、倪翁洞、鼎湖峰、芙蓉峡等游览区组成，是一处以峰岩奇绝、山水神秀为景观特色，融田园风光与人文史迹为一体，以观光、避暑休闲和开展科学文化活动为一体的风景名胜区，历代文人墨客、达官显贵足迹遍布，留下无数珍贵的文化。

发展现状：门票、餐饮、商品、住宿营业收入较为均衡，业态发展较为完善。

主要短板：以国内游客为主，外国游客稀少。

19. 刘伯温故里景区

景区类型：文化遗迹

位于浙江省文成县，总面积 4.81 平方公里，由刘基庙和百丈漈两大核心景区构成，生态环境优美，文化底蕴深厚，民俗风情浓郁，地域特色鲜明。刘伯温故里景区是集历史名人文化、佛教文化、民俗文化、廉政文化、生态文化等多元文化于一体的综合型旅游休闲目的地。

发展现状：打破旅游交通瓶颈，切实增强景区可进入性，完成景区特色交通工程，精心构筑旅游环线，完善多渠道、多形式信息发布，打造智慧旅游景区。

主要短板：景区文化底蕴挖掘程度低，旅游产品匮乏，经营模式落后，景点之间距离较远，交通联系不够紧密。

20. 台州府城文化旅游区

景区类型：古村古镇

位于临海古城，总面积 3.12 平方公里，包括台州府城墙、紫阳街、东湖、巾山等景点。唐武德四年（621 年）始置台州，此后，台州的州、路、府治所均设临海。临海素有"小邹鲁"和"文化之邦"的美誉。台州府城墙，又称"江南长城"，始建于东晋，扩建于唐，定型于宋，完善于明清，兼具军事和防洪双重功能。城墙现存 4730 米，其构造之独特，形制之规范，保存之完好为全国罕见。2001 年被列为全国重点文物保护单位，2012 年被列入中国世界文化遗产预备名录。中国古建筑专家组组长、长城学会原名誉会长罗哲文誉其为北方明长城的"师范"和"蓝本"。紫阳街，呈南北走向，贯穿台州府城，因道教南宗始祖、紫阳真人张伯端而得名，全长 1080 米，是台州府城史上最繁华的商业街区，也是目前国内保存较为完整的一条历史街区。2012 年被文化部（现为文化和旅游部）、国家文物局评为"中国历史文化名街"，2013 年被住房和城乡建设部授予"中国人居环境范例奖"。东湖，位于台州府城东侧，现占地面积约 280 亩。开凿于北宋年间，经台州郡守钱暄疏浚扩建成湖,并辟为园林,自然人文交相辉映。清文人俞樾有语云:"杭州有西湖,台州有东湖,东湖之胜,小西湖也。"巾山,又称巾子山,位于台州府城东南隅,是临海的标志。相传皇华真人得道升天时,掉落的头巾化成此山。山临水,城抱山,山有双峰,一山四塔。山中古迹众多,历代名人多有题咏,为浙东"唐诗之路"终点。

发展现状:政府政策支持,对临海古城进行了全面提升和改造,使得古城现状得到极大改善。

主要短板:地方财力有限,开发资金缺口大,古城产品同质化现象严重,居民在古城生活,外地游客对于古城整体观感有待提升。

(二)特色总结

浙江省20个国家5A级旅游景区中景区类型较为多样,共分成9大类,具体见下表3-2。

表3-2 浙江省20个国家5A级旅游景区类型统计表

景区类型	景区数量	景区名称
山岳景观型景区	4	雁荡山景区、神仙居景区、仙都景区、天台山景区
湖泊观光型景区	2	千岛湖景区、西溪湿地景区
古村古镇型景区	4	西塘古镇景区、南浔古镇景区、乌镇景区、台州府城文化旅游区
红色旅游型景区	1	南湖旅游区
文化遗迹型景区	4	天一阁·月湖景区、西湖景区、鲁迅故里·沈园景区、刘伯温故里景区
自然人文型景区	2	江郎山·廿八都景区、溪口—滕头景区
宗教文化型景区	1	普陀山风景旅游区
文化创意型景区	1	根宫佛国文化旅游区
主题游乐型景区	1	横店影视城

二、浙江省 20 个国家 5A 级旅游景区发展现状和个性特点

(一) 5A 级景区发展概况

1. 客源市场

根据 2019 年浙江省 19 个国家 5A 级旅游景区发展数据情况统计结果，除仙都景区、乌镇景区和横店影视城三个景区散客游客和团队游客比例接近 1∶1，其他包含雁荡山景区在内的 16 个国家 5A 级景区散客游客均占游客总数的 80% 以上。浙江省 19 个国家 5A 级景区游客总量，外国游客占 6.7%，港澳台游客占 0.73%，内地游客占 92.57%，入境游客人数不多，国际影响力较弱。

2. 地理区位

浙江省 20 个国家 5A 级旅游景区主要聚集区为杭嘉湖、宁波舟山一带，其他集中在温台衢等浙南一带。早期景区主要分布在山川锦绣、江河湖泊一带，多以观光游览为主；后期景区主要集中分布于地势平坦、景色秀丽、人文资源荟萃的地区。浙江省 20 个国家 5A 级旅游景区中热点景区主要集中在浙北区域。该区域地势较为平坦，少山地，多河流湖泊，且景区内文化资源较为丰富，景区以文化体验、主题娱乐为主题元素，注重享乐休闲、文化研学，具体区位见表 3-3。

表 3-3　浙江省 20 个国家 5A 级旅游景区地理区位统计表

地区	数量	景区
杭州	3	西溪湿地景区、西湖景区、千岛湖景区
嘉兴	3	西塘古镇景区、南湖旅游区、乌镇景区
宁波	2	天一阁·月湖景区、溪口—滕头景区
湖州	1	南浔古镇景区
舟山	1	普陀山风景旅游区
绍兴	1	鲁迅故里·沈园景区
温州	2	雁荡山景区、刘伯温故里景区

地区	数量	景区
台州	3	神仙居景区、天台山景区、台州府城文化旅游区
衢州	2	根宫佛国文化旅游区、江郎山·廿八都旅游区
金华	1	横店影视城
丽水	1	仙都景区

3. 地方经济发展

旅游业是资源和环境密集型产业，浙江省 20 个国家 5A 级旅游景区主要集中分布在人口密集、地区经济收入较高的地区，根据 2020 年统计年鉴，杭嘉湖一带、宁波舟山一带、温台衢一带的国内旅游收入较高。

（二）个性特点

1. 自然人文型——江郎山·廿八都景区

江郎山·廿八都景区坚持以"政府主导、景区主体、部门配合、人人参与"的创建模式，始终将 5A 创建摆在深化旅游富民、打造全国一流休闲旅游目的地的首要任务的高度，连续 3 年将其列为"旅游十大专项"重点工作内容。根据"全域旅游"的发展思路，江山以"旅游+"的创新发展理念，使村民成为主人，由旁观者变为参与者与策划者。正因如此，乡村旅游的发展也成了农民脱贫致富的重要渠道。

2. 山岳观光型——雁荡山景区

雁荡山景区利用世界上独一无二的"夜景"和"地质学价值"这两大景观特色打响建立雁荡山的品牌，激活自身品牌的价值，形成了独特的品牌效益。以高铁为载体，拓展了雁荡山旅游市场的空间格局，串织起上海和雁荡山的"黄金旅游线"，提升雁荡山品牌形象。不定期开通高铁旅游专列，吸引更多长三角客源市场的游客，从而带动雁荡山旅游转型发展，开启"快旅慢游"的旅游新体验。

3. 湖泊观光型——千岛湖景区

淳安县强力实施省级旅游综合改革和智慧旅游试点建设，全面推进全县景区化和旅游标准化工作，管理机制日趋完善。与此同时千岛湖景区一直坚持政府主导、企业主体、市场运作的模式，基础设施不断完善，景区改造步伐全面加快，环境保护得以加强，景区品质快速提升。同时千岛湖风景区牢固树立"游客至上"的理念，构建立体化服务网络，注重服务人员素质的提升，提高了景区服务水平。

4. 古村古镇型——西塘古镇景区

西塘镇政府对西塘旅游公司有绝对的话语权，管理旅游公司的决策和对古镇开发的策略，是典型的政企合一体制。虽然名义上西塘古镇由旅游公司进行保护开发，实际上从旅游公司的组建到后期的开发款项，都是由当地镇政府全权提供。西塘古镇的旅游开发决定权掌握在政府手中。

西塘古镇实行的是反空心化模式。大多数古镇居民都居住在景区内，从事与古镇旅游相关的工作。西塘的民居客栈是随着西塘旅游的发展，居民自己筹建的，西塘居民在古镇客栈中处于主导地位。西塘古镇的反空心化模式让游客体验到了原汁原味的江南水乡生活，满足了游客的需求。但是西塘居民对景区的保护和开发认识不够，造成西塘文物古迹破坏、旅游市场混乱。

5. 红色旅游型——南湖旅游区

南湖旅游区改变单一脸谱式的陈列模式，运用现代手段立体化、全方位展示红色旅游产品，南湖旅游区以中共一大会址和南湖革命纪念馆为核心，由会景园、南湖渔村和鸳湖生态绿洲等共同构成生态环境良好、景观特色鲜明、游憩景点丰富、服务设施完善的旅游景区。革命圣地的红色旅游景观较为丰富，但单纯的红色景观对现时游客的吸引力有限。目前，红色旅游与其他旅游形式的有机结合颇为欠缺。

6. 文化遗迹型——鲁迅故里·沈园景区

鲁迅故里·沈园景区经过这几年的保护和建设，故居遗址和周边环境景物整体融合成了一片展现清末民初风貌的鲁迅故里历史街区。鲁迅故居的旅游资源不再是独立的、片面的，而是融入了一个有空间和时间延续性的历史性街区当中。但游览时，主要是以参观为主，能让游客参与体验的项目少之又少。仅是以观看为主的游览，很难深入了解和领略绍兴独特且底蕴丰富的历史人文，也很难让人产生重游的欲望，现代旅游模式正在逐步由单一的观光度假走向多元化、体验式旅游。

7. 宗教文化型——普陀山风景旅游区

普陀山背靠上海、杭州、宁波等大中城市群和长江三角洲等辽阔腹地，面向太平洋，具有较强的地缘优势，旅游交通便利。目前到达普陀山的主要交通方式为水运，每天都有班船开往舟山本岛、宁波、上海等地，从上海、宁波等地也可以乘船直接前往。由舟山本岛前往普陀山的水运航渡是目前普陀山旅游交通的最主要线路，因此舟山本岛是普陀山旅游交通的重要中转站。

8. 主题游乐型——横店影视城

横店影视城在经过一定的发展之后，综合考量自身所具有的优势：完备的影视基地，影视剧的影响和号召力，完善的基础设施和配套服务。其发展劣势在于单纯依靠场租收入少，面对这种情况，在综合分析市场需求与市场发展的基础上，横店确立了"以剧建城，以城旅游"的发展模式，确定了一种"影视为表、旅游为里、文化为魂"的经营理念，将影视确定为横店影视旅游的基础性资源，利用影视宣传的企业和影视作品来为旅游产业的发展提供题材和手段，带动文化产业的发展，使影视、旅游、文化在横店呈现三位一体、互相融合的发展趋势。

三、浙江省国家 4A 级高等级旅游景区发展现状和特点

（一）浙江省国家 4A 级旅游景区类型分析

1. 旅游景区类型分析

浙江省国家 4A 级旅游景区共 228 个（截至 2019 年），主要有自然生态类（山岳景观、水域景观、地质地貌、自然人文），历史文化类（古村古镇、文化遗迹、文博院馆、红色旅游、宗教文化），现代游乐类（乡村休闲、主题游乐、特色街区），产业融合类（工业旅游、文化创意）等 4 大类 14 种亚类，景区类型丰富，特色鲜明。根据旅游景区类型，对浙江省 228 个国家 4A 级旅游景区进行景区类型细分，统计数据如表 3-4 所示。

表3-4　浙江省国家4A级旅游景区类型统计表

景区大类	景区类型	数量	景区	占比
自然生态类	山岳景观	53	建德市灵栖洞景区、建德市大慈岩景区、大木山茶园景区、景宁畲族自治县云中大漈景区、松阳县箬寮原始林景区、遂昌县南尖岩景区、莲都区东西岩景区、文成县森林氧吧小镇、乐清市中雁荡山旅游区、仙居氧吧小镇景区、杭州山沟沟旅游景区、黄贤森林公园景区、氡泉景区、温州瓯海泽雅景区、泰顺县乌岩岭景区、老外滩景区、黄岩区九峰景区、梅树底景区、黄岩柔川景区、浮盖山景区、新昌县十九峰景区、江山市仙霞关景区、玉苍山森林公园、缙云县黄龙景区、文成县龙麒源景区、海曙区五龙潭景区、平阳县南雁荡山景区、临安浙西大峡谷景区、永康市方岩风景区、衢江区药王山景区、文成县铜铃山森林公园、金华双龙风景旅游区、天台县南屏旅游区、遂昌县神龙飞瀑景区、庆元县百山祖景区、湖州市德清莫干山风景区、上虞区覆卮山景区、庆元巾子峰森林公园、桐庐县天子地生态风景区、仙华山景区、遂昌县千佛山景区、磐安县十八涡景区、磐安县百杖潭景区、杭州临安东天目山景区、龙泉市龙泉山旅游度假景区、余姚市丹山赤水景区、北仑区九峰山旅游区、大明山景区、临安天目山景区、温岭方山景区、牛头山景区、镇海区招宝山旅游风景区、天台山大瀑布（琼台仙谷）	23.24%
	水域景观	31	玉环漩门湾湿地景区、普陀区朱家尖旅游景区、京杭大运河·杭州景区、寨寮溪风景区、建德市七里扬帆景区、松阴溪景区、嵊泗东海五渔村、东湖风景区、永嘉县楠溪江风景区、海盐县南北湖风景区、桐庐县浪石金滩景区、洞头景区、云和湖仙宫景区、沈家门渔港小镇景区、平阳县南麂列岛景区、仙山湖景区、宁波松兰山旅游度假区、象山县石浦中国渔村景区、下渚湖湿地风景区、舟山桃花岛风景旅游区、黄金湖岸景区、安吉县江南天池景区、长兴县太湖演艺小镇（太湖图影生态湿地文化园）景区、五泄风景区、临海市灵湖景区、平湖东湖景区、镇海区九龙湖旅游区、南湖区湘家荡环湖景区、苍南渔寮景区、嵊泗花鸟岛景区、椒江大陈岛景区	13.60%

续表

景区大类	景区类型	数量	景区	占比
自然生态类	地质地貌	16	千岛湖石林景区、武义县大红岩景区、玉环市大鹿岛景区、三门县蛇蟠岛景区、龙游石窟旅游区、兰溪市六洞山风景区、富阳富春桃源景区、宁海县伍山石窟景区、衢江区天脊龙门景区、三衢石林风景区、遂昌县遂昌金矿国家矿山公园景区、青田县石门洞景区、磐安县舞龙峡景区、杭州临安太湖源景区、桐庐县桐庐垂云通天河景区、桐庐县瑶琳仙境景区	7.02%
	自然人文	10	龙泉市宝溪景区、安吉县浙北大峡谷景区、超山风景区、鹿城区江心屿景区、古田山风景旅游区、淳安下姜村景区、慈溪市龙山镇达蓬山景区、文成县百丈漈风景区、浦江县神丽峡风景区、南湖区梅花洲景区	4.39%
历史文化类	古村古镇	20	婺州古城景区、武义县璟园景区、景宁畲族自治县畲乡之窗景区、海宁盐官观潮景区、运河·塘栖古镇景区、宁海县前童古镇旅游区、缙云县河阳古民居景区、宁波市慈城古县城旅游景区、兰溪市诸葛八卦村景区、民居苑景区、鹿城区温州南塘文化旅游区、千岛湖乐水小镇·文渊狮城景区、苍南县碗窑景区、石浦渔港古城景区、杭州龙门古镇景区、南浔荻港景区、柯桥区安昌古镇景区、桐庐县江南古村落景区、慈溪鸣鹤古镇景区、德清新市古镇景区	8.77%
	文化遗迹	14	雷峰塔景区、兰亭景区、泰顺县廊桥文化园景区、大禹陵景区、镇海区澥浦镇郑氏十七房景区、湖州市莲城景区、杭州湘湖跨湖桥景区、长屿硐天旅游区、黄公望隐居地景区、江干区皋亭山景区、柯岩风景区、临海市江南长城旅游区、桐庐县严子陵钓台景区、东阳市横店镇明清民居博览城	6.14%
	文博院馆	11	安吉县中国竹子博览园、良渚博物院、镇海区宁波帮博物馆景区、宁波科学探索中心景区、宁波博物馆景区、长兴县金钉子远古世界景区、浙旅院国际教育旅游体验区、青田中国石雕文化旅游区、宁波市保国寺古建筑博物馆（景区）、中国丝绸博物馆、浙江自然博物馆安吉馆	4.82%
	红色旅游	3	余姚市浙"东四明山"抗日根据地旧址群景区、七彩长虹景区、长兴县新四军苏浙军区旧址群景区	1.32%
	宗教文化	1	新昌大佛寺文化旅游区	0.44%

续表

景区大类	景区类型	数量	景区	占比
现代游乐类	乡村休闲	25	西湖区兰里景区、莲都区古堰画乡景区、中南百草原景区、云和梯田景区、玉环市漩门湾观光农业园景区、仙居县永安溪休闲绿道景区、天台县后岸乡居旅游景区、武义县清水湾景区、吴兴区移沿山生态景区、东钱湖旅游度假区马山休闲旅游景区、柯城区桃源七里景区、庾村景区、宁海森林温泉景区、天宫庄园景区、东阳市花园村景区、湖州原乡小镇景区、安吉余村两山景区、江北区慈城镇五星村绿野山居、安吉县浪漫山川景区、杭州湾海上花田景区、碧云花海·十里水乡景区、嘉兴云澜湾温泉景区、柯桥区大香林景区、余杭径山景区、舟山南洞艺谷景区	10.96%
	主题游乐	19	余杭区双溪漂流景区、歌斐颂巧克力小镇、瓯海区茶山镇温州乐园、富阳区杭州野生动物世界景区、杭州湾新区方特东方神画景区、安吉县杭州 Hello Kitty 乐园、杭州宋城景区、鄞州区宁波海洋世界、象山县象山影视城景区、椒江区台州海洋世界、长兴县中国扬子鳄村景区、萧山区杭州长乔极地海洋公园景区、柯桥区绍兴乔波冰雪世界旅游景区、诸暨市米果果小镇景区、绍兴东方山水乐园、萧山区杭州乐园景区、海天一洲景区、杭州湾海皮岛景区、宁波雅戈尔动物园景区	8.33%
	特色街区	2	衢州江南儒城·水亭门景区、上城区清河坊历史文化街区	0.88%
产业融合类	工业旅游	9	义乌国际商贸城购物旅游、龙天红木小镇景区、玉皇山南基金小镇景区、杭州梦想小镇景区、吴兴区湖州丝绸小镇景区（西山漾景区）、诸暨珍珠小镇景区、德清地理信息小镇景区、海宁市海宁中国皮革城景区、建德航空小镇景区	3.95%
	文化创意	14	龙泉中国青瓷小镇·披云青瓷文化园景区、宁波梁祝文化公园、龙坞茶镇景区、上虞区中华孝德园、长兴县水口乡水口茶文化旅游景区、余姚市天下玉苑风景区、金东区锦林佛手文化园景区、新昌县丝绸世界旅游区、诸暨市西施故里旅游区、萧山区杭州东方文化园景区、东阳中国木雕文化博览城景区、海盐县绮园景区、东阳市横店镇华夏文化园景区、武义温泉小镇	6.14%

（1）自然生态类

①山岳景观

山岳景观非常好地保持了原始的自然风貌，受旅游者活动的影响程度小，主要表现为形象美、听觉美、色彩美。旅游受季节影响大，旅游季节性是指客流流向、流量集中于一年中相对较短时段的趋势。目前，我国游客外出旅游的目的是消遣，所以许多旅游者会选择气候适宜的季节游览山岳型旅游景区，所以山岳型旅游区的客流季节性差异显著，淡季客流量比较不足，但是旺季接待旅游处于超负荷运行状态。

山岳景观景区空间有限，虽然山岳型旅游景区的面积广，体积大，但是山岳景区内的平地相对较少，可供游客游览的空间和地域通常比较狭小。作为传统山岳型景区都陷入了相似的发展困境，比如旅游产品更新换代升级缓慢、景区内部管理体制机制固化、经营模式落后。

②水域景观

大部分水域景观的旅游产品以自然观光和水上娱乐为主，结构单一粗放，水域景观旅游资源环境的经济社会效益转化率较低，产品的市场竞争力不强。尽管水域景观旅游发展迅速，但水域景观旅游研究缓慢，滞后于水域景观旅游发展实践。水域景观旅游效率的空间格局形成不仅与水域景观旅游资源开发时间、资源丰富度、资源投资回报率之间的关系密切，也与依托城市的经济社会发展水平，区位交通条件等要素显著相关。

③地质地貌

地质地貌景区主要通过奇异的地质地貌环境来吸引旅游者，不同的地质地貌影响自然环境，进而提供不同的旅游环境。是该类型景区主要旅游吸引物。部分地貌为旅游创造了有利条件，但有些则会给旅游带来不利影响，如对旅游交通、旅游资源、旅游活动的展开等。

④自然人文

自然人文型景区旅游产品老化，缺少主题，低水平重复建设等，导致景区间恶性价格竞争，进入行业高失败率的恶性循环。景区在经营管理上缺乏市场运作和主体竞争的观念，即使有部分景区产生了朦胧的主题意识，开始向主体经营、资本运作的领域深入，也往往因其主题不突出，主营业绩较弱，导致游客对主题的错误认识，无法发挥主题效益。

（2）历史文化类

①古村古镇

古村古镇型景区一般都是遗留的古代民居建筑，历经历史变迁和岁月沧桑，并且至今仍为现代沿用和居住；在景观上与现代民居有很大反差，具有传统特色的古民居、古街、古巷、古道、宗祠、寺庙等，是特殊的区域文化景观和历史文化景观；古村古镇型景区是古代思想、文化、宗法礼制以及族权等思想观念交融下形成的外化表象，具有重要的历史文化意义。古村古镇旅游业的过热发展，造成了商业网点的大幅增加，特别是在主要游线上开设过多的商业店铺，商业活动以及现代装修材料的采用，损坏了建筑的传统风貌，干扰了古村古镇的传统氛围。同时，不断膨胀的"标准化"旅游业，排挤掉大量具有地方特色的小本生意，致使古村古镇原始风貌淹没于商业化中，浓重的商业气息侵蚀着人文氛围。

②文化遗迹

文化遗迹类景区核心吸引物为文化和遗迹的原真性和完整性，需对景区内文化资源进行挖掘和开发，但要保留遗迹的真实性价值，因此对景区保护的要求更高，景区内须严格控制环境容量，同时严禁破坏项目建设，对景区开发限制较大。

③文博院馆

具有文化展示和资源优势，政府和社会越来越重视文博院馆型景区的发展。目前，浙江省内文博院馆众多，但普遍存在资金短缺、建设发展不平衡、资源优势和经济效益不协调等现象。同时，文博院馆型景区旅游开发普遍以橱窗、实物展示等静态的呈现方式居多，这种形式既不生动又不活泼，对于旅游者而言缺乏吸引力，难以引起旅游者浓厚的兴趣、强烈的共鸣及互动，旅游者参与程度极为有限。

④红色旅游

红色旅游活动形式较单一、死板，吸引力不足。红色旅游景区的旅游开发以橱窗、实物展示等静态的呈现方式居多，景区开发层次不高，重复建设严重。很多的红色旅游景区开发层次肤浅，未能将红色旅游的内涵和精髓深度发掘，脱离了红色景区的传统历史文化，而过于凸显其政治色彩，旅游活动面狭窄、活动内容浅表。因此，很难让游客融入其中。

⑤宗教文化

宗教文化型景区一般是以宗教文化为主导进行的一系列的景区开发模式，针对省内如此丰富的宗教旅游资源，一些以宗教旅游为主题的旅游项目相继推出，如到宗教圣地去观赏建筑、雕塑、绘画，参与一些宗教活动，到名山、古刹、禅林中去度假疗养，学习气功拳术以及到一些高、险、峻、奇的宗教名山朝拜、求签、还愿、寻根，沿着名僧的足迹或朝拜佛祖之路等。宗教旅游资源的开发缺乏拳头产品，产业优势不够明显。浙江旅游资源比较丰富，但由于缺乏带动性强的精品旅游项目，资源潜力没有得到充分挖掘，包装整合力度不足，竞争力低，缺乏对国内外市场的吸引力。

（3）现代游乐类

①主题游乐

主题游乐型景区一般是指以一个或几个特定的文化主题为线索，以度假游乐为目标、以优美的自然和人造景观为依托，以风情体验、情景模拟、休闲娱乐、动漫科技等为主要内容的旅游文化景观。其规划设计特点主要有新颖独特的文化主题创意，完善合理的分区规划，娱教相结合的项目构成和新奇独特的体验设计。由于国内主题公园发展历史短，多数主题公园在规划设计上没有规范性模式，只是简单模仿国外先期开发的成功范例。大部分的旅游项目只是纯观光性的静态景观，游客无法参与其中，缺乏特色主题。

②乡村休闲

乡村休闲型旅游景区存在着丰富的人文历史资源和生态自然资源。随着国内旅游的兴盛，乡村游的市场需求逐步增长，市场潜力巨大，城里人希望摆脱高楼峡谷、水泥森林，缓解高负荷工作的压力，引古怀旧和对自然的向往。

但目前，乡村旅游发展水平有待提升，乡村基础配套设施、旅游资源开发、旅游公共服务等尚未健全，未实现规范化管理，未形成区域品牌。乡村旅游多集中开发休闲农业和观光农业旅游产品，而对乡村传统文化和民风民俗资源的开发重视不够。乡村旅游过分地依赖农业资源，缺乏文化内涵，地域特色文化不突出，开发模式单一。

③特色街区

特色街区型景区具有独特的文化内涵和风格特色。景区空间规模较大，内部经营结构多样化，具有旅游、商业、文化、娱乐、休闲等多种功能。目前旅游特色街区发展较好，对游客吸引力较高。但普遍存在基础设施不完善、整体规划不明确、整体风貌不统一、主题特色不突出等问题。

（4）产业融合类

①工业旅游

工业旅游游览的项目是工业企业的厂区、生产线、产品等，先进的设备是科学技术的结晶，独特的工艺蕴藏着丰富的科学知识，这些都从不同角度体现了科学、技术在工业生产中的用处以及社会科技发展的脚步，有着其独特的魅力和其他旅游形式无法复制的特点，具有巨大发展潜力和光明前景。但工业旅游景区多以观光为主，部分体验性活动较为简单。景区内基础设施建设不完善，旅游服务缺乏专业性，旅游功能不健全，缺乏整体化、专业化的规划建设和指导。

②文化创意

文化创意型旅游景区以创意产业的思维方式和发展模式整合旅游资源、创新旅游产品、锻造旅游产业链，重点对标志性项目、节庆活动、主题产品和遗产进行开发，具有较高的创意性和体验性。但目前浙江省文化创意旅游景区发展普遍存在创意水平低、缺乏文化价值和过度复制等问题。文化创意旅游产业所依赖的资本、创意和市场等因素均存在流动性、外部性等特征，导致市场存在大量复制、无序竞争等问题。

2. 浙江省 4A 级旅游景区类型数据统计分析

根据表 3-4 数据可知，浙江省 228 个国家 4A 级旅游景区中，山岳景观型旅游景区 53 家，水域景观型旅游景区 31 家，地质地貌型旅游景区 16 家，自然人文型旅游景区 10 家，古村古镇型旅游景区 20 家，文化遗迹型旅游景区 14 家，文博院馆型旅游景区 11 家，红色旅游型旅游景区 3 家，宗教文化型旅游景区 1 家，乡村休闲型旅游景区 25 家，主题游乐型旅游景区 19 家，特色街区型旅游景区 2 家，工业旅游型旅游景区 9 家，文化创意型旅游景区 14 家，统计浙江省国家 4A 级旅游景区各亚类景区数量所占比例如图 3-1 所示。

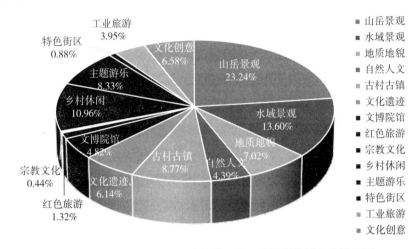

图3-1 浙江省国家 4A 级旅游景区各亚类景区数量占比统计图

根据图 3-1 数据可知，浙江省 228 个国家 4A 级旅游景区中，山岳景观、水域景观、乡村休闲和主题游乐这 4 种类型的旅游景区占浙江省国家 4A 级旅游景区总数量的比例最高，分别占比 23.25%、13.60%、10.96% 和 8.77%，宗教文化、特色街区和红色旅游这 3 种类型的旅游景区占浙江省国家 4A 级旅游景区总数量的比例最低，分别占比 0.44%、0.88% 和 1.32%。

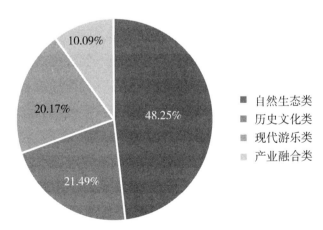

图3-2 浙江省国家 4A 级旅游景区各大类景区数量占比统计图

根据图 3-2 数据可知，浙江省 228 个国家 4A 级旅游景区中，以自然生态类景区为主，自然生态类景区数量最多，为 110 家，占浙江省所有国家 4A 级旅游景区数量的 48.25%。其次为历史文化类和现代游乐类景区，分别为 49 家和 46 家，各占比 21.49% 和 20.18%。产业融合类景区最少，为 23 家，占比为 10.09%。

综上可知，浙江省高等级旅游景区目前仍以自然生态观光型景区为主，但旅游景区类型逐步向历史文化类和现代游乐类转型发展，旅游市场发展多样化。

3. 浙江省国家 4A 级旅游景区地域分布分析

根据旅游景区所在地域，对浙江省 228 个国家 4A 级旅游景区进行景区地理区位统计，统计数据如表 3-5 所示。

表 3-5　浙江省国家 4A 级旅游景区地理区位统计表

地区	数量	占比
杭州	43	18.87%
嘉兴	10	4.39%
宁波	33	14.47%
湖州	25	10.96%
舟山	6	2.63%
绍兴	18	7.89%
温州	20	8.77%
台州	17	7.46%
衢州	13	5.70%
金华	21	9.21%
丽水	22	9.65%

根据表 3-5 数据，统计浙江省省国家 4A 级旅游景区地域分布如图 3-3 所示。

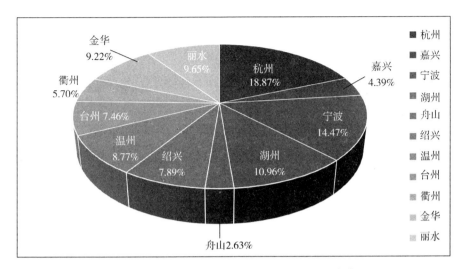

图3-3　浙江省国家4A级旅游景区地理区位统计图

根据表3-5和图3-3数据可知，浙江省228个国家4A级旅游景区主要集中在杭州、湖州和宁波地区，其中杭州市内分布的4A级旅游景区数量最多，为43家，占比18.87%；宁波市次之，为33家，占比14.47%；湖州市第三，为25家，占比10.96%。舟山市、嘉兴市和衢州市内国家4A级旅游景区数量较少，分别为6家、10家和13家，各占比2.63%、4.39%和5.70%。

综上可知，浙江省228个国家4A级旅游景区主要聚集区为杭州、湖州、宁波地区，其他集中在金华、丽水、温州、绍兴、台州地区。浙江省国家4A级旅游景区中热点景区主要集中在浙北区域。该区域地势较为平坦，少山地，多河流湖泊，且景区内文化资源较为丰富，景区以文化体验、主题娱乐为主题元素，注重享乐休闲、文化研学。

（二）浙江省国家4A级旅游景区门票价格分析

（1）按地市分析

根据旅游景区制定的门票价格，对浙江省228个国家4A级旅游景区按地市进行景区门票价格统计，统计数据如表3-6所示。

表 3-6　浙江省国家 4A 级旅游景区门票价格统计表

地区	景区数量（家）	免费景区数量（家）	收费景区数量（家）	平均门票价格（元）	免费景区占比
杭州	43	11	32	131.28	25.58%
嘉兴	10	2	8	100.75	20.00%
宁波	33	5	28	85.46	15.15%
湖州	25	12	13	95.62	48.00%
舟山	6	3	3	158.33	50.00%
绍兴	18	4	14	96.07	22.22%
温州	20	3	17	82.06	15.00%
台州	17	6	11	81.18	35.29%
衢州	13	5	8	74.38	38.46%
金华	21	3	18	100.61	14.29%
丽水	22	6	16	80.38	27.27%
总计	228	60	168	98.74	26.32%

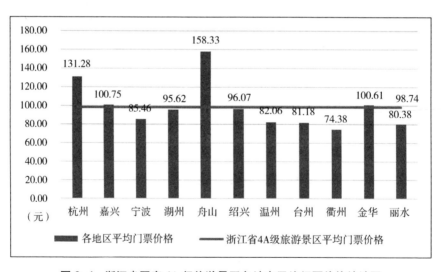

图 3-4　浙江省国家 4A 级旅游景区各地市平均门票价格统计图

　　根据表 3-6 和图 3-4 数据可知，浙江省 228 个国家 4A 级旅游景区平均门票价格为 98.74 元。其中杭州、嘉兴、舟山、金华 4 个地区的平均门票价格高于浙江省国家 4A 级旅游景区平均门票价格，舟山最高，为 158.33 元；杭州次之，为 131.28 元；嘉兴第三，为 100.75 元；金华第四，为 100.61 元。衢州、丽水、台州市门票价格最低，分别为 74.38 元、80.38 元和 81.18 元。

　　根据表 3-7 数据，统计浙江省国家 4A 级旅游景区各地市免费景区占比如图 3-5 所示。

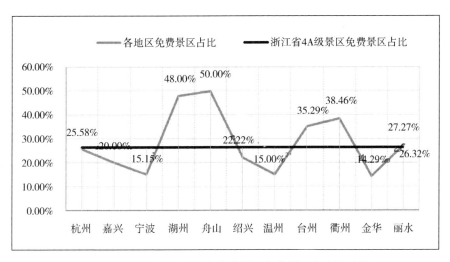

图 3-5　浙江省国家 4A 级旅游景区免费景区占比统计图

　　根据图 3-5 数据可知，浙江省 228 个国家 4A 级旅游景区免门票景区共 60 家，占浙江省所有 4A 级旅游景区数量的 26.32%。其中，湖州市、杭州市免门票景区数量最多，分别为 12 家和 11 家；嘉兴市、舟山市、温州市和金华市免门票景区数量最少，分别为 2 家、3 家、3 家和 3 家。但在同地区比较分析可知，舟山市、湖州市等地区免门票景区数量占该地区所有景区数量的比重较大。舟山市共有 4A 级旅游景区 6 家，其中免门票景区 3 家，占舟山市所有 4A 级旅游景区数量的 50%；湖州市共有 4A 级旅游景区 25 家，其中免门票景区 12 家，占湖州市所有 4A 级旅游景区数量的 48%。反之，金华市、温州市和宁波市免门票景区数量占该地区所有景区数量的比重较小，分别为 14.29%、15.00% 和 15.15%。

由此可知，舟山市、湖州市、衢州市和台州市等地区对旅游发展提供的支持政策和优惠政策较好，高等级旅游景区优惠力度和扶持力度较大。

（2）按景区类型分析

根据旅游区制定的门票价格，对浙江省 228 个国家 4A 级旅游景区按景区类型进行景区门票价格统计，统计数据如表 3-7 所示。

表 3-7 浙江省国家 4A 级旅游景区门票价格统计表

景区大类	景区亚类	景区数量（家）	免门票景区数量（家）	收费景区数量（家）	平均门票价格（元）	免门票景区占比	各大类免门票景区在所有免门票景区中占比
自然生态类	山岳景观	53	7	46	88.26	13.21%	30.00%
	水域景观	31	7	24	81.58	22.58%	
	地质地貌	16	2	14	87.50	12.50%	
	自然人文	10	2	8	64.38	20.00%	
历史文化类	古村古镇	20	8	12	73.33	40.00%	33.33%
	文化遗迹	14	3	11	80.91	21.43%	
	文博院馆	11	6	5	60.00	54.55%	
	红色旅游	3	3	0	0.00	100.00%	
	宗教文化	1	0	1	80.00	0.00%	
现代游乐类	乡村休闲	25	9	16	109.25	36.00%	20.00%
	主题游乐	19	1	18	175.50	5.26%	
	特色街区	2	2	0	0.00	100.00%	
产业融合类	工业旅游	9	6	3	256.67	66.67%	16.67%
	文化创意	14	4	10	85.80	28.57%	
总计		228	60	168	97.88	26.32%	/

根据表 3-7、图 3-6 数据可知，浙江省 228 个国家 4A 级旅游景区中，免

门票景区共 60 家，其中，自然生态类景区 18 家（包含山岳景观型旅游景区 7 家，水域景观型旅游景区 7 家，地质地貌型旅游景区 2 家，自然人文型旅游景区 2 家），占所有自然生态类景区数量的 16.36%，占浙江省所有免门票 4A 级景区数量的 30.00%。

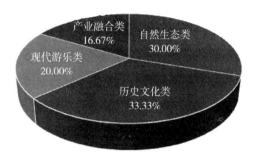

图 3-6 各大类免门票景区占浙江省所有免门票
4A 级旅游景区比例图

历史文化类景区 20 家（包含古村古镇型旅游景区 8 家，文化遗迹型旅游景区 3 家，文博院馆型旅游景区 6 家，红色旅游型旅游景区 3 家），占所有历史文化类景区数量的 40.82%，占浙江省所有免门票 4A 级景区数量的 33.33%。

现代游乐类景区 12 家（包含乡村休闲型旅游景区 9 家，主题游乐型旅游景区 1 家，特色街区型旅游景区 2 家），占所有现代游乐类景区数量的 26.09%，占浙江省所有免门票 4A 级景区数量的 20.00%。

产业融合类景区 10 家（包含工业旅游型旅游景区 6 家，文化创意型旅游景区 4 家），占所有产业融合类景区数量的 43.48%，占浙江省所有免门票 4A 级景区数量的 16.67%。

由此可知，自然生态类和历史文化类景区免门票景区数量最多，景区优惠力度最大，该类型景区运营管理机构对景区旅游发展的支持力度较大。

根据图 3-7 数据，统计浙江省国家 4A 级旅游景区各景区类型平均门票价格如图 3-7 所示。

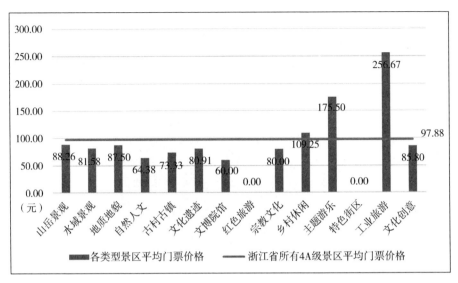

图 3-7　浙江省国家 4A 级旅游景区各类型景区平均门票价格统计图

由图 3-7 数据可知，浙江省 228 个国家 4A 级旅游景区中，所有红色旅游型旅游景区和特色街区型旅游景区均免门票。工业旅游、主题游乐和乡村休闲这三类旅游景区门票价格普遍偏高，分别为 256.67 元、175.50 元和 109.25 元。

（三）浙江省国家 4A 级旅游景区发展存在的问题和趋势分析

1. 浙江省国家 4A 级旅游景区发展优势分析

（1）浙江省旅游资源丰富，旅游市场多样化

浙江省自然旅游资源的质量、品种和密度在全国首屈一指，人文资源荟萃，历史文化悠久。浙江是中华文明的发源地之一，位于我国东南沿海黄金地带长江三角洲的南翼，素有"鱼米之乡、丝茶之府、文化之邦"的称号。优美的山水风光与深厚的文化内涵有机结合，赋予浙江省发展旅游业优良的先天条件。

从自然旅游资源来看，浙江省有临安天目山景区、松阳松阴溪景区、沈家门景区、洞头景区等众多自然生态型旅游景区；从人文旅游资源景观来看，浙江历史悠久，早在 5 万~10 万年前，就有"建德人"在这里繁衍生息，六七千年前，浙江的先民已进入定居的"耕农业"阶段，因此，余姚河

姆渡遗址和余杭良渚文化有很高的知名度；从宗教旅游资源来看，浙江省宗教资源在全国占有重要的位置，如新昌大佛寺景区等；从文博院馆旅游资源来看，浙江省内博物馆众多，尤其是专业博物馆非常丰富，如"茶博"、"丝博"、官窑博物馆、中药博物馆和中国印学博物馆等。此外，浙江还拥有一大批萌生性旅游资源。浙江省作为中国经济较发达的省份，在其经济建设中有着辉煌的成就并形成了一些有特色的模式，发展形成特色化产业融合型旅游景区，如义乌国际商贸城购物旅游区、诸暨珍珠小镇景区、海宁中国皮革城等，成了浙江旅游新业态。

（2）传统旅游业不断发展，新兴旅游项目蓬勃兴起

近年来，浙江省在发展传统的自然生态类旅游景区基础上，根据本省旅游资源特点和不断变化的旅游需求，大力发展和打造历史文化类、现代游乐类和产业融合类旅游景区，开发休闲度假、主题游乐、商务会展、节庆活动等各种综合型旅游项目，重点建设了一批具有鲜明特色的国家4A级旅游景区，成为人们休闲度假、文化体验、研学拓展的好去处。不仅促进了地方经济建设，而且多层面地展示了浙江独特的旅游资源、多渠道吸引国际国内游客，成为浙江省旅游产业发展的新亮点。

（3）旅游资源开发利用不断深入，旅游网络进一步得到完善

近几年，浙江省在相关旅游产品开发中努力争取"做大、做精、做优"。通过市场引导，进一步拓展旅游市场，开发了杭州乐园、未来世界、宋城东阳横店影视城、梁祝文化公园、桃花岛影视城等一批在全国颇具影响力的大型旅游主题公园。目前，浙江省已初步形成以杭州为中心，东、西、南、北4条各具特色的旅游线路和全省旅游网络，拓展了旅游接待市场，增加了消费。

（4）旅游基础设施日臻完善，综合接待能力不断提高

浙江省积极推动全省4A级旅游景区建设，对不达标的旅游景区进行提升整改。目前，已有金华双龙景区、温岭长屿硐天景区、龙游石窟景区、奉化黄贤森林公园景区等一大批老景区按照文化和旅游部4A级旅游景区的评定要求进行了整修、扩建并完善配套设施，较好地提升了景区的档次。同时，景区积极推进精品旅游项目建设，加强旅游接待设施、精品酒店、民

宿、餐饮等建设，不断提高景区综合接待能力。

2. 浙江省国家 4A 级旅游景区发展劣势分析

（1）旅游景区基础设施不完善

浙江省国家 4A 级旅游景区很多景点存在着面目陈旧、功能单一、品位不高等问题。随着旅游—休闲市场的逐渐成熟，以扩大数量为目标的粗放型开发已经难以适应新时代的需求，要求旅游资源开发向深层次、质量型、内涵丰富型发展，单一的猎奇—游览观光向复合型、多功能的旅游景区建设发展。

（2）旅游景区交通条件不完善

在航空交通条件上，浙江省拥有杭州、萧山、宁波、温州、黄岩、义乌、衢州和朱家尖 8 个机场，可通向全国各大主要城市，初步形成了航空网线。浙江省大力支持公路交通建设，经过几年发展已初步形成四通八达的公路网，在 2002 年已实现省内 4 小时公路交通圈。但浙江省以交通为主体的基础设施建设相对滞后，许多景区交通建设落后于旅游景点建设，尤其是干线至景区、景区内部，景点之间交通还存在较多问题。

（3）旅游资源开发水平不够高

浙江省旅游资源数量众多、门类齐全，但缺乏稀缺性、拳头型旅游资源和旅游项目。旅游资源规模效应不足，旅游资源优势没有充分转换成产业优势。浙江省各地市景区规划意识不强，实施规划力度不够。旅游规划和项目策划总体水平不高，未针对景区实际进行长远规划，旅游产品市场化程度低，不少产品创意缺乏深度，对目标市场的把握、技术含量的追求和文化主题的塑造均不到位，旅游产品的市场竞争力不高，景区缺乏经济效益。

（4）旅游景区管理服务不到位

浙江省大多数 4A 级旅游景区未进行长期高效的规范化管理，部分景区在完成创建任务后未进行实时维护，未针对旅游市场和游客需求的变化进行调整和更新。部分景区管理不到位，服务人员服务意识有待提升。

（四）浙江省国家 4A 级旅游景区发展提升路径

1. 加大旅游投入，整合优势资源

随着国家产业结构的调整，旅游业已成为极具增长活力的产业之一。浙江省旅游业要想实现超常规发展，必须进一步完善旅游投资机制。首先，各级政府应当加大投资力度。要尽可能增加对旅游景区交通、卫生等基础设施和酒店、旅行社等服务设施的投入，深度挖掘浙江省的旅游潜力。其次，要继续加大招商引资力度，大力培育多元化投资主体。通过采取各种激励机制和优惠政策，着力改善投资软环境，坚持"谁投资、谁受益"的原则，打破地区、行业、所有制等方面的限制，引导社会各类投资主体投资开发或合资开发旅游景区景点，建设旅游配套服务设施，研究、开发、生产、销售旅游产品。

2. 加快体制创新，增强旅游活力

加快旅游企业制度创新，推动旅游企业的股份制、公司制改造，健全现代产权制度，完善法人治理结构。同时，也要适应大旅游、大市场、大产业的发展要求，强化旅游管理部门的综合协调职能，加强旅游市场监督管理。进一步制定和完善旅游管理有关法规规章，建立旅游行业的服务标准体系，促进旅游行业管理的规范化、标准化、法治化。从而提升旅游业经营主体和投资主体的多元化程度，增强发展后劲，提高旅游业的服务素质和水平。

3. 树立特色品牌，加大宣传力度

浙江省各 4A 级旅游景区有必要建立独特而鲜明的旅游形象，通过形象定位、主题口号的提出、视觉形象的设计与推广等战略来全面发展旅游产业。国际上通常的惯例是将旅游收入的 5% 用于宣传和促销，应该加大对旅游宣传财力、物力、人力的投入，利用宣传册、电视广告、互联网、旅行社等多种形式广泛展开宣传，积极开拓国内外市场，从而取得良好的成效。

4. 产业结构调整，促进均衡发展

浙江省旅游业整体发展较快，但目前旅游的"吃、穿、住、游、购、娱"六要素之间的发展还不够平衡，尤其是购物最为薄弱。旅游商品是旅游业的一个重要组成部分，在旅游六要素中最富弹性。浙江省旅游景区要加大旅游商品的开发力度，提高旅游购物在游客消费中的比重，抓好特色旅游商品的开发，以鲜明特色来吸引游客，以规模优势来产生效益；要抓好旅游商品定点生产企业引导管理工作，通过宏观指导、政策扶持、资金投入，集中力量开发几种有广阔市场的旅游商品，再通过有意识的宣传推广，提高市场竞争力和占有率，给生产企业带来良好的经济效益和社会效益，进而充分调动其他定点企业的积极性，形成浙江省旅游商品开发的规模优势。

四、国外著名景区的发展特色和模式

（一）意大利丽晖谷

该景区位于阿尔卑斯山中段，有 2000 多年的历史。丽晖谷是以户外运动为主的旅游主题小镇。居民约 5000 人（截至 2021 年），这里气候干燥，空气清爽，容易使人融入大自然。丽晖谷的品牌吸引力在于，丽晖谷是世界自由式滑雪的发源地，是世界高山滑雪锦标赛的比赛场地，可以进行各种冬季滑雪运动，位于阿尔卑斯山上的拉达米罗滑雪场是最受国内外滑雪爱好者喜爱的著名滑雪场。另有 115 公里滑雪道、6 所滑雪学校。除各种滑雪运动外，还有越野自行车游 3 国（意大利、瑞士和奥地利）、100 公里自行车道、600 公里越野自行车道以及建筑风格独特的天主教堂。周边有许多村庄、牧场以及土拨鼠、小羚羊、鹿、皇家鹰、长须秃鹰和松鸡等动物的踪迹，还可以在丽晖谷湖垂钓。一派天堂般的户外运动景象。

（二）日本越后妻有

越后妻有位于日本的本州岛中北部的新潟县，一个几近被遗忘的地方，最近几年因举办多次大地艺术节蜚声世界，艺术家们在此寻找灵感，创作出一件件让人迷恋的艺术作品。

越后妻有地区有着丰富的传统产业和地方特产，在保存完整的原始景观基础上造就了独特的地域文化。但随着日本经济及产业的快速转型和农业政策的失调，地区经济持续不景气，人口外移、老龄化、梯田荒废、传统产业衰退等社会问题日益突出。越后妻有是日本典型的老龄化现象严重的偏僻小山村，无人居住的空屋子、废弃的学校、抛荒的耕地以及孤独的老人，整个村庄生气渐失，濒临消失。2000 年，一批来自世界各地的艺术家发起了以"人类属于大自然"为主题的艺术节，在策展人北川富朗（Fram Kitagawa）的努力下，这 760 平方公里的山村和森林变成了艺术的舞台，重新探讨现代和传统、城市和乡村的关系。

自 2000 年开始，大地艺术节每 3 年举办一届，2015 年参观的人数达到了 49 万人次，大地艺术节的成功举办给越后妻有重新注入了活力，随着艺术节的扎根发展，不少远离家乡的年轻人开始陆续从大城市搬回来，帮忙照顾家里的旅店、餐馆、酒厂生意，老人们脸上重现笑容，山村重新焕发生机。

（三）开发特色和借鉴思考

全球范围内以匈牙利霍洛克民俗村、奥地利哈尔施塔特小镇、日本越后妻有、印尼巴厘岛乌布等为代表，关注传统文化与旅游的有机融合、协调发展，既重视文化旅游的发展，以此作为古村古镇可持续发展的重要产业载体，又对引入古村古镇的新业态、新要素、新产品和新人口进行筛选，控制在古村古镇的空间承载力和精神承受力范围之内，同时促进当地文化的传承与发展。

此类旅游开发模式的要点主要有以下三个：第一，重视当地传统文化的传承，同时有选择性地引入外来文化、创意或艺术，增加文化传承发展的生命力；第二，现代生活要素和时尚旅游元素低调注入，既满足现代人的物质和精神消费需求，又不破坏当地的人文脉络和生活习惯；第三，强调人与自然的和谐共生，保留传统生活方式和自然居住形态。

第四章　江山市旅游发展的优势、劣势、机遇和威胁（SWOT）分析

　　江山市旅游业从"微改造、精提升"行动开展以来，高等级旅游景区联合属地乡镇，通过"体验更精致、设施更精良、景观更精美、服务更精心、运营更精细"实施"五精"工程，以高质量、高标准、高效率推动江山旅游高质量发展，取得了不俗成绩。但在全省全域旅游高质量发展的背景下，旅游产品质量不断提档升级，游客需求多样，市场竞争不断加剧，江山市旅游发展存在一定的优势、劣势、机遇和威胁，客观全面分析有助于江山未来更好地调整发展思路，改变发展策略，提出更新创新举措，助力江山旅游高质量发展，促进全域乡村共富。

　　SWOT 分析法是一种十分准确客观、简单易用的分析和解决现实问题的方法。这种方法通过对研究对象内部环境和外部环境两方面的评价，使研究对象在全面系统分析中，认清自身的优势，寻找有利的、值得发扬的因素，同时充分抢抓机遇、利用机遇，并且注意查找自己的劣势，避开可能遇到的威胁，发现存在的问题，找出有效的解决之策。在旅游业蓬勃发展以及竞争日趋激烈的今天，运用 SWOT 分析法探讨江山在旅游发展中存在的优势、劣势、机遇和威胁，为未来更好地进行旅游业的发展决策提供科学依据。在对旅游业高质量发展分析的实际操作中，都不可避免地面临竞争日趋激烈的外部环境和错综复杂的内部挑战，要想最大程度扬长避短，充分发挥自身优势，克服不足，在利益最大化的基础上不断增强抵御风险的能力，SWOT 分析法势在必行。

　　SWOT 分析法认为，所谓竞争优势就是某一研究对象在"硬件""软件"

等各方面优于对手、强于对手、超越对手的综合实力的体现。由于旅游业是一个复杂的大产业，涉及广、范围大、环节多，因此，在进行 SWOT 分析时，必须从系统的角度在各方面、各层次、各环节与竞争对手进行对照分析。旅游业的高质量发展从一定意义上讲，就是利用旅游资源优势，开发旅游产品项目，帮助旅游目的地实现共同富裕。一般而言，评价旅游开发地区是否具有竞争优势都需要从游客角度出发，因为他们是旅游目的地最直接的体验者。因此，当前在我国各地大力进行乡村旅游开发的过程中，必须摸清自身"家底"，发挥旅游资源优势，形成"人无我有、人有我优、人优我精"的局面；与之相对的就是竞争劣势。当某地区经过旅游开发后，旅游得到进步，经济得到发展，但同时也会吸引其他竞争对手的目光。一般而言，某地区在旅游开发初见成效后会保持一段时期的竞争优势，而当竞争对手采取更加有力超前的举措后，这种优势也会随之被逐渐削弱，并在优势完全丧失后陷入被动局面。这就要求当地有关部门运用 SWOT 分析法，正确认清旅游发展形势，找准旅游业高质量发展的突破口，选择与自身资源匹配、适合自身发展前景、发挥潜力最大化的体制机制；与此同时，外部的威胁也总是形影不离。如何应对来自环境、国内外竞争对手、新形势、新情况等不可预知的威胁因素，关乎旅游业 SWOT 战略决策的成败。对旅游目的地来说，利用自身全方位优势开发旅游，这无疑是最佳和最理想的发展机遇。一方面，如果该地的旅游资源优势和旅游发展模式具有不可复制性，那么竞争对手进行模仿和借鉴的成本和难度将会越大，该地区的潜在竞争力就越强。另一方面，当这项优势持续的时间越长，那么该地区获得的发展机遇就越大，蕴藏的价值就越大。SWOT 分析法应用在旅游业发展中的终极目标就是如何在现有的内外部条件下，最大程度发挥优势、弥补不足，"人一之我十之，人十之我百之"，争取当地更好、更快、更高地实现共同富裕。

一、江山市旅游发展优势分析

（一）旅游发展基础优势

旅游产业规模持续扩大。十三五期间，江山市旅游业呈现高增速发展。

江山市文化旅游局公开数据显示，全市年游客接待量由 2015 年的 1016.66 万人次增长到 2020 年的 1706.4 万人次，年均增长 10.91%；旅游总收入由 2015 年的 61.09 亿元增长到 2020 年的 103.36 亿元，年均增速为 11.09%。

优质旅游产品加大供给。十三五期间，江山市成功创建 1 个国家 5A 级旅游景区（江郎山·廿八都旅游区）、8 个国家 3A 级旅游景区、2 个省级旅游风情小镇（廿八都镇和大陈乡），成功获评衢州市首家五星级旅游饭店（金陵大酒店），启动以"春风江山"田园文旅颐养小镇为核心的省级旅游度假区申报。全市共实施多个文化旅游类项目（其中君澜·江山国际度假酒店、城北休闲旅游综合体、客运枢纽等重大文化旅游项目已经建成）。同时，坚持问题导向，强化动态管理，采取暗访的形式，分别对全市旅游团队入住推荐酒店（硬件、软件、服务、标识等方面）、15 个 3A 级以上旅游景区（游客中心、厕所、标牌标识等硬件配套及管理服务）开展检查，根据暗访结果启动实施末位淘汰机制，并形成常态化暗访机制。

全域旅游发展树立典范：十三五期间，江山市成功入选首批国家全域旅游示范区和浙江省首批全域旅游示范县，获评中国县域旅游综合竞争力百强县市，并入选"2019 年度中国县域旅游高质量发展典型案例"。坚持以核心景区集聚带动，牵引市域景区化建设，初步绘就了"星罗棋布、众星拱月"的全域旅游壮美画卷。成功承办 2019 年全省全域旅游暨万村千镇百城景区化工作专题培训班、2020 年全国全域旅游培训班暨首届全域旅游发展绿色对话活动，并 3 次受邀在国家、省级会议上做全域旅游典型发言及案例教学。江山市入选首批国家全域旅游示范区的做法得到各级领导肯定，在全省、全国形成了全域旅游发展的江山样本，浙江省历次国家全域旅游示范区名录见表 4-1。

表 4-1　浙江省历次国家全域旅游示范区名录

序号	等级	示范区名称	所在地市	批次
1	国家级	湖州市安吉县	湖州市	第一批
2	国家级	衢州市江山市	衢州市	第一批
3	国家级	宁波市宁海县	宁波市	第一批

续表

序号	等级	示范区名称	所在地市	批次
4	国家级	绍兴市新昌县	绍兴市	第二批
5	国家级	丽水市松阳县	丽水市	第二批
6	国家级	台州市仙居县	台州市	第二批
7	国家级	杭州市桐庐县	杭州市	第二批
8	国家级	嘉兴市嘉善县	嘉兴市	第二批

（二）多融合业态开启新局面优势

乡村建设取得显著成绩。江山市获评第一批浙江省美丽乡村示范县、省级生态文明建设示范区，提出打造"中国幸福乡村"升级版，率先在浙江省启动A级景区村庄打造。深入落实"千百万"工程专项，先后成功创建省A级景区村庄171个，其中AAA级景区村庄32个，数量居全省前列，走出了一条"低成本可复制、乡土化可操作、长效化可坚持"的富有江山特色的乡村建设之路。

江山市乡村休闲旅游发展成效显著，大陈古村、清漾村、浔里村获评首批全国乡村旅游重点村，贺村镇耕读村被誉为"中国乡村旅游模范村""国家级美丽宜居示范村"。先后推出世遗江郎风采线、古镇养生风韵线、幸福乡村风光线、七彩保安风情线、村歌文化风俗线、醉美碗窑风行线6条乡村休闲旅游精品线路。全方位展示了党建治理大花园的建设成果，探索走出一条"标准引领、特色推进、文化铸魂、产业支撑"的全域"景区化"美丽乡村建设道路，获省委书记批示肯定。

十三五期间，江山市聚焦"吃、住、行、游、购、娱"，深化推进融合发展，不断创新旅游业态和健全旅游要素。全市拥有星级旅游饭店、特色文化主题饭店8家，1340个客房，2257个床位；金陵大酒店成功获评五星级旅游饭店，实现衢州地区五星级旅游饭店零的突破。开展江山市民宿提质富民工程，制定出台《江山市民宿提质富民三年行动计划（2020—2022）》和《江山市民宿提质富民扶持奖励办法》，成功创建1家省金宿，9家省银宿，和睦大院民宿被评为2019浙江十佳非遗文化主题民宿。结合"诗画浙江·

百县千碗"工程，推出江山十大金牌名菜，开展江山金牌菜"五进"工程，努力打响江山旅游美食品牌。做强江山夜间经济，唱响以"党建"为主题的"你好·江山"实景剧。十三五期间，江山市积极探索产业融合发展的新路径，推进了"旅游+文化""旅游+体育""旅游+农业""旅游+工业""旅游+城市"等业态融合，先后培育了数十个国家级、省级"旅游+"业态融合产品。

（三）旅游发展政策优势

江郎山风景名胜区 2002 年被国务院批准为国家级重点风景名胜区，并于 2004 年完成了升级后的第一次总体规划。该规划经过了多轮的反复评审和修改，于 2010 年正式批准实施。在此期间江郎山并未停止前进的步伐，衢州市江山市管理部门会同浙江省住房和城乡建设厅，积极申报世界自然遗产事宜，力争将江郎山列入《世界自然遗产名录》。经过不懈的努力，2010 年 8 月 20 日，江郎山终于与广东丹霞山等 5 处著名的丹霞地貌风景区打包申遗成功，成为"中国丹霞"成员之一。各级政府将改革创新作为推动工作发展的"主引擎"，整合世界遗产保护、乡村振兴、文化和旅游融合等政策背景，《江山市国家休闲区规划》《江山市乡村休闲旅游发展规划》《江山市农家乐发展总体规划》《江山市石门镇总体规划（2015—2030）》《浙江省江郎山风景名胜区保护管理方法》等规划管理，成功入选首批国家全域旅游示范区，成为全国文旅资源普查试点，在全国率先开展景区化美丽乡村建设。在江山市文旅融合发展工作中，围绕"文化五进·全域融合"主攻方向，全力打造文旅融合先行区。

（四）地理气候资源优势

江郎山拥有得天独厚的地理和气候优势，处于浙江省衢州市江山市中南部，仙霞山脉北麓，浙、闽、赣三省交界处。江山市东连衢州市衢江区和遂昌县，西邻江西上饶市，南毗福建，北接衢州常山县。江郎山风景区与江山市内峡里湖景区、仙霞岭景区、廿八都景区和浮盖山景区等共同组成江郎山国家级风景名胜区，位于风景名胜区中段，整体呈南北向带状分布，达 30 多千米，总面积 53.9 平方千米，北与江山市区相邻，南与福建浦城接壤。衢州江山境内整体地势南高北低，属江郎山景区的仙霞岭斜贯东南，西北为怀玉山支脉。全境"七山一水二分田"，东北部为金衢盆地，最低海拔为渡船头73米，其余多山地丘陵，最高海拔为南部大龙岗1500.3米。江郎山是"中国丹霞"世界自然遗产6个组成地区之一，以紫红色粗砾岩地层形成的丹霞地貌为主，主要分布在江郎山三爿石至仙居寺及附近地区，可以追溯到晚侏罗纪到白垩纪初期，内陆湖盆红色碎屑岩地层基于火山岩盆地而沉积下来，至今大约有1000万年的历史。衢州江山市属亚热带季风性湿润气候，四季冷暖和干湿分明，冬夏季风交替明显。江郎山风景区靠近浙西山区，年平均气温最高为22℃，最低为13℃，整体年气温在17.5℃。一般气温与海拔成反比，海拔越高，气温越低，江郎山内部平均气温为14℃，是避暑佳地。其年日照时数为2063.3小时，无霜期253天左右，雨热同期，降雨充沛，其年降水量在1650毫米~2200毫米，由南向北递减。寒暑适度，光照充足，气候宜居，四季适宜旅游。

在旅游资源方面，江山是著名的风景旅游城市，山川秀丽，河湖清幽，人文景观独特，旅游资源丰富，开发潜力很大。江郎山素有"雄奇冠天下，秀丽甲东南"之誉，景区总面积18.86平方公里，由三石峰、十八曲、塔山、须女湖、仙居寺和入口区6部分组成，有150余处景点，以"奇峰赤壁"为主要特色，属典型的丹霞地貌景区。景区内的江郎山主峰海拔819.1米，山巅三巨石相对高度369.1米，坡度为88°以上，为"神州丹霞第一奇峰"。江郎三峰呈川字排列，移步换形，与云同幻。江郎山三绝："三爿石""一线天""伟人峰"。自古以来有"江郎八景"：三峰列汉、一蹬盘空、洞岩钟鼓、烟霞楼台、古寺春云、树秒飞泉、松梢挂月、山村暮雪。还有在一定天气条件下才能观赏到的"七大奇观"：雾海彩虹、银河倒挂、龙口吐月、冰凌世界、仙霞帔彩、三峰神光和风卷残叶。除景区内风景，江郎山风景区周围的原始自然与农业自然相结合的特色村落、农田、建筑内外的园林景观等也是景观资源的重要组成部分。全市重要旅游资源共20处。其中，国家5A级景区2处，国家4A级景区3处。全市范围内，依据国家5A级景区为主要旅游资源点，形成江郎山·廿八都统领的风景名胜区，即清漾村、江郎山、仙霞古道、廿八都、浮盖山这条旅游线，每个节点再发展周边旅游。目前，江山已经形成了"江郎山—清漾""仙霞古道—戴笠故居""廿八都—浮盖山"等三大景区。随着旅游的发展，依托各自特色物质或非物质文化资源，其中也包括一些国家 3A 级景区村庄。从目前旅游资源以点的形态分布情况来看，旅游资源分布范围广且在中部石门镇附近较为聚集，南部廿八都镇附近有小范围聚集。

江郎山景区同样具有浓厚的人文气息，江郎山景区内有江郎须女雕塑、唐塔、千年古刹开明禅寺、千年学府江郎书院、江郎庙、江郎古诗、全国最大的毛泽东手书体"江山如此多娇"摩崖题刻、明代理学家在郎峰"壁立万仞"题刻、霞客亭、烟霞亭等胜迹，悬空寺、观音阁、问天亭等建筑，以及风景名胜区内的清漾毛氏文化村、戴笠故居、仙霞古道、历史名镇廿八都等人文古迹，唐朝诗人白居易作诗称赞江郎山："安得此身生羽翼，与君来往共烟霞。"仙霞古道是古时唯一从京城通往福建沿海地区的陆上通道，商贾、名人雅士们多途经或慕名来此，人文资源聚集较多。其还有"南宋诗歌之路"的称号，南宋辛弃疾、陆游、杨万里、朱熹等文人名士在古道上留下2000 余首诗文。历史名人徐霞客 3 次游江郎山、仙霞古道，并在《徐霞客游记》中专门记之。仙霞古道至今保留仙霞关、廿八都古镇遗迹，建起黄巢纪念馆"冲天苑"。廿八都古镇保留大批明清古建筑，其中民居 36 幢，规模较大的公共建筑 11 幢，繁衍着 118 种姓氏，交流着 13 种方言，民俗风情丰富。拥有丰富的人文资源和价值体现。

（五）人文资源优势

文化分布往往与人类所适应的生活环境、行为活动息息相关，我国大多乡村传统文化是劳动人民在生活生产中发展而来的，传统乡村则是不同乡土文化生存发展的土壤和文化生态环境，是承载物质与非物质文化遗产的宝库，是传统社会的文化空间。对衢州市江山文脉资源禀赋进行梳理，根据文化分布情况，利用文化生态学把各个复杂因素结合并对江郎山乡村文化现状进行整合，形象地传达出江郎山乡村文化的深厚意蕴。其文化形态多沿地脉呈带状或团状发展，即地形、水系、交通、居住环境以及农耕等。江郎山风景名胜区的村落特色是景观资源的重要部分，乡村聚落发展承载着乡村历史文化演变。目前已经发展为主要景源的江郎山·廿八都风景名胜区、清漾文化村、国家重点发展传统村落大陈乡村、耕读文化村、和睦彩陶文化村、三卿口古瓷村等，文化分布围绕在江郎山风景区 30 公里以内，明显以景区带动周边的文化分布空间状态，以文化联系环境进行真正的文化整合，发展江郎山乡村文化旅游，保持可持续性。江郎山的乡村文化主要包括世遗山水文化、南孔文化、毛氏文化等。江郎山景区的世遗山水文化主要体现在丹霞山水景观，丹霞山水景观与中国山水文化密不可分，世遗山水文化是江郎山本身的价值体现，具有"奇、古、秀"的特征，仙霞岭及周边江山港、石门溪、须女湖等都是具有江山特色的山水资源。江郎山独特的丹霞地貌具有极高的科学、游憩、美学、环境等价值，著名的"三爿石"突出表现山块形态的雄浑，被誉为"神州丹霞第一峰"，灵峰与亚峰间的峡谷被称为"全国一线天之最"，素有"移来渤海三山石，界断银河一字天"之说。丹霞山水景观具有以红色为基调，融合大自然的山、石、林、水等多种要素于一体的景观特征，其是地球地质地貌演化历史中的杰出范例，具有突出普遍的地球科学价值。从古至今，山水景观多与山水文学艺术紧密相关，众多历史名人寄情于山水，游江郎山时留下大量丹霞山水诗和画。江淹、谢灵运、顾恺之是最早提取丹霞地貌，创作丹霞山水画和诗的历史名人。徐霞客在《徐霞客游记》中记载并称赞江郎山的奇、险、峻。祝其岱、白居易、陆游、王安石、朱熹、郁达夫等文人墨客用诗词歌赋来表达对此地山水的崇敬与情感。郑仁山以指画出《郑仁山指画山水册》。

江郎山所在的衢州本身就是南孔文化发源地，儒家文化是中国传统文化的重要组成部分，深刻影响着中国文化的发展。南孔文化是南宋时期孔氏子弟被皇帝赐住于衢州，南迁后受不同环境和历史条件的影响，并与地方文化不断融合发展而形成的区域文化体系，其包含孔庙文化、书院文化等。南孔文化重教兴学，而古时书院属于教育组织形式，从而推动书院的发展，并受南孔文化的影响，其在空间上主要分布在以衢州为中心的江南地区，先后在孝宗朝和理宗朝形成了两次发展高峰。书院承载儒家文化、人文精神，面向学子和普通百姓。通过教学、个人学习儒家"以天下为己任""为天地立心，为生民立命，为往圣继绝学，为万世开太平"的家国情怀，树立"自强不息、厚德载物""格物致知、知行合一",尊师重道的良好风气;通过书院祭祀孔子及其弟子、历代名儒、书院山长、对书院做出贡献的先贤,体现书院的学术追求,进行礼仪教育,培养生徒尊师、重道、崇贤、尚礼,对百姓教之歌诗、习礼,申以孝悌,导之礼让。教化人心,传播传统道德、伦理精神,改善社会风气。江山从古至今书院发展历史丰富,现存有千年学府江郎书院、仙霞书院等。历史上众多名人也多在此设书院讲学,留下著作。祝其岱隐居江郎山设馆讲学,著有《万福全书》;北宋宣和年间徐存曾师从理学家杨时,为程颐再传弟子,隐居南塘设书院讲学,后对朱熹理学思想深有影响,著有《潜心室铭》《中庸解》《论语解》《六经讲义》等;隆庆初年(约1567 年),徐霈建东溪书院讲学,阐发王阳明致良知学说,著《世德乘》《道器真妄诸说》等,赵镗创办留斋书院,著《留斋漫稿》。2019 年 10 月省政府印发《浙江省诗路文化带发展规划》,提出打造"四条诗路",根据地理特征和文化特质,发展典型性文化主题,加强千万级景区(群)培育建设。衢州市区域以名城、名学、名江、名湖为主要载体,属钱塘江诗路带,展现"衢州有礼,南孔圣地"的文化印象,发展南孔文化高地。江山市处在南孔文化高地之中,将南孔文化融入城市建设中,建立"衢州有礼,锦绣江山"城市品牌,为加快推进江山大花园建设提供有力的精神支持。举办南孔书屋,建设儒风乡村,复兴江郎书院、仙霞书院等场所,引传统文化入学堂,发展书院文化。

　　江山市清漾毛氏祖居是江南毛氏发祥地,承载着毛氏文化,坐落于江郎山北麓,距市区 17.5 千米。清漾村以毛氏繁衍发展为脉络,毛氏衍脉文化已被列入非物质文化遗产名录。清漾毛氏家族有"耕读传家、贵而不富、清正廉洁"的优良文化传统。出过 8 位尚书、83 位进士。众多毛氏名人传奇,文化底蕴深厚。村内有清漾毛氏祖祠、毛泽东陈列馆、毛泽东在浙江展览馆等。村中有清代同治已巳年(1869 年)修辑的《清漾毛氏族谱》,已列入首批《中国档案文献遗产名录》。其详细记载了毛氏的繁衍、迁徙情况,据记载其是一代伟人毛泽东祖居地。中华毛氏出自周文王之子、周武王之弟伯郑之毛国,最早聚族北方,是为"北毛"。西晋末东晋初,因战乱迁居江南。"南毛"的始祖是毛氏家族第 52 代,名毛宝,后毛宝之子战乱建功,定居信安，称为"三衢毛氏"。后其六世孙毛元琼（号清漾），梁武帝大同年间迁居江郎山北麓，后来其子孙以毛元琼之号命名村庄，清漾毛氏自此为始。此后清漾毛氏逐渐发展壮大成为江南毛氏的主系，其子孙行为十三祠十八派，陆续播迁至江南各地。北宋时，时任工部尚书的毛让从清漾迁至江西吉水。又据《韶山毛氏族谱》载："渊源，遵照老谱，派接西江。自宋工部尚书让公世居三衢……"也就是说，韶山毛氏是由江西吉水迁至，而江西吉水毛氏又是从衢州清漾迁至。浙江衢州、江西吉水、湖南韶山三点由此联系起来。

（六）旅游空间优势

江郎山景区具有完善的基础设施建设，其空间优势主要体现在交通和食宿上。旅游交通是旅游者通过某种交通方式实现从出发点到达旅游目的地的空间转移过程。旅游活动重要特点是具有异地性，实现异地访问必然需要交通的连接，因此旅游交通是旅游业的一个重要支柱。但旅游交通不仅仅是作为一种两地之间转移的工具，交通空间本身也是吸引旅游者的重要资源，旅游者在交通过程中也可以欣赏沿途景色。它具有游览性、季节性、舒适性和区域性。江郎山所在区域交通线路从其运送游客的区域空间及旅游过程来看，可以分为大、中、小三个范围。根据旅游客流因素，集中分布在旅游客源地与目的地以及旅游目的地内各旅游集散地之间，具有明显的区域特征。大范围旅游交通指从旅游客源地到旅游目的地所依托的中心城市之间的交通，它的地域空间主要是跨国或跨省，即从旅游客源地到江郎山所在的衢州江山市。目前跨国有衢州民航机场，跨省有浙赣铁路线。中范围旅游交通指从旅游中心城市到旅游景点之间的交通，主要是公路。目前有黄衢高速、国道G205、国道G3、省道S221、省道S315，县道花峡线等。

饮食、住宿空间是在旅游活动要素中人们旅游活动需求的重要空间。从心理要素的角度看，旅游饮食、住宿心理包括旅游者对旅游食宿的知觉、需要、动机、态度、兴趣、情绪等。在旅游活动过程中，食宿活动是对目的地食宿文化的知觉、探索等。从心理内容的角度看，旅游者日益注重旅游体验，饮食要吃得有特色、有文化；住宿是满足旅游者旅游活动过程中休养身心、恢复体力需求的重要环节，安静、清洁、舒适的住宿环境较为重要。总体来说，旅游食宿心理反应的对象既有食宿对象、食宿设施、食宿行为，又有食宿服务、食宿环境、食宿位置等，要从旅游者食宿心理需求的角度出发。食宿空间要具有民俗特色饮食习俗和居住习俗。旅游资源对饮食空间产生较大的辐射影响，住宿配套为饮食空间提供支撑。休闲娱乐配套、生活服务配套与饮食空间也具有很大的关联性。

二、江山市旅游发展劣势分析

江山全域旅游发展迅猛，但与高质量发展所匹配需要的高质量管理差距加大。旅游资源虽然丰富，潜力大，但周边大部分乡村旅游多为自然市场发展，乡村特色不够明显，地区文化资源挖掘不深，有些乡村的传统文化流失严重。非遗文化传承缺失，人才培养与资金投入步伐与地区文化旅游发展不能同步，其经济收入与行业推动作用不明显。乡村基础设施、综合治理等还需加强。而出现这些问题的根本原因在于江山市对景区管理，尤其是高等级景区管理体制机制方面存在很多不足。

（一）景区管理体制与全域旅游发展不相适应

目前江山市高等级景区有一个国家 5A 级景区（江郎山·廿八都景区），以及 3 个国家 4A 级景区（浮盖山、仙霞关和大陈村）。在景区管理上，属于江山旅游发展有限公司，但地域管理上仍然属于当地乡镇。虽然景区已经设立了景区管理委员会来对景区进行专门管理，但仍然跟不上景区管理的客观需求，尤其是景区运维常态化管理。首先，这种当地乡镇和国有旅游公司共同管理运营的方式当然有它的优点，比如既能加强政府的管理职能，又能发挥企业的市场作用。但这种模式也使得企业要更多地考虑甚至遵照政府部门的指示和要求，来进行景区维护和开发。由于政府始终是景区管理的权威者，专业性的旅游机构和人员在景区规划、发展乃至管理中，远不能发挥决定性作用，他们在大多时候只是政府决策者的智囊机构甚至只是执行机构。往往这种方式，旅游公司只能管理涉及游线或公共区域，涉及老百姓房屋、老百姓生活习惯和村庄的生产活动，景区公司很难管理，只能通过乡镇进行协调管理。这在当下乡村旅游全域化、无边旅游的情况下，景区管理很难实现全域景区的有效管理。因此，江山在全域旅游背景下很难实现对高等级景区的高质量管理，景区管理体制机制方面存在劣势。

（二）政策制度落实无法跟上旅游市场需求

江郎山是以发展乡村旅游为主的景区，是乡村振兴战略的重要组成部分，乡村旅游业态和模式也在产业资本和创意资本赋能推动下加快迭代更新、提质扩容。江郎山旅游资源丰富，但优质旅游产品供给不足，缺乏政策制度导向，基础设施和公共服务进入旅游业缓慢，应鼓励旅行服务商、旅游供给商加快创新脚步，更好促进旅游消费；此外，政策落实的针对性不足，江郎山缺乏符合不同群体消费偏好和支付能力的产品，缺乏拓展旅游客源市场的动力，需整合旅游资源、数字产品、商业空间等将形成更多元化的乡村旅游融合业态。

（三）缺乏高端人才，引领性企业数量较少

虽然江山市不断加强人才队伍建设，却仍不能满足高质量发展的需要，文化产业的特性需要大批既懂内容，又懂市场、营销的复合型人才，现有人才规模不能与文化和旅游产业发展需求相适应。

针对旅游业发展存在的劣势，主要有旅游场所不够规范化、制度化，人性化体现不完全。餐饮、住宿、交通、购物、娱乐等基础设施不完善，缺少公共服务设施，乡村个别旅游设施建设不合理，环境卫生较差；政府虽有投入相关景区发展的资金政策支持，但力度不够，较为局限，社会各界投入不足，需制定明确的资金与保障机制。相关管理机制不灵活、体系混乱。用人机制不健全，人才引用、人才培养及人才奖惩机制需完善。

（四）融合创意性不足，缺乏国际竞争力

在基础研究水平、关键技术研究和吸引全球创新资源等方面存在诸多短板。创意性不足、国际竞争力较弱成为制约江山文化旅游产业发展的重要问题。如何实现创意产业化进而达到物质与精神的双效统一是迫切需要解决的问题。

产业链的纵向延伸不充分，项目的差异化、主题化开发有待强化，文化创意、高科技元素在融合中的应用较少，缺乏具有竞争力及市场影响力的融合精品，文旅体融合的路径探索与模式创新有待深化。在文旅与多方融合方面，需进一步深入产业融合、业态融合、产品融合、服务融合、资本聚合等多个层面，文旅融合的叠加裂变效应还未形成。

（五）资源可持续问题

目前江山市旅游资源虽丰富但不太均匀，在文旅发展过程中，区域乡村文化旅游的整体性及协调性发展欠佳。江郎山景区现在处于丹霞地貌发展的老年期，景区内存在过度商业化利用，忽视生态可持续发展的重要性，轻视遗产文化价值保护与本土文化保护等问题。尤其是节庆之际，外地游客蜂拥而入，就难免会出现旅游集中、消费扎堆现象，造成当地交通堵塞、吃饭困难、住宿紧张、服务下降乃至游客投诉增加等负面效应，导致游客体验度降低。江郎山在江浙地区的乡村旅游目的地中不具备核心竞争力，村民收入中等，对旅游配套设施投资有限。依靠小规模经营形式，一般以本地村民、家庭等为主，游客接待能力普遍不足。民宿老板普遍身兼数职，卫生状况相对较差。由于投资少，当地周边的农家乐、民宿大都比较简陋，基础设施不健全，卫生条件不达标，处于初级开发阶段。还有部分民宿存在随机经营的现象，有游客来就接待，旺季时村民亲戚、邻居互相帮忙，这种现象在当地比较常见。而淡季时基本上没有游客，旅游收入来源不稳定，资源存在闲置浪费的现象，基于以上现象，当地居民、游客自然遗产保护意识薄弱，自然遗产原真性遭到破坏。遗产地功能分区不太明显，遗产文化与本土特色文化联系度不强，自然遗产地只能斑块状存在，其自然和文化氛围受损，忽视整体性、可持续性基础设施建设，旅游资源维护严重依赖政府投入。

政府介入仅仅是一个途径，目前相关政策法规尚不完善，社会和市场资本投向江郎山旅游的热情有待提高，多元投资体系尚未建立。江郎山旅游业高质量发展促进共同富裕任重道远，构建"全要素、全景化、全覆盖、全民性"的全域旅游同样离不开旅游开发，这些都严重制约了高质量发展的跨越式进步。

（六）文化利用不足问题

江郎山景区的特色文化是一大亮点，文化旅游业的蓬勃发展与当地特色文化相结合尤为重要，但可惜的是，江郎山特色文化的精妙绝伦在很大程度上不著名。景区文化资源的特殊性决定了其对人力资源开发的高要求，但要达到旅游业发展的目标，目前还有很长的路要走。一方面，是当地缺乏专业的旅游人才队伍，一线从业人员素质普遍较低，尤其缺乏对人才的激励；另一方面，当地在进行旅游开发的过程中，对外宣传营销力度和效果不够，没有充分凸显核心竞争力，细分市场，拓展客源市场，导致该村得天独厚的旅游资源还停留在低层次开发阶段，巨大潜力尚未得到充分发挥。除人力宣传效应外，特色文化需挖掘，文化旅游产业发展需完善，景区缺乏旅游核心竞争力，文化旅游空间品质有待提升。当地旅游经济发展，一方面，本土特色文化挖掘不深，文化挖掘、整理和研究方面人才匮乏，研究深度不足，文化资源利用不充足。另一方面，文化旅游产业链不完善、差异化旅游不明显、旅游产品同质化严重、旅游项目单一，只有观光旅游的功能，业态上过于简单，缺少相匹配的产业项目，旅游活动需多元化发展。文化旅游空间品质有待提升，缺乏特色文化旅游品牌建设，旅游核心竞争力下滑。

（七）空间分布不均问题

江郎山周边的饮食空间分布主要围绕在景区周边，其他地方分布较少；住宿空间也多围绕景区分布，以江郎山为中心，10 公里内较为集中的是江郎山村和界牌村的民宿一条街，主要为白墙黑瓦的浙派民居风格，10 公里以外的住宿空间较为分散，多是围绕周边小景点分布，除一些农家乐外，大部分民宿无饮食空间，饮食与住宿空间融合较差。结合江山市旅游发展规划详情来看，"食、住"是其两大业态短板，食宿空间的环境质量不高、地域文化特色不明显。

此外，景区内部交通存在一定隐患，目前其整体环境存在很多问题和劣势，改造提升空间非常大。如场地道路层次极其糟糕，主次道路没有明确的区分，整体空间品质不高，多数乡道现状路面在 2 米到 3 米，路面状况多为断头路、尽端路，不够整体和系统，下雨天泥泞难以步行。除了主要的车行道，周边多是泥巴小路，地面铺设较差。空间入口没有指引性标识和入口景观，缺乏吸引力。街道景观有待提升，树木种植杂乱无章，旅游娱乐空间过于简单，甚至不足以称为游娱空间，公共基础设施十分简陋，整体缺乏地域特色性、文化性、观赏性和趣味性。小范围的旅游交通，难以解决根本问题，主要是风景区内部连接各景点之间的旅游交通，即徒步道、电瓶车路线、水上游船线、骑马等。

（八）旅游高质量发展缺乏高质量管理

从城市营销的方式看，"全球免费游衢州"并未给江山旅游业发展带来跨越式的提升，缺少城市文化 IP 打造，缺少系统的旅游产品与业态运营来弥补景区门票收益的缺失。从招商引资看，江山市需要破解用地指标、条块分割、落地推进等瓶颈。江山旅游已经迈入国家全域旅游发展的高质量阶段，但与之相匹配的旅游高质量管理体系还没有跟上，管理体制高质量的缺乏制约着江山全域旅游高质量发展，因此，乡村共富全域高质量发展迫切需要在管理体制上实现突破。

三、江山市旅游发展机遇分析

（一）国内外旅游形势发展环境优越

随着经济全球化，以旅游业为主体的现代服务业已成为世界经济新的增长极，旅游业继续保持蓬勃发展的良好态势，休闲度假市场规模不断扩大。亚太地区逐渐成为世界旅游转移的重心，旅游市场需求呈现出短距化与多元化趋势。据世界旅游组织（UNWTO）发布，截止到 2020 年，我国已成为世界第一大旅游目的国和第四大客源市场。过去至未来的几十年内，江浙沪地区的国际影响力与日俱增，旅游业的发展待疫情消退后会进入井喷时代，随着我国旅游业及相关产业加快与国际接轨，国内外旅游环境不断优化，在未来相当长的一段时期内，我国旅游业仍将处于快速发展的黄金期，这为江郎山的旅游业发展提供了优越的外部大环境。

我国历来高度重视旅游业发展，随着旅游形势的不断变化，陆续出台一系列推动旅游业持续、健康、快速发展的相关政策法规，进行优惠扶持。2009 年国务院通过了《关于加快发展旅游业的意见》，提出要将旅游业培育成为国民经济的战略性支柱产业和人民群众更加满意的现代服务业，力争到

2030 年旅游产业规模、质量、效益基本达到世界旅游强国水平，旅游业由此迎来新的历史发展机遇。2014 年，《国务院关于促进旅游业改革发展的若干意见》（国发〔2014〕31 号）强调要大力发展乡村旅游。加强乡村旅游精准扶贫，扎实推进乡村旅游富民工程，带动贫困地区脱贫致富。这为我国旅游扶贫开发指明了方向。2016 年，国务院印发《"十三五"旅游业发展规划》，党的十九大报告提出"中国经济已由高速增长阶段转向高质量发展阶段"。高质量发展是"十四五"乃至更长时期我国经济社会发展的主题，关系我国社会主义现代化建设全局。一直以来，旅游业都是浙江省重点发展的支柱产业，江郎山也积极响应国家和浙江省的号召，为了建成"国际标准休闲度假旅游城市"和"大健康旅游目的地城市"，大力发展乡村旅游，倾力打造旅游城市。随着整体对外开放水平的不断提高和投资环境的日趋改善，多元化旅游开发投融资体系将逐渐形成。

（二）旅游市场需求的扩大

从 2021 年旅游行业分析报告数据可以看出，中国游客在景区类型选择方面，半数左右的用户选择欣赏自然景观，如湖光山色（53.3%）、海滨岛屿（47.7%）；人文景观也受到用户欢迎，44.9% 的游客选择民族、古镇风情；另外主题类景区热度也在近年来呈现上升趋势，44.5% 的游客选择主题公园、游乐园等景区出行游玩。与此同时，结合近两年江山市旅游人次数据的统计（数据来源：江山市人民政府网），江郎山拥有自然景观、湖光山色等旅游资源，且以世界自然遗产为主题的景区，其旅游发展潜力很大，基于保护江郎山景区，发展周边古镇、乡村的方式也符合目前大众欢迎的人文景观旅游，整体旅游态势都呈上升趋势，相应旅游市场需求较大。对于游客选择景区主要考虑因素的调研结果显示（数据来源：2019 年中国景区旅游消费研究分析报告），中国游客选择景区时主要考虑的因素是景区风景特色，其占比65.1%，景区风景特色是游客考虑最多、最主要的因素，再结合上文调查研究表明，人们对旅游六要素中"游"的需求性最高，因此对于整体游览空间的优化是最重要的。此外对于景区的费用、食宿条件和安全性也较为看重。旅游带动产业发展，人们的需求日益提高，要注重对旅游目的地食宿等方面的提升。结合近几年中国在线住宿市场交易规模统计来看（数据来源：2018—2019 中国在线旅游行业研究报告），游客的住宿需求一直在增长，总体是上升趋势，而且线上率的增长已经超过了综合的增长率。表明注重住宿空间发展也是旅游发展一个比较重要的部分。江山一直都比较注重民宿环境的改善、民宿群的打造等方面，在文旅融合规划中，抓好六项重点工作其中第一项就是推动民宿产业大发展。2019 年 12 月，石门镇开展美丽乡村建设及高端民宿打造专题培训，拓展住宿空间，在住宿中融入发展集"食、住、行、游、购、娱"于一体的综合性空间，赋能乡村振兴发展。

（三）经济和交通格局提供新的发展机遇

国家层面、省级、市级、乡镇级等规划发展，都为江郎山及周边乡村发展带来了机会。浙皖闽赣国家生态文明旅游区示范建立、钱塘江诗路文化带建设、长三角生态休闲度假目的地发展、长三角生态大花园、四省边际旅游大本营建设、自然遗产旅游目的地的打造、128 个国家 A 级景区村庄设立旅游站、《江山市民宿提质富民三年行动计划（2020—2022）》等，江郎山景区被定位成江郎山风景名胜区中的形象代表，是江郎山风景名胜区对外宣传的名片，具体发展目标为：融审美、生态与文化价值于一体的风景地域；具备与其功能相适应的游览设施、服务设施和时代活力的社会单元；独具风景名胜区特征，并能支持其保护、生存与发展的管理实体；形成良性的运作和管理机制。

旅游业与交通的发展也密不可分，高铁和高速公路的全面普及，为江郎山旅游发展创造"快旅慢游"的综合交通大格局。我国整体区域经济发展格局也在不断发生变化，海上丝绸之路、长江经济带的发展，泛珠江三角洲经济区、中国—东盟自由贸易区等跨区域合作经济区全方位协作不断增强；浙江已全面普及高速公路、快速铁路以及飞机等立体交通网建设，融入东部发达地区，为长三角一体化发展起到促进作用，并充分实现无缝衔接，浙江在东部地区的交通枢纽地位日益凸显；江郎山具有西连江西、南邻福建的显著区位优势，在过去二十年的发展中，已形成"两高一快"和多个飞机场并存的大交通格局，全面融入长江经济带，为实现江郎山旅游业高质量发展跨界合作共赢创造了新机遇。江郎山景区内部的交通也在逐渐优化，景区公路以S型地砖或岩石铺设，提高摩擦力，符合景区盘山公路的建造特点，有利于安全。绿化公路沿线，保持公路与整体景观协调。此外，公路沿线增设护栏、护墩及警示牌；景区的旅游步道根据年老体弱者、身强力壮者设计了不同的游览路线，并开凿游步道。游步道选用天然山溪石、砾石、石板铺设，线路和材质与江郎山景区浑然一体，各类标志齐全，形成游览环线，能安全、较快速地疏散、导引游客；景区内设有水上游道，为分流三爿石景区的游客，更好地保护景区丹霞地貌的核心区域，在江郎山脚下建造了人工湖，并在湖上提供水上娱乐设施，为游客提供更为丰富的旅游体验；关于停车场的设置，景区充分考虑到了自驾游旅行者的需求，为满足平常以及节假日不同流量的停车需求，分别在十八曲、山庄门前、原风景管理局办公楼前、原江郎乡停车场主入口处以及青龙湖入口处建造了停车场，划分了停车线，设停车分区、回车线，停车场有专人管理。

（四）符合旅游业高质量发展的要求

当前，随着我国旅游业发展进入新常态，江郎山也日益注重对生态环境的保护，目前其旅游发展尚处于初级阶段，客源构成主要以附近省市、节假日客流为主，游客多以一日游的中、短途观光旅游为主，与江浙沪皖地区的乡村旅游资源具有一定的同质性，因此，注重生态的高质量发展，不断开发高质量旅游路线，符合江郎山发展特色文化旅游的主线。文化输出是高质量发展的核心体现，在丰富游客精神内涵的同时，其发展模式不会对生态系统造成负担，例如，江郎山的耕读文化较为著名，还有风水文化、宗教文化等，这些足以成为发展文化旅游业的主题。耕读文化的存在，起源于春秋战国时期，古代一些知识分子是半耕半读的生活方式，以"耕读传家"、耕读结合为价值取向，形成了"耕读文化"。耕读文化影响了中国农学、科学、哲学等，养成务实作风。其对文学艺术也有影响，古代田园诗就是耕读文化的产物，如晋代陶渊明"既耕亦已种，时还读我书"，著有《归去来兮辞》《归园田居》等诗篇。江山贺村镇耕读文化村为国家3A级景区，地处贺村、坛石、大桥3镇交界处。包括大石山底、耕读、竹青坞3个自然村，由北向南依附耕（耕读）严（严麻车）公路发展，总体呈带状分布。2019 年 12 月，江山贺村镇耕读文化村被评定为国家森林乡村。该村发展农耕文化，风景优美，湖光山色，亭台楼阁错落有致。其游客量年均 10 万人次以上，年均增长速度 20% 以上。创新发展农场、农田、耕读文化体验等场所，建设生态小木屋 14 幢，发展农家乐等综合体，深化游客体验。

江郎山的风水文化和宗教文化也有较长历史，风水文化是我国传统文化的重要组成部分。"风水"二字源于周易八卦中的巽卦和坎卦，其另一个雅名叫"堪舆"，是认识自然、利用自然的世界观和方法论。古代最初重视风水有两个方面的原因：一是利于生存生产，二是利于居住选址。随时间推移，风水逐渐被人们用于追求地区繁荣昌盛、家族兴旺发达、个人长寿富贵。石门镇江郎山村江郎山景区中开明禅寺建于北宋，寺内有 120 余尊菩萨佛像，每年在端午节时期来朝拜者万余人。江郎山西南之地石门镇灵岗口村千年古刹仙居寺，在江山乃至全国的文化教育以及佛教普及的历史上都有重要影响。除此之外，江郎山景区还有很多吸引游客的村落文化，周边村歌文化与民俗文化丰富多样，融合发展。大陈乡村歌多次在人民大会堂、乡镇文化礼堂演唱，并入选 G20 杭州峰会"国礼"。带动全市三分之二以上的行政村拥有属于自己特色的村歌，村民唱响旅游发展和民俗风情的"同心曲"，融入江山老佛节、江山麻糍节、清漾毛氏谱系文化、花灯会、城隍庙会、礼贤庙会、七月半习俗、上梁习俗、猜拳、挂对联习俗、舞龙等民俗风情文化。不同的文化节庆及活动，如毛氏文化节、江郎山文化节、绿牡丹茶文化节等给全域旅游注入文化内涵。创作和演绎的作品累计荣获 20 多项国家级、省级荣誉，被誉为"中国村歌发祥地""中国村歌之乡""中国村歌创作基地"。

（五）文旅融入科技，释放发展新动能

文化与旅游融合进入纵深发力期，文旅融合将在事业和产业的平衡、社会效益和经济效益的统一、创新产品和服务供给等方面发力突破，从而破解旅游业长期存在的行业效益不强、旅游服务质量相对较低等问题，实现产业转型升级和高质量发展。江山在文化、旅游、体育、商业、科技等产业的加速融合下，将形成全新发展动能。"科技强国"推动旅游产业与数字经济的深度融合，数字化转型推动文化和旅游产业高质量发展。十四五期间江山应把握好数字经济新机遇，加快文化和旅游产业数字化建设，引导和培育线上消费、沉浸式消费、智能消费等文旅消费新模式，创造和引领文旅消费新需求。

（六）乡村振兴战略下文旅大有可为

党的十九大报告中提出实施乡村振兴战略，繁荣兴盛农村文化，构建农村第一、第二、第三产业融合发展体系。江山应抢抓重大战略机遇，紧扣中央新农村建设方针，持续落实"千万工程"，围绕"3752"党建治理大花园顶层设计，总结提升中国幸福乡村建设成果，把发展文化和旅游产业作为推动乡村发展的重要举措。通过整合《江山市国家休闲区规划》《江山市乡村休闲旅游发展规划》《江山市农家乐发展总体规划》，根据《江山市乡村休闲旅游发展三年行动计划（2015—2017）》，目前对于实现乡村游与景区游的有机结合、联动发展已有部分详细规划，把一批体量小、分布散、辐射弱的小景区和特色村融入大景区，通过串点成线，形成"1+3"乡村休闲旅游发展格局，即"大陈—乌龙—达岭—莲塘"村歌文化风俗线、"和睦—清漾—山里河马场—江郎山"世遗江郎风采线、"保安路口—石鼓—戴笠故居—仙霞关"七彩保安风情线、"廿八都古镇—浮盖山—花轿—兴墩"古镇养生风韵线以及"耕读—勤俭—日月—永兴坞"幸福乡村风光线5条乡村休闲旅游精品线路。还以"运动之城，体育福地"为品牌，发展"旅游+体育"，在江郎山策划极限挑战活动：世界级飞天大师杰布·克里斯（Jeb Corliss）飞越一线天、奥地利迈克·凯米特（Mich Kemeter）徒手攀爬江郎山等。与国家体育总局合作，连续承办全国新年登高健身大会、全国健美操锦标赛、江山100国际越野跑、新春农民运动会等体育活动。

四、江山市旅游发展威胁分析

（一）乡村旅游发展的运维管理水平欠佳

江山乡村旅游的高质量发展，首要任务就是加强对当地旅游业的投入，引进相关乡村旅游、特色文化旅游项目。但目前江山还处于项目较少的大众观光游阶段，创新开发符合市场需要的多样化高品质旅游产品迫在眉睫。无论是旅游产品的创新、高素质旅游人才的引进、农户技能的培训，还是改革当前的旅游管理体制机制，都需要转变旅游发展思路，加大财政资金投入和项目优惠扶持等。首先，江郎山有较好的旅游资源基础，政府和相关旅游部门对乡村旅游非常重视，但普遍存在对乡村旅游发展认识不足，各部门条块分割管理、政策执行不一致，使得乡村旅游项目大多是单个项目规划实施，缺少整体的统筹规划和执行，旅游资源在开发利用上存在重复性和无序性，没有特色和品牌，影响了旅游功能的发挥，与"政府主导、企业主体、部门联动、市场运作"的管理机制存在一定差距。一些小的旅游项目和景点由村民自主开发管理，缺乏政府政策、资金的支持，档次较低，知名度较低，加之各开发景点之间缺乏共生性，没有形成有机的联系，很难吸引游客。受管理体制的制约，江郎山旅游业缺乏整体性的行业促销，导致多数旅游景点的发展受到限制，一些位置较偏僻的旅游景点由于宣传不到位而失去了竞争力，村民自主开发的小规模景点由于缺乏宣传意识和有效的宣传方法，形成了等客上门的被动局面，严重制约着旅游业的发展。

其次，由于乡村旅游的开发地域主要是农村地区，专业性的经营管理人员较少，大多是当地的村干部和村民担任管理和从业的角色，没有受过专业系统性培训，整体素质偏低，无法做到对乡村旅游进行科学有效的管理。专业管理人才匮乏，导致乡村旅游形成了整体较为松散的局面，缺乏统筹规划和统一管理，无法对乡村旅游资源进行充分的开发利用，特色性不强，不仅加剧了各经营者之间的竞争，而且削弱了对旅游者的吸引力，长远来看，直接影响了乡村旅游的经济效益。从业者管理水平落后、环保意识淡薄，导致了旅游目的地卫生质量差，乡村自然环境难以得到有效的保护，冲击了旅游者的生态体验感。落后的法规体系使部分乡村旅游内容缺乏有效规范化的约束，例如，政府对农家乐等经营形式的法规性管理还不健全，致使乡村旅游过程中存在住宿环境参差不齐、安全系数低、经营者坐地起价等损害旅游者利益的现象，严重阻碍了乡村旅游业经营环境的健康发展。

（二）同类景区市场竞争激烈

全国范围内旅游业高质量发展大格局的形成，极大地促进了部分地区乡村旅游的开发与发展。随着乡村旅游发展的逐渐繁荣，一大批乡村旅游景点如雨后春笋，但同时旅游竞争也日趋激烈。发展乡村旅游的一个重大威胁，就是来自周边旅游地区激烈的空间替代竞争，由于旅游业是一个新的国民经济增长点，各级政府大力开发乡村旅游，乡村旅游开发产品同质化现象严重。省内乡村旅游高质量同类产品在一定程度上对江郎山乡村旅游发展构成了威胁，必然引起客源市场的激烈竞争。由于乡村旅游市场的门槛较低，农村地区的经营者和从业者不需要经过复杂严格的培训程序，就能胜任日常的接待、餐饮、住宿等工作，因此从业者众多也是乡村旅游竞争日趋激烈的原因之一。邻近江山的其他县市乡村旅游风俗相近、旅游产品同质化严重，是江郎山旅游业所面临的压力和挑战。便捷交通更使得游客走马观花，导致通道效应和边缘化问题加剧。此外，"乡村性"是乡村旅游区别于其他旅游形式的最大特色，但由于对乡村旅游的文化内涵缺少深入的认识和研究，忽视了对旅游目的地本土传统文化的保护，违背了最初开发乡村旅游的文化理念，丧失了乡村旅游最本质的吸引力。目前，江郎山很多乡村旅游项目存在着笼统化、表面化问题，对旅游地的开发不是从开发当地风俗文化的角度出发，而是急于经营餐饮、住宿等项目，没有对当地文化内涵形成足够的重视和挖掘，更没有把乡村旅游的体验过程与传统文化进行高度融合，旅游模式生搬硬套，很难给游客留下深刻的印象。承载旅游文化的旅游商品表面化，多为一些当地村民自制或小企业加工的食品，缺乏地域特色和收藏价值。有些地区在景点建设、道路铺设、建筑风格等方面过分追求城镇化，偏离了乡村旅游的发展方向，破坏了乡村元素的纯真性，无法满足游客对感受田园风光、体验农事活动、了解民俗文化和回归自然的需求。

　　我国乡村旅游、古镇旅游虽然众多，但是形质相近，千篇一律。廿八都古镇旅游与其他古镇旅游内容类似，基本都是逛逛旅游景点，吃吃特色小吃，并没有太大的新意。旅游商品同质化现象严重。古镇开发前，极具地方特色的手工艺品也日益被工业化成批生产的产品所替代，失去了原有的价值。旅游产品同质化对古镇的发展十分不利，使古镇缺乏吸引力。乡村旅游欣欣向荣，竞争日趋激烈，无论是在江浙沪皖，还是在相邻省份乃至整个中国的大范围内，乡村旅游、古镇旅游各式各样，不胜枚举。较为出名的古镇有周庄古镇、乌镇等，这些古镇文化底蕴深厚，旅游开发较为成熟，其中有部分已经被联合国教科文组织列入世界非物质文化遗产名录，这些古镇对知名度较小的江郎山·廿八都古镇也产生了较大的冲击力。而长三角的古镇旅游竞争也相当激烈，近年来，发展较好的有西塘、西递、宏村，虽然枫桥古镇也在知名行列，但在这些古镇的强势发展之下，廿八都古镇的知名度在一定程度上被遮蔽。

（三）旅游开发与环境保护的矛盾

旅游资源具有不可再生性，这就要求我们在旅游开发中，要对具有价值的旅游资源做出妥善保护。乡村旅游项目的开发，必定是在原有的生态资源基础上进行的，也必定会使旅游资源在一定程度上发生变化，生态环境受到一定影响，只有做到适度开发而不破坏，尊重生态长期维护，才能保证乡村旅游的可持续性，旅游目的地的生态建设是我国近几年旅游业发展的新趋向。随着人们对乡村旅游需求的增长，部分乡村旅游开发者由于受利益至上思想的左右，会加大对乡村旅游项目开发力度，并且忽视对生态环境的保护，造成生态承载能力下降，如不合理的规划导致的建筑物乱搭乱建，造成了建筑空间拥挤，形成了空间和道路压力。旅游垃圾的处理同样是威胁生态环境的重要因素，经营者对于餐馆、住宿遗留垃圾处理不及时，污水不合理排放，旅游者随意丢弃生活垃圾，对旅游景观的任意践踏和破坏，都严重破坏了自然生态平衡。如何去协调旅游开发与环境保护之间的关系，是江山市政府在开发过程中需要时刻关注的问题，也是旅游规划成功与否的关键问题。因为，从某种意义上说，旅游资源属于非消耗性资产，开发利用得当，就可造福后代，若开发管理不善，就会使旅游资源遭到毁灭性破坏，在对江郎山进行开发利用的过程中，固然也存在原有风貌被破坏的潜在风险。对于初始开发的旅游资源来说，旅游开发的目的是发挥其吸引力，而对于再生性开发来说，则是为了使其吸引力得到巩固、提高。江郎山作为衢州市世界非物质文化遗产而著名，其保留下来的文物遗产遍布全镇，但随着城镇化进程加快，许多现代建筑夹杂其中，影响地区风貌，造成古镇旅游资源保护与开发之间的矛盾。

此外，规划不当或过度开发的旅游项目和产品，必然会对旅游目的地生态环境产生巨大影响。优化旅游空间结构和合理规划布局区域旅游空间是旅游可持续发展的必然要求。江郎山虽然早在20世纪90年代初便已开始进行旅游开发，但发展初期采取了粗放型的发展方式，未深刻考虑旅游空间格局规划，导致旅游功能分区十分混乱。发展至今，虽然尚能做到一定程度上的主客共享，但远远无法满足游客和原住居民的需求。居民作为社区利益相关者，由于旅游空间格局不明晰往往容易侵占旅游基础服务设施，而游客因为规划布局的混乱，又容易闯入社区居民的生活场所，最终可能使得景区陷入游客不满意、居民不认可的恶性旅游发展之中。随着大量游客的涌入，随之而来的是旅游过程中垃圾污染现象的屡见不鲜。经实地考察后发现，一方面，乱扔垃圾、水体破坏、乱刻乱画等不文明现象比较突出，还有当地村民自建房等对自然景观破坏较为严重，这些势必影响旅游资源的可持续发展。另一方面，由于当地位于山区，存在环境监管盲区，再加上尚无专业环保执法人员，一旦超过环境最大承载量，必将对环境造成额外负担，同时会不可避免地破坏当地自然生态环境。而随着旅游活动的频繁和游客的增多，环境污染还会日趋加深，生态破坏也会日趋严重。因此，在实现当地旅游效益最大化和保护自然生态环境可持续发展中寻找平衡点，避免走以牺牲环境为代价换取经济增长的老路，实现经济、社会、生态的协调统一发展，是当地旅游业可持续发展面临的巨大挑战之一。

（四）旅游需求多样化和复杂化

目前中国的整体经济运行态势稳中向好，旅游业的发展更是如火如荼。据调查，在当前的中国旅游群体中，经济条件良好、文化素养较高的人群占大部分，他们对旅游产品有更多样的需求，并且更倾向于有历史文化内涵的旅游产品。以往单纯的"吃、玩"旅游形式无法满足当前旅游者的需求，随着社会经济的快速发展和人们生活水平的不断提高，近些年来，人们不仅仅满足"到此一游"，而开始更加关注旅游过程享受和品质体验，更加希望能够获得优质的旅游体验服务，这就对一些地区的旅游接待提出了更高的要求。而只有在"吃、住、行、游、购、娱"旅游六要素全面发展提升的基础上，才能不断满足人民日益增长的多样化、个性化旅游需求，人们的游玩需求逐渐从"食、住、行、游、购、娱"到"商、养、学、闲、情、奇"的变化发展，正印证了当前旅游者需求的复杂化。如若景区旅游产品单一，旅游商品同质化明显，旅游层次过低，随着旅游者需求层次的提升，旅游需求多样化和复杂化对于江郎山来说是一项重大的挑战。文化旅游融合还处于一个新的理念发展阶段，利用现有的资源及发展现状，改革创新，打造文旅融合"先行区"，做文旅融合改革试点，深化文旅融合，是很大的挑战。基于对江郎山的保护，发展周边乡村旅游，挖掘和整合乡村文化资源，深化旅游，形成旅游与保护的良性循环机制。与"中国丹霞"系列其他 5 省进行区域联合，建设和传播"中国丹霞"国际品牌，实现打造全国顶尖世遗休闲旅游目的地目标也面临很大挑战。

乡村旅游的高速发展，伴随着乡村旅游形式的多样化，乡村旅游产品的完善升级，游客旅游活动的增多也不断提升着旅游者的品位，对乡村旅游的整体需求日益提高，单纯依靠简单的好山好水自然景观和资源已经很难长期吸引游客，固定的形式难以激起游客求新求异的体验需求，使得部分乡村旅游产品进入难以突破的瓶颈期。由于江郎山很大一部分区域开发的乡村旅游自然资源存在相似性，在开发的过程中难以找到创新点，品质化和品牌化发展进程缓慢，这就对江郎山乡村旅游的发展提出了严峻的挑战。旅游者选择从城市走入乡村，主要是由于乡村区别于城市所特有的氛围，感受浓郁的乡土气息和优美的田园风光，以及自然资源所承载的传统文化和内涵。但由于城市旅游者到乡村旅游，所具有的城市文化对乡村的传统文化形成了冲击，使得乡村文化出现了同质化现象，源于城市文化的影响，乡村居民在生活方式、着装打扮等方面进行有意的模仿，反而失去了乡村独有的文化特色，使传统的乡村风俗和文化面临破坏和消失的局面。

第五章　江郎山·廿八都旅游景区 不同发展阶段和特征

一、江郎山·廿八都旅游区旅游资源概况

江郎山·廿八都旅游区核心景区面积 17.98 平方公里。景区资源丰富，集丹霞地貌、古建民居、毛氏文化于一体，是世界自然遗产地、国家级风景名胜区。江郎山位于浙江省江山市石门镇，是我国乃至世界不可多得的老年期高位孤峰型丹霞地貌自然景观。2010 年成为浙江省首个世界自然遗产。2017 年成功创建国家 5A 级旅游景区。

江郎山距江山市区 25 公里，素有"雄奇冠天下，秀丽甲东南"之誉，江郎山主峰海拔 824 米，主景区由三石峰、十八曲、塔山和仙居寺等五部分组成，以雄伟奇特著称。山巅有三巨石拔地冲天而起，形似石笋天柱，状若刀砍斧劈，呈"川"字形排列，堪称"神州丹霞第一峰"。以雄伟奇特的"三爿石"著称于世，三大石峰，拔地如笋，摩云插天，山巅三巨石相对高度 369.1 米，坡度 88 度以上，被誉为中国丹霞第一奇峰；"一线天"高 312 米，长 298 米，最宽处不足 4 米，为全国之最。明代地理学家徐霞客，曾三游江郎山，留下游记 2600 余字，为江郎山增添了丰富的文化内涵。除以上著名景点外，江郎山景区其他主要景点还有：倒影湖、会仙岩、霞客亭、天然国画、天桥、虎跑泉、铁索桥、伟人峰、江郎书院、神笔峰、丹霞赤壁、天梯、钟鼓洞、烟霞亭、仙居剑瀑、须女湖、十八曲等。

廿八都距离江山市县城 70 公里，是一个古老小镇。全镇有 800 余户居民，4000 余人口。北宋熙宁四年（1071 年）江山设都四十四，此地排行第

廿八，得名廿八都，至今已有 900 余年历史。廿八都镇是中国历史文化名镇、中国民间艺术之乡，是国家 5A 级旅游景区江郎山·廿八都旅游区的重要组成部分。建镇距今已有 1000 多年历史，地理位置异常特殊，是古代由闽入浙的第一镇，历代兵家必争之地，素有"枫溪锁钥"之称。目前，全镇有 10000 多人口，142 种姓氏，交流着 13 种方言，保存有规模庞大且相对完整的明清古街、古民居和古建筑群，建筑风格融浙、徽、赣和闽北客家式、西洋式于一体，民俗风情奇异，文化底蕴深厚。由于历史上少受战乱，镇上古建筑风貌依旧，保存较为完好。据统计，现有保存完整、规模大的明清古建筑民居、厅堂共 36 幢，公共建筑物有孔庙、大王庙、文昌阁、万寿宫、真武庙、忠义祠、观音阁、老衙门、新兴社等 11 幢。在这众多的寺、庙、宫、殿中，大王庙规模最大，孔庙最雄伟壮观。孔庙建于宣统年间，占地 1500 余平方米，整体布局沿中轴线依次为照壁门庭、正门、前殿、天井、正殿、天井、寝殿共计三进三天井，左右为厢房，以檐廊联结。结构上，明间均为抬梁式、边贴为穿斗式，正殿为两层重檐歇山顶楼阁，四面飞檐出挑，十分高大雄伟。建筑内以精湛的木雕艺术和丰富的彩绘最具特色，所有的梁、枋、脊标、天花板，均绘有山水、人物故事以及龙、凤、花、鸟等绘画作品，几何图形、牛腿、雀替、窗扇、栏板等木构件均有浮雕或镂空雕，题材丰富，形象极为生动，犹如一座艺术宝库。

　　清漾村距江山市城区 21 公里，属江山市石门镇，村东南数里，是浙江省首个世界遗产地。清漾又叫青龙头，其北、东、南三面环山，林山葱茏，山岭蜿蜒起伏，曲折盘旋，犹如一条青龙，西侧田畴万顷，村庄则如一颗明珠，整个地理环境形成一幅游龙戏珠之美景。东侧有古老的清漾塔，"文"字形的文川溪从村中穿过，魁梧的千年老樟树屹立在村头。清漾村与江郎山之间，则是王安石与毛滂、毛注及许多毛氏著名历史人物曾经就读的名刹仙居寺。清漾村是国家 5A 级旅游景区——江郎山·廿八都旅游区的重要组成部分，海上丝绸之路陆上延伸通道经仙霞古道傍村而过。清漾村是江南毛氏发祥地、毛泽东祖居地，毛泽东系清漾毛氏第 56 代嫡孙，现已举办四届江山毛氏文化旅游节，毛新宇等毛氏宗亲多次来此寻根问祖。清漾村人杰地灵，人才辈出，历史上出过 8 位尚书、83 位进士，较为著名的有宋代词人毛滂，我国台湾著名国学大师毛子水等。

（一）景区自然资源

1. 地形地貌

江山境内多山，地势南高北低，所属江郎山景区的仙霞岭斜贯东南，怀玉山支脉盘亘西北。群山连绵，层峦叠嶂，关隘众多，古道险阻。最高处为南部大龙岗，海拔1500.3米，最低处为北部渡船头，海拔73米。除东北部属金衢盆地外，大部分为丘陵山地。全境"八山一水一分田"。由地形分析可知，规划范围西侧坡度较为平缓，集中在10%～30%，对建设高度不高的景区服务建筑不构成障碍；而规划范围西侧山体呈南北走向，且坡度变化较大，高差也较大，不适宜建筑开发。

2. 气候土壤

江郎山景区属中亚热带湿润季风气候，冬夏季风交替明显，四季冷暖、干湿分明。这里是浙西山区，冬无严寒，夏无酷暑，且多凉风，年平均气温为17.1℃。一般气温随山高而降低，江郎山年平均气温仅14℃，是避暑佳地。风景名胜区年降水量1650mm～2200mm，由北向南递增。每年都是春雨浙浙，夏雨霖霖，秋雨纷纷，冬雨霏霏，常年雨水丰沛，清溪碧潭，终年不涸。风景名胜区年日照时数2063.3 h，无霜期253天左右，气候温暖，寒暑适度，全年均适宜游览。景区内水质纯净，经检测富含多种矿物质。江郎山空气质量良好，据有关部门检测，江郎山空气中悬浮物总含量0.058mg/m³，二氧化硫含量0.005mg/m³，氮氧化合物含量0.006mg/m³，三项主要指标皆优于国家一级标准。

3. 植被动物

风景名胜区植被类型多样，植物资源丰富，属中亚热带常绿阔叶林、浙闽山丘甜槠木荷林植被。木本植物有87科，232属，634种。其中列为国家、省级重点保护的珍稀物种27种，森林植被类型为常绿阔叶林，分甜槠木荷林、浙江青冈甜槠木荷林，树木满山遍野，郁郁葱葱，四季常青。比较珍贵的名木有银杏、水杉、三尖杉、金钱松等。风景名胜区内野生动物种类较多，如白颈长尾雉、黄腹角雉、虎、云豹等。最近，在景区东南部还发现角怪和娃娃鱼（大鲵）等珍稀动物。

（二）景区经济环境

近年来，江山市坚持"产村人文"融合发展，乡村旅游发展如火如荼，全市乡村旅游接待游客人数和营业收入年均增长 25% 以上。据不完全统计，截至 2020 年，景区的总容量为 6026 人次/日，景区年游人容量为 180.78 万人次。

随着旅游业的辐射作用逐渐增强，江山市及周边地区居民人均收入逐年提升。2021 年全市生产总值 365.75 亿元，按可比价格计算，比上年增长 8.5%。其中，第一产业增加值 22.45 亿元，增长 1.3%；第二产业增加值 167.83 亿元，增长 9.8%；第三产业增加值 175.47 亿元，增长 8.4%，其中，批发和零售业增长 14.4%，房地产业增长 6.2%，金融业增长 6.4%，营利性服务业增长 6.7%，非营利性服务业增长 2.2%。三大产业增加值结构为 6.1∶45.9∶48.0。全市人均生产总值（按常住人口计算）73836 元，增长 8.1%。全年居民消费价格比上年上涨 1.3%，其中食品烟酒类下降 0.3%，其他 7 大类价格呈"五涨二降"态势。教育文化和娱乐类上涨 0.9%，医疗保健类上涨 1.2%，居住类上涨 2.4%，交通和通信类上涨 3.3%，生活用品及服务类上涨 3.6%，衣着类下降 0.8%，其他用品和服务类下降 2.8%。

全市共有 16 个国家 A 级旅游景区，其中国家 5A 级景区 1 个——江郎山·廿八都景区，国家 4A 级景区 3 个、国家 3A 级景区 11 个、国家 2A 级景区 1 个。全市拥有星级旅游饭店 4 家，客房总数 710 间。根据国际数据统计，人均收入达 2000 美元以上时，会对休闲乡村旅游产生需求，因此不断增长的人均收入，促使人们在乡村旅游方面产生更多的消费。

（三）景区社会环境

20 世纪中至 20 世纪末，江郎山作为江山地方风景名胜区对外宣传力度不够，几十年来几乎没有进行新的景区开发。直到 1985 年，浙江省政府将江郎山列为第一批省级风景名胜区，江郎山才重获新生。从 1987 年开始，江山市政府认识到了江郎山景区的巨大价值，开始了有目的地保护和有计划地投资与开发，从 2002 年被国务院批准为国家重点风景名胜区之后，江郎山景区发生了巨大的变化，大小各类规划、策划有 10 多个，江郎山景区正是在这些规划的指导下取得了较好的成绩。如今江郎山景区已成为"中国丹霞"世界自然遗产一部分，其范围和内涵都得到较大的充实。目前，江郎山景区的运行成熟且稳定，每年接待的游客数十万，并且成功带动了旅游区周边的经济发展，为景区周边的村落带来了新的生机。

近年来，江郎山景区最大的特点就是最大程度上保留各处景观的原貌，主张原汁原味，自然的美感。江郎山已被列入世界自然遗产，且其存在年份较长，山体风化严重，所以景区最主要的职责是保护山体本身的风貌和风光，在建设和改造方面的抉择往往十分慎重。比如半山腰的饭店和超市，游客的休闲室等建筑都是经过精细的策划和规划后建立的。

二、江郎山·廿八都景区发展阶段和旅游特征

《廿八都镇志》记载："新中国成立前生产耕作粗放，粮食产量低。民国25 年，粮食亩产 234 公斤。"新中国成立后，改善生产条件，推广先进技术与优良品种，提高复种指数，粮食的亩产和总产不断提高，1949 年亩产 84.5公斤，1964 年亩产为 195 公斤，1970 年亩产达 224.72 公斤，1976 年为289.5 公斤，直至 2004 年粮食亩产可达 370 公斤。1978 年，改革开放以来，由于国家实行一系列的富民政策，生产迅速发展，人民生活水平逐渐提高，廿八都地区的村民人均纯收入也从 1977 年的 63 元上涨至 4129 元。

新中国成立后，经过土地改革及一系列的政策引导，当地的经济再次回暖，现第一产业主导产品有水稻、大麦、小麦、玉米、番薯、大豆等，特色副业新品种有脐橙、山药、高山蔬菜、茶叶、白豆蔻、蚕桑等。截至 2007年，农作物播种总面积为 1422.4 公顷，其中，粮食作物 844.27 公顷，油料作物 138.53 公顷，蔬菜 356.67 公顷，茶园 89.13 公顷，果园 233 公顷。全镇于 2007 年完成工业总产值 9290 万元。全镇农村实有劳动力 7764 人，外出劳动力 3203 人，占劳动力总数的 41.25%。农民人均纯收入 5228 元，人均住房面积 32 平方米。

廿八都几乎完整地保留了每个时代的印记。走进廿八都，最强烈的感受，就是这里至少包含了三个层次的历史。

一是黄巢开辟仙霞古道以来的 1100 多年，廿八都作为一个三省交界处的军事要地、商旅要道的历史，有千年古道、史册记载及雄关险岭可证。

古道北起江山县城，途经清湖、石门、峡口、保安、廿八都诸地，翻越仙霞崇山峻岭，直至福建浦城县，全长 120.5 公里，江山境内达 75 公里。第三次全国文物普查统计，古道沿线现存 40 余处文物点，有烟萝洞摩崖石刻、清溪锁钥门亭、黄巢起义遗址、戴笠故居、水安桥、东岳宫、德春堂药店等。其中仙霞关为唐末黄巢农民起义遗迹，岭上设 4 关，皆以条石砌成，每关设双重拱券顶大门，关墙高 4~5 米，周围崇山峻岭，峭壁深谷，"千盘难度鸟，万岭欲藏天"，号称天设之雄关。仙霞古道开辟的历史，要追溯到唐朝末年。公元 878 年，唐末农民起义军首领黄巢率 10 万大军挥戈浙西，转战浙东，后又取道仙霞岭，劈山开道 700 里，直趋建州（现福建建瓯）。开山辟路后，旧时"岭水之山峭峻，车道不通"的仙霞山形势大变，成了"操七闽之关键，巩两浙之樊篱"。

二是数百年来作为重要商旅集散地从繁荣到衰落的历史，这有保存下来的老街、老民居及公共建筑可证。

廿八都的兴盛主要依仗其得天独厚的地理位置，无论从江山、清湖，还是从福建浦城、江西广丰到这里差不多都是一天的路程，正好成为宿营地，当年之所以沿街有 50 多家饭店、旅店，就是因此。在数百年的繁华之中，廿八都并没有孕育出近代的商业意识。哪怕在发财致富之后，商人们依然梦想着读书做官、科举仕进之路，文昌宫壁画的内容大半与此有关。他们在有了钱之后，首先想到的也只是建庙宇、修祠堂，最高的梦想无非是修文昌宫。值得深思的是，江山文昌宫竣工是 1909 年，大王庙也建于 1909 年，当时科举制已废除，外面的世界已发生了重大的变化，严复翻译的《天演论》早已风靡一时，孙中山提出的"三民主义"已激起莘莘学子的共鸣。一年后，廿八都就出现了最早的一所新式小学。离辛亥革命枪响也只有两年了。在江山文昌阁，可以看到几百年前留下的对联："读有用书行无愧事，说根由话做本色人"；在"德春堂"中药铺，我们还能看到百年前的"止咳保肺片"等商业广告。说明这里文化气息较为浓厚。

三是半个多世纪以来，特别是经历了人民公社、吃公共食堂及"文革"

的历史，有赛诗墙、漫画及大量标语、语录、对联为证，这样的地方即使在全国恐怕也不易找到了。

改革开放后的古镇旅游开发取得了骄人成绩。1986 年 6 月，江山文昌宫、水安桥、枫岭关被江山市人民政府公布为重点文物保护单位。1988 年 8 月，江山市人民政府将廿八都镇定位为市级历史文化名镇。1985 年 11 月，浙江省人民政府将江山文昌宫公布为省级重点文物保护单位，同年，廿八都被确定为首批省级历史文化名镇。2003 年 10 月江山市人民政府成立廿八都古镇保护与旅游开发领导小组，对廿八都古镇进行保护和旅游开发利用。2007 年 6 月，廿八都古镇被国务院公布为国家级历史文化名镇。

镇区内第三产业主要以农家乐观光旅游为主，当下集中于镇北的枫溪村，在 2011 年被评为浙江省农家乐特色村，至 2014 年全村从事农家乐经营或农特产品产销的农户有 140 多户，从业人口 520 多人，有农家乐经营户 29 户，其中三星级 11 家，二星级 18 家，可年接待 12 万人次以上。2017 年廿八都镇成功入选国家 5A 级旅游景区，带动了周边乡镇旅游业发展，旅游收入大幅上升，从业人数大幅增多。

第六章　全域旅游高质量发展助力共同富裕贡献测算模型及评价分析

一、科学精准成效评估体系是实现共同富裕的重要路径

当前社会上存在的"躺平""等靠要""福利主义"等模糊认识，必须明确共同富裕要靠共同奋斗，同时需要坚持尽力而为、量力而行地推进共同富裕。实现共同富裕目标，需要通过全国人民共同奋斗把"蛋糕"做大做好，只有人人参与、人人尽力，才能真正实现人人享有。要从国情实际出发，遵循经济社会发展规律，脚踏实地、久久为功，稳步提升民生保障水平。通过共同富裕评价，衡量共同富裕发展程度，改进和创新共同富裕发展途径，利用评价促进共同富裕。在构成评价共同富裕的过程中，要坚持有所为有所不为，重点把控基础性、普惠性、兜底性民生保障指标，重在提升公共服务水平，特别是在景区旅游高质量发展带动共同富裕的指标上多思量，开展科学精准评价。

二、全域旅游助力共同富裕成效评价体系的原则和路径

旅游景区对农村经济贡献率这一概念目前仍没有明确的定义，为便于研究，本书做如下定义：指在农村地区，在一定时期内（通常为一年），乡村旅游业对农村的国民生产总值所做的贡献，即把乡村旅游业作为一个产业，其所创造的总效益与整个国民经济所创造的效益之比。乡村旅游业具备一般旅游业的特点，如劳动密集型、强关联带动性、人员就业门槛低、就业方式灵活等，可通过饮食、住宿、购物、交通、就业、招商引资等方式带动农村地区经济。

　　贡献率是衡量某项因素对总增长量贡献大小的指标，即该项因素的增量与总增长量的比率。公式：贡献率（%）= 某因素贡献数量（增加量或程度）/总贡献数量（总增加量或程度）×100%。从经济学意义来讲，经济增长贡献率就是某一经济因素单位时间的增长量与单位时间总的经济增长量之比。例如，第三产业贡献率=第三产业的增量/ 国内生产总值（GDP）的增量×100%。经济增长贡献率用于衡量一项产业或行业对经济增长的贡献大小。美国经济学家 E. F. Denison（1967）在《为什么经济增长率不同》一书中对美国和西欧等 9 个国家 1950—1962 年期间，国民经济收入的增长原因进行分析，发现在美国居民收入 3.3% 的增长率中，综合要素生产率贡献了42%，西欧 8 个国家的居民收入 4.08%增长率中，综合要素生产率贡献了64%。在 1929—1957 年的美国经济增长中，美国的教育占了 23%。这是最早与经济和收入增长相关的贡献率计算。

　　由于共同富裕处在平均主义与两极分化之间，其对立面是贫困，学术界关于贫困的测量对共同富裕的评价工作具有重要的借鉴与启发意义。贫困就其内涵界定来说，国际上有绝对贫困和相对贫困两类，其测量包含了以收入为基础的测量和非收入测量的方法，若跨越简单的收入标准讨论，各国都共同认可的测量标准包括 4 大类：（一）获得能够满足最低住房标准的住房；（二）获得保证最低卫生条件的基本服务；（三）获得基本教育；（四）实现最低消费水平的经济能力。这也为解释和测量共同富裕提供了借鉴。

　　构建原则：一是兼顾科学性与可操作性，构建体系体现对共同富裕内涵的科学理解，具体指标依据可获得、可测量、可比较性进行选取。二是兼顾群体与区域，既衡量群体之间，又测量区域之间共同富裕的程度。三是兼顾供给侧和需求侧，既服务于各地政府的工作，又让人民群众感知。四是兼顾动态监测和有效对标，既可以用于动态监测各地共同富裕实现状况，又提供可对标的标准，协助地方党委政府决策。

三、全域旅游高质量发展助力共同富裕成效评价体系

（一）研究对象及数据来源

基于能够反映江山市旅游高质量发展与居民富裕程度的前提，考虑到研究对象周边范围内的辐射效应及旅游资源的分布状况，鉴于指标的合理性和数据的可得性，研究范围选取衢州市内 6 个县市（柯城区、衢江区、江山市、常山县、开化县、龙游县）进行旅游发展的比较分析。通过对所选研究范围的不同县市进行研究，可以探索在不同旅游类型、不同经济发展水平、不同经营模式、不同客源市场、不同科技水平等环境下旅游景区对区域经济的贡献特点和差异。

根据理论分析、文献基础和江山市旅游业发展的实际情况，考虑到数据的准确性、连续性以及可获得性，本研究选取农民人均收入增长率、产业结构、需求收入弹性、就业容量及生产率、行业关联度来构建研究范围内旅游景区对共同富裕的贡献度指标评价体系；选取农村居民人均可支配收入、农村居民人均消费支出、国际旅游人数、国际旅游收入、国内旅游人数、国内旅游收入 6 个指标对研究对象 2015—2020 年旅游发展水平进行综合评价，来构建江山市近 6 年来旅游高质量发展水平的指标评价体系，通过模型计算，以上述两个指标评价体系来关注江山市旅游发展的趋势。

数据搜集来源于实地调查走访相关单位，在对衢州市典型旅游点进行类别划分的基础上，选取不同类型且在多方面具有典型代表意义的旅游景区进行实地调查，调查数据直接来自当地农村村委会的财务报表和网上发布的数据信息，部分数据来自对农村经济主体、乡村旅游的直接或间接从业者——农户的面对面访问。由于不同村落在统计口径等方面存在一定的偏差，在对不同数据项统计的过程中，对统计信息不全的则予以说明，统计分析中对个别笔误或机误等原因造成的不合理数据进行了电话核实，做了一些必要的订正。数据基本可靠、有效。除此之外，数据来源还有 2015—2020 年《中国旅游统计年鉴》《中国衢州城市统计年鉴》《浙江省统计年鉴》《江山市统计年鉴》，以及各市、县区年度国民经济与社会发展统计公报。

（二）旅游业对共同富裕的贡献度的指标选取及模型构建

1. 指标选取

本研究所构建的评价指标体系的五个因子相辅相成，紧密联系，从农民收入增长率、旅游收入对国民经济增长贡献率、产业拉动社会需求程度、产业促进社会就业贡献度以及影响国民经济关联产业发展程度五个主要方面衡量旅游产业对经济的影响，以此来衡量乡村旅游对农村经济贡献率的大小。具体指标解释如下：

农民人均收入增长率。在一定时期内，第二年减去第一年的部分除以第一年的总收入即增长率，增长率越高，说明农村经济发展越快，农民生活水平越高。

产业结构，即第三产业产值占 GDP 比重。该比重越大，说明该产业具有的规模越大，是衡量旅游业对经济贡献率的重要指标，反映旅游业的经济影响力和产业地位。

需求收入弹性。指某一产业产品的需求增加率与人均国民收入增加率之比，反映居民对旅游的消费结构，其计算公式为：

$$E = \frac{\Delta Q/Q}{\Delta I/I}$$

式中：$\Delta Q/Q$ 指旅游需求量的变化率；$\Delta I/I$ 指居民收入的变化率。

就业容量及生产率。通过计算旅游收入与就业人数之间的相关系数，做一元线性回归分析，其公式为 $Y = ax + b$，系数 a 便是生产效率，即每增加一人就业可增加多少收入，衡量单位时间（一年）内所创造价值的多少。系数越大，说明生产效率越高，所产生的价值也就越大。

行业关联度。指产业与产业之间相互联系、依存的程度。产业关联度越深，同等规模和结构的旅游消费激发的社会产出量就越多，旅游对整个经济系统的贡献度就越大。

灰色关联度分析法是指对两个系统之间随时间或不同对象而变化的因素之间关联度的度量，称为关联度。系统发展过程中若两个因素变化趋势一致，则认为两个因素间的关联度较高；反之，则较低。该方法的优势在于不过分要求样本的数量。因此，本书基于灰色关联理论，通过灰色系数 $\xi_{m.n}$ 和

关联度 $R_{m.n}$ 的公式计算地区农业和旅游业指标之间的灰色关联度。

$$\xi_{m.n} = \frac{\underset{m}{\min}\,\underset{n}{\min}\,|X_{ij} - Y_{ij}| + \rho\,\underset{m}{\max}\,\underset{n}{\min}\,|X_{ij} - Y_{ij}|}{|X_{ij} - Y_{ij}| + \rho\,\underset{m}{\max}\,\underset{n}{\max}\,|X_{ij} - Y_{ij}|}$$

式中，$\xi_{m.n}$ 为某一年研究对象农业系统的第 m 个指标与旅游业的第 n 个指标的关联系数；$\underset{m}{\min}\,\underset{n}{\min}\,|X_{ij} - Y_{ij}|$ 为最小绝对差值；$\underset{m}{\max}\,\underset{n}{\max}\,|X_{ij} - Y_{ij}|$ 为最大绝对差值；分辨率系数 ρ 反映相关系数之间的差异显著性，一般在 $0 \sim 1$ 取值。当 $\rho \leq 0.546$ 时，分辨率最好，本研究取 0.5。

第二步，关联度计算。计算公式如下：

$$R_{m.n} = \frac{1}{N} \sum_{m,\,n=1}^{N} \xi_{m.n}$$

式中，m、$n = 1$，2，$\cdots$，N。$R_{m.n}$ 的取值范围在（0，1）内。值越大，表明关联度越高。

（1）农民人均收入增长率

①数据处理

根据上述指标进行初步计算，基于乡村旅游的发展能够极大促进区域经济发展，农民人均收入可以极为直观地体现。20 世纪末至 21 世纪初浙江省乡村旅游收入和农民人均收入一直保持增长的态势，本研究通过研究范围内 6 县市所收集的相关数据，绘制表 6-1。

表 6-1 2016—2020 江山市旅游景区农民人均收入增长比较分析

人均收入／增长率	柯城区	衢江区	江山市	常山县	开化县	龙游县
2016	19416	16533	19956	16713	14371	18621
	9.2%	9.1%	8.9%	9.0%	9.5%	8.9%
2017	21260	18153	21932	18317	15736	20502
	9.5%	9.8%	9.9%	9.6%	9.5%	10.1%
2018	23418	19899	24082	20184	17283	22636
	10.2%	10.0%	9.6%	9.7%	9.9%	9.8%

续表

人均收入/增长率	柯城区	衢江区	江山市	常山县	开化县	龙游县
2019	25810	21888	26391	22149	19001	24856
	9.0%	7.6%	7.7%	8.5%	8.7%	7.5%
2020	28138	23532	28415	24033	20647	26721
	10.72%	11.03%	11.67%	11.93%	12.20%	12.44%

②数据分析

从表6-1可以看出，江山市乡村旅游发展处于增长阶段。2015—2020年旅游区域农民人均收入持续增长，2018年左右江山市旅游业发展势头良好，农民人均收入增长也达到较高水平，江山市人均收入增长率达到最高，最快增长的2018（9.9%）年比2017（8.9%）年增长1个百分点。通过数据比较可以发现，江山市农民人均收入起步较高，相对于其他5县市，人均收入近年来一直位于整个衢州市之首。出现以上结果和江山市的经济社会发展情况及乡村旅游的发展进程有着密切关系，尤其是结合景区整治的旅游投入，在这些旅游景区发展中，江郎山的旅游业辐射作用不容小觑。

江郎山·廿八都等地对旅游业发展的投入巨大，抢修古建筑，整治景区等，利用自身的建筑、民俗文化特色大搞旅游；江郎山·廿八都景区充分依托周边景区的发展，主动配套景区，满足游客的需要，形成了自身的特色，农民开始从事农家乐、旅游商品及其他相关方面的经营；形成特色乡村旅游产业后，未来可能会继续依靠科技与生态的优势使农民收入的增长率继续增加，这在浙江省乃至全国众多乡村旅游地中独树一帜。此外，值得关注的是，2020年整体人均收入增长率都存在下降趋势，这主要是由于新冠疫情的冲击，经济增速下降背后是企业生产经营的不景气，没能力给职工增薪甚至出现解雇员工的状况，使得职工不但收入增速下降而且可能失去收入来源，直接影响到居民收入的增长。

（2）产业结构

①数据处理

本研究在计算乡村旅游业的产业规模时，采用"旅游总收入占 GDP 比重"这一指标来衡量，这也是目前国内学者普遍运用的一种方法，鉴于篇幅和格式限制，原始数据与具体计算步骤不再列出。我国国民经济部门分类中没有把旅游作为一个独立的部门，因此统计旅游收入存在一定难度。可根据《统计年鉴》对国际旅游（外汇）收入的解释进行处理，国际旅游（外汇）收入指入境游客在中国（大陆）境内旅行、游览过程中用于交通、参观游览、住宿、餐饮、购物、娱乐等的全部花费。可见，旅游收入来自"吃、住、行、游、购、娱" 6 大领域，即餐饮住宿业、交通运输业、公共设施管理业、商品批发与零售业、商业服务业。本研究通过把各乡村旅游样本点获取的各行业的收入相加，得出旅游收入。国内的一些学者通过某省在某一年内的投入产出系数表计算出相关行业的剥离系数，从而得出旅游收入，但本研究未做此计算，主要是由于农村地区区别于城市。举例来说，餐饮住宿业主要是针对外来游客，其收入中虽有部分来自当地农民，但比例极小，从整体角度分析可忽略不计。因此，用旅游收入与地区 GDP 比重来衡量江山市的旅游业产业规模，计算结果如表 6-2 所示。

表 6-2　2015—2020 江山市产业规模比较分析

	柯城区	衢江区	江山市	常山县	开化县	龙游县
2015	38%	22%	24%	31%	42%	32%
2016	43%	24%	28%	34%	47%	37%
2017	52%	29%	35%	40%	56%	43%
2018	56%	32%	43%	43%	61%	49%
2019	58%	33%	44%	45%	68%	50%
2020	43%	24%	33%	33%	58%	38%

②数据分析

从需求的角度，用旅游收入占 GDP 的比重来衡量旅游业的经济影响力和产业地位，具有较强的科学性。本研究通过旅游收入占 GDP 比重，来代替旅游产业增加值占 GDP 比重这一指标来衡量旅游产业的规模。同时，调研的研究对象均统计了各行业的收入指标，保证了计算的一致性和各县市指标的可比性，计算所得的结果基本可靠，具有一定的科学性和说服力。

近六年来，江山市旅游收入占 GDP 比重集中在 25%～50%，与支柱产业标准的差距较小，一方面，从江山市旅游景区资源特色和经济发展现状来看，其拥有着丰富的乡村旅游资源，有着强大的旅游吸引力，可充分吸收和借鉴先进的发展经验，未来将成为支柱型产业；另一方面，文化性和休闲性是未来都市人旅游消费的趋势之一，乡村旅游业前景仍不可小看，潜力无限，属于潜力巨大型产业。

（3）需求收入弹性

①数据处理

在计算旅游收入需求弹性指标时，本研究选用 2015—2020 年各省市的旅游收入，由于农村地区有些村落并没有统计人均收入的指标，为计算本指标数值查阅统计年鉴（2015—2020），搜集衢州市各县市人均收入数据，以此来代替样本村落的人均收入数值。虽然统计年鉴上的各县市的绝对数值可能会与农村当地的实际数值有出入，但收入需求弹性为变化率的比例，计算所得的人均收入增加率是该地区的平均数，基本可以代表该地区平均水平，所得增长率比重即需求收入弹性为 2016—2020 年的结果。鉴于篇幅和格式限制，原始数据与具体计算步骤不再列出，因此，江山市需求收入弹性如表 6-3 所示。

表 6-3　2016—2020 江山市需求收入弹性比较分析

	柯城区	衢江区	江山市	常山县	开化县	龙游县
2016	2.79	2.38	2.87	2.01	2.69	2.81
2017	2.74	2.65	2.52	2.61	2.64	1.85
2018	2.55	2.66	2.59	1.83	2.42	1.11
2019	1.31	1.51	1.17	1.45	2.09	1.19
2020	-2.51	-3.11	-2.92	-2.53	-1.43	-2.68

②数据分析

通过需求收入弹性计算可以发现江山市的旅游产业发展较为稳定，旅游收入弹性在 2019 年虽然呈现出轻微的波动，但这在正常的统计误差范围内。从整体来看，研究对象的数据都保持在较高水平层次上（系数都超过1），可看出旅游的发展对当地经济的促进作用明显。2020 年研究范围内 6 县市的旅游收入弹性均为负值，这是疫情的冲击，致使国内外旅游收入均降低，旅游收入的增长率为负，因而弹性为负值。

从近 6 年的数据可以看出，江山市依托主要的旅游地——江郎山·廿八都景区，景区资源丰富，品位较高，以自身丰富的旅游资源吸引游客，客源主要是周边居民或城市居民，因此需求量较大，弹性系数也大，旅游产品的增加能够带来更多的收入，收入增加又可用于投资旅游，从而能够创造更大的需求，形成一个良性循环，旅游消费的增加，能够通过一个较大的乘数带动经济发展。不管是何种类的旅游活动类型，乡村旅游都对农村地区产生一定的发展动力，在一定程度上促进了旅游产业及经济的发展。

（4）就业容量及生产率

①数据处理

农村有效就业即农村剩余劳动力参加工作得到工作，是反映一个区域经济发展和社会稳定的基本指标。农村剩余劳动力通过向旅游产业的转移，往往能获得比从事单一的农业生产更高的收入。农民可以通过参与乡村旅游的经营而直接获利，也可以通过产业链的延长而获得利益。由表 6-4 可知随着旅游景区的发展，越来越多的农民开始从事旅游相关产业经营，旅游收入和从业人数持续增加，进一步分析可知这两者之间的关系，鉴于篇幅和格式限制，原始数据与具体计算步骤不再列出。

表 6-4　2015—2020 江山市就业容量及生产率比较分析

	柯城区	衢江区	江山市	常山县	开化县	龙游县
2015	46.55%	30.48%	87.14%	33.56%	58.99%	85.04%
2016	53.63%	32.22%	86.68%	40.55%	58.48%	85.74%
2017	56.43%	30.65%	91.24%	48.16%	65.86%	90.84%

续表

	柯城区	衢江区	江山市	常山县	开化县	龙游县
2018	62.56%	34.80%	94.36%	47.67%	67.61%	93.41%
2019	72.83%	39.26%	93.38%	56.75%	66.68%	93.51%
2020	78.46%	40.38%	90.86%	52.45%	67.14%	91.92%

②数据分析

本研究运用 Excel 提供的函数 CORREL 计算研究对象旅游收入和旅游从业人数的相关关系，即旅游收入 Y 与旅游从业人数 K 的相关系数；然后采用最小二乘估计量得到一元线性回归模型，经过 T 检验，回归方程是线性显著的。研究范围内 6 县市均呈现正向、显著相关性，这说明旅游收入和旅游从业人数所创造的劳动生产率非常可观。可以看出，江山市的产业结构是以第三产业为主导，尤其以旅游业最为突出，其比重一直比第一产业大，且自 2019 年已超过第二产业，因此从业人员数量较多。

江山市旅游业与就业人数的生产率较高，主要归功于江郎山·廿八都景区旅游发展所创造的就业机会，发展乡村旅游，当地政府积极引导农民从事旅游业的经营活动，劳动力资源丰富，同时自身的经济发展规模较大，村办企业数量较多，在充分利用各种高科技手段进行生产和创新的条件下，从业人员人数多，生产率也高，劳动生产率提高，又有较多的创收分红，因此每增加一人就业所带来的经济增加就大。

（5）行业关联度

①数据处理

本研究运用灰色关联度分析法计算行业关联度，首先计算旅游业的增加值在第三产业增加值中的比重，计算第一、第二、第三产业与国内生产总值比重；其次计算时间序列与比较时间序列的绝对差，得出最小绝对差值与最大绝对差值，计算出比较时间序列在各时刻的关系系数；最后用灰色关联度公式计算旅游业与第一、第二、第三产业的关联度大小，如表 6-5 所示，分别用 r_1、r_2、r_3 来表示。鉴于篇幅和格式限制，原始数据与具体计算步骤不再列出。

表 6-5 2015—2020 江山市行业关联度比较分析

年份	关联度	柯城区	衢江区	江山市	常山县	开化县	龙游县
2015	r_1	0.4857	0.4478	0.4087	0.3786	0.5033	0.6867
	r_2	0.6616	0.8036	0.6441	0.7768	0.8469	0.9033
	r_3	0.8065	0.6073	0.8709	0.5843	0.6647	0.8356
2016	r_1	0.4791	0.4784	0.4804	0.3905	0.5089	0.6775
	r_2	0.5973	0.8217	0.7053	0.8045	0.8505	0.9154
	r_3	0.8179	0.6218	0.8879	0.5799	0.6613	0.8189
2017	r_1	0.3989	0.4815	0.4886	0.4068	0.5218	0.6855
	r_2	0.6007	0.8614	0.712	0.8156	0.8623	0.9006
	r_3	0.7963	0.6116	0.9052	0.6099	0.6711	0.8218
2018	r_1	0.4246	0.4351	0.4562	0.3989	0.5221	0.6861
	r_2	0.6576	0.8754	0.7301	0.8562	0.8699	0.9132
	r_3	0.8321	0.6645	0.9098	0.6124	0.6919	0.831
2019	r_1	0.4532	0.4289	0.4799	0.4027	0.5387	0.6668
	r_2	0.6859	0.8677	0.7176	0.8411	0.8861	0.9018
	r_3	0.8421	0.6747	0.9103	0.621	0.7053	0.8015
2020	r_1	0.4678	0.4068	0.4983	0.4121	0.5073	0.6317
	r_2	0.5996	0.8241	0.7231	0.832	0.8789	0.8996
	r_3	0.8325	0.6652	0.8907	0.6216	0.6891	0.8216

②数据分析

在对江山市比较分析的这 6 年内，r_3 最大，r_1 最小，r_2 居中。r_3 最大，说明在样本统计的这段时间内，旅游业与第三产业的关联度最大。近年来，江郎山·廿八都景区的第三产业中交通运输业、通信业、商业、饮食业、住宿业、居民服务业等得到了较快速度的发展，为当地旅游业的发展提供了客观条件。旅游业与第三产业的正相关关系，说明了江山市在发展第三产业方面具有显著成效。r_2 居中说明该村旅游业与第二产业的关联度相对较小，这也符合国际常规。原因在于第二产业中的工业、建筑业等过分发展，在一定程度上会对环境、地貌、气候等自然资源造成破坏，从而影响以生态为主的旅游业发展。但是，第二产业中的旅游制品业还是与旅游业显现出较强的关联性，江山市的旅游业发展还是以江郎山·廿八都景区为主，各村都没有分门别类统计旅游纪念品加工企业的产值，因此只能做定性分析，而无法量化计算。

此外，r_1 虽然与旅游业的关联度最小，但是也呈现出逐年增高的趋势，这说明，近年来江郎山·廿八都景区旅游活动的开展更多地依托于农业，如农业观光园、农事体验等，以农产品出售为收入的主要来源，乡村旅游业与第一产业的关联度将逐渐增大；旅游业的发展所带动的产业结构优化还未完全表现出来，但第一产业比重逐渐增加的趋势已渐渐显露，随着社会进步和经济发展，旅游业与第一产业的关联度可能将大于与第二产业的关联度。

2. 模型构建

旅游业的高度综合性、其产业边界和范围的界定尚未取得共识，同时旅游消费的分散性，使旅游业对区域经济的贡献往往融合在其他物质生产部门之中。世界旅游组织和加拿大政府推荐的"旅游卫星账户"（简称 TSA）试图从传统的投入—产出关系给旅游业以物质产业的定位，反映旅游业区域经济地位的全景，勾画出旅游业对区域国民经济、就业、税收等的贡献，但旅游业的非物质属性，使运用传统的物质产品评价方法来衡量旅游业的区域国民经济地位显得力不从心。本研究通过江山市旅游业对经济"贡献率"的比较反映研究范围内旅游业的素质和效益，显示其对区域经济结构的调整，促进地方经济发展等方面的影响程度。本研究采用国内生产总值（GDP）来衡量国民经济的发展。旅游业对农村经济增长的贡献，依据宏观经济理论基础，采用 4 个指标构筑模型来定量计算描述。通过计算国内生产总值（GDP）反映共同富裕程度，乡村旅游业对农村经济增长的贡献通过 4 个指标构筑模型来定量计算，如下所示：

国内生产总值增长率 $YR_t = \dfrac{GDP_t - GDP_{t-1}}{GDP_{t-1}}$，式中，$GDP_t$ 为当年国内生产总值，GDP_{t-1} 为上年国内生产总值，这一指标描绘国民经济增长的速度及规律。

旅游业总收入增长率 $LR_t = \dfrac{L_t - L_{t-1}}{L_{t-1}}$，$L_t$ 为当年旅游业总收入，L_{t-1} 为上一

年旅游业总收入，这一指标反映乡村旅游业的综合发展速度和规律。

旅游业总收入依存度 $DR_t = \dfrac{L_t}{GDP}$，这一指标在一定程度上反映出旅游业的产业关联带动作用和旅游收入乘数效应，也反映其参与国民经济分工的程度、旅游产品实现的深度以及产业规模对国民经济贡献的影响。

旅游业净总收入率 $FR_t = \dfrac{L_t - CL_t - BL_t}{L_t}$，$CL_t$ 为某一旅游地居民出境旅游所导致的旅游收入的漏损，BL_t 为某一旅游地本地居民在本地的旅游支出。这一指标剔除了旅游收入的漏损部分，较真实地反映了旅游业对地方经济的作用。

根据以上 4 个指标，把旅游业看作一个产业（用 TR_t 来表示），建立旅游业对国民经济增长的贡献率模型：

$$GR_t = \frac{LR_t \times DR_t \times FR_t}{YR_t} = \frac{TR_t}{YR_t}$$

表 6-6 是 2015—2020 年江山市旅游业对共同富裕的贡献率。

表 6-6　2015—2020 江山市旅游业对共同富裕的贡献率

年份	YR_t	LR_t	DR_t	FR_t	GR_t
2015	6.36	25.52	23.66	70.13	18.76
2016	-1.66	24.95	27.92	70.16	29.72
2017	4.14	25.37	35.48	70.2	16.1
2018	8.18	11.18	42.71	69.31	15.06
2019	3.04	-22.39	43.89	75.29	31.84
2020	2.89	-18.44	33.06	84.95	34.45

3. 模型分析

经模型运算分析得出，江山市旅游业对共同富裕的贡献程度高于全国平均水平，排除 2020 年新冠疫情冲击导致的国民生产总值、旅游总收入降低的情况，江山市的各项增长率一直在提高；旅游业总收入依存度、旅游业净总收入率、旅游业对国民经济增长的贡献率均呈现逐年提高的态势，属于贡献率和增长率双高的旅游目的地。江山市依靠江郎山·廿八都景区，旅游业基础比较扎实，在浙江省内发展较好，带动了农村经济的发展。虽然旅游活动类型有限，但乡村旅游发展势头良好，相关配套设施较完善，旅游经济贡献率较高，对农村经济起到极大的促进作用。但同时仍面临艰巨的任务，旅游收入年均增长率有待提高，经济贡献率也有待进一步提升。

总的来讲，江山市的旅游业极大地促进了区域经济增长，从业人员的比例较高，乡村旅游产业的需求较大，对相关行业也起着积极的促进作用，与第三产业的关联度最大，其次为第二产业和第一产业。江郎山作为世界遗产旅游地，丰厚的历史底蕴和独特的文化内涵是吸引游客的主要原因，旅游业的开发改变了传统的生活方式，村民增收主要依托与旅游行业相关的经营（主要为第三产业，包括出售旅游纪念品、经营农家饭店、业余导游等），因此，旅游业与第三产业的关系最为紧密，而这些行业的经营所得要比直接从事农业经营的收入多得多，但由于地理位置的差异，浙中地区的整体经济实力与浙西地区有所差距，当地城市居民对旅游消费的观念不同，旅游需求还不是很强烈，因此，就产业地位来说，旅游业还处于较弱势的地位，旅游业对经济增长的贡献率还有一定提升空间。

（三）江山市旅游业发展水平的指标评价体系

通过对江山市旅游业对经济增长贡献率的研究，选取区域经济指标再对旅游业整体的发展水平做出评价更为完善。对江山市旅游景区整体的发展评价，各项经济评价指标对于评价的对象所起的作用有大有小，这种作用的大小，称之为评价指标的权重。确定权重的方法主要有：层次分析法（AHP）、熵值法等。本课题采用熵权 TOPSIS 法来确定权重，熵权 TOPSIS 法属于熵值法的一种，由于 AHP 是运用多指标分级处理来确定指标权重的方法，这种方法相对于其他方法而言更为主观，而熵权法是一种客观赋值法，也是一种多目标决策方法，可以在一定程度上消除主观因素带来的偏差。本研究对于江山市旅游发展水平的评价选取农村居民人均可支配收入、农村居民人均消费支出、国际旅游人数、国际旅游收入、国内旅游人数、国内旅游收入作为江山市旅游发展水平的指标。

1. 指标权重计算

根据上述 6 个指标对 2015—2020 年的权重计算可知，国内旅游人数和国内旅游收入两个指标在江山市旅游发展中的重要性占比最大，是最能够衡量旅游发展水平的指标，符合江山市旅游业的实际发展情况；国内旅游人数能直观地反映旅游业的发展水平，国内旅游收入能够直观反映旅游业对区域经济的贡献程度和带动效应，是区域通过旅游业获得经济发展的重要衡量标准以及发展竞争力的最直观体现，也是衡量江山市旅游高质量发展对共同富裕贡献程度的数据支撑。相比前两者，国际旅游收入对江山市旅游发展的重要程度也不容忽视，国际旅游收入在很大程度上能反映旅游资源的富集程度，是衡量旅游业发展尤其重要的指标，基于研究对象的现实情况，国际旅游收入自 2016 年后逐渐下降，江山市的旅游客源主要还是以国内为主。农村居民人均可支配收入及消费支出占比较少，但基本逐年稳定增长，这是对旅游规模逐渐扩大的侧面反映，是能够直接说明区域居民通过旅游业获得价值的体现。这些指标虽不能够直观体现旅游业发展水平，但能够反映游客对江山及衢州市旅游业的经济贡献主要集中于哪些方面，是研究旅游业发展的必要指标；另外，通过农村居民人均可支配收入可以反映居民家庭全部现金收入能用于日常生活的费用，这在一定程度上侧面反映了居民通过旅游业所得到的收入以及可以用于旅游的支出，指标权重计算如表 6-7 所示：

表 6-7 江山市旅游高质量发展指标权重对比

指标权重	农村居民人均可支配收入	农村居民人均消费支出	国际旅游人数	国际旅游收入	国内旅游人数	国内旅游收入
2015	0.3040	0.3240	0.5119	0.4459	0.4581	0.4017
2016	0.3401	0.3462	0.4407	0.4170	0.5137	0.4725
2017	0.3211	0.3275	0.3983	0.4732	0.5681	0.4530
2018	0.3847	0.3462	0.3903	0.5334	0.4900	0.5884
2019	0.3487	0.3357	0.4049	0.4829	0.4600	0.5079
2020	0.3754	0.3752	0.3744	0.5841	0.4554	0.5148
总和	2.0740	2.0548	2.5204	2.9366	2.9453	2.9384

2. 指标评价体系构建——熵权 TOPSIS 及指数分析

（1）熵权 TOPSIS

熵权法由 Hwang 和 Yoon 提出，"熵"一般用来表示物理学上标志热量转化为功的程度。熵权法是一种客观赋值法，也是一种多目标决策方法，可以在一定程度上消除主观因素带来的偏差。其计算步骤为：①首先构建各年份以及各评价指标的判断矩阵：$P = (a_{ij})_{m \times n}$，将判断矩阵进行归一化处理，得到归一化判断矩阵，计算指标 a_{ij} 的比重 x_{ij}，其中 $x_{ij} = a_{ij} / \sum a_{ij}$；②根据熵的定义和各年份评价指标，可以确定评价指标的熵。计算熵值 e_j，其中 $e_j = -k \sum x_{ij} ln x_{ij} k = (1/ln m)$；③计算差异性系数 g_j，其中 $g_j = 1 e_j$，g_j 越大，则指标差异度就越大；④定义熵权。定义第 n 个指标的熵后，可得到第 n 个指标的熵权。计算指标 a_{ij} 的权重 w_j，其中 $w_j = g_j / \sum g_j = 1, 2, 3, \ldots, n$。

（2）相对发展率指数

相对发展率指数（NICH），是用来表示某一地区在某一时段相对于整个地区的发展速度。其计算公式为：

$$NICH = \frac{T_{2i} - T_{1i}}{T_2 - T_1}$$

式中，T_{2i} 和 T_{1i} 分别为第 i 个县市在 2020 年和 2015 年的旅游发展水平得分，T_2 和 T_1 为 2020 年和 2015 年衢州市的旅游发展水平得分。

（3）变异系数

变异系数（CV）即标准差率，用来衡量数据离散程度，反映观测值变异程度大小的统计量，其计算公式为：

$$CV = \sqrt{\sum_{i=1}^{n} (X_i - \overline{X})^2 / n / \overline{x}}$$

式中：CV 为变异系数；n 为样本数；x_i 为样本值；$\overline{x}$ 为样本平均值。

指标评价体系计算结果如表 6-8 所示：

表 6-8 2015—2020 江山市与其他 5 县市旅游发展水平得分比较分析

县市	2015	2016	2017	2018	2019	2020	2020/2015	NICH
柯城区	0.4153	0.4172	0.5806	0.9368	0.5810	0.7564	1.8214	145.77%
衢江区	0.1124	0.1425	0.1349	0.1179	0.1028	0.1162	1.0339	1.62%
江山市	0.7609	0.7497	0.9970	0.9066	0.6784	1.0000	1.3142	102.18%
常山县	0.0653	0.0928	0.0704	0.0544	0.4237	0.0746	1.1429	3.97%
开化县	0.1830	0.2251	0.3353	0.3325	0.2044	0.2488	1.3595	28.12%
龙游县	0.9085	0.9030	0.4229	0.5872	0.5498	0.4834	0.5320	-181.67%

表 6-9 2015—2020 江山市与其他 5 县市旅游发展排名比较分析

县市	2015	2016	2017	2018	2019	2020
柯城区	3	3	2	1	2	2
衢江区	5	5	5	5	6	5
江山市	2	2	1	2	1	1
常山县	6	6	6	6	4	6
开化县	4	4	4	4	5	4
龙游县	1	1	3	3	3	3

对表 6-8 中各县市的均值进一步测算，2015 年衢州市旅游发展水平均值为 0.4076，其中有 3 个县市高于衢州市旅游平均发展水平。其中龙游县旅游发展水平得分为 0.9085，居于 6 个县市之首，因为龙游县的乡村旅游发展具有良好的基础，该县是浙江历史上最早建县的 13 个县之一，为传统的农业县。江山市的旅游水平得分为 0.7609，在 2016 年以前，江山市的旅游发展虽较为稳定，但是乡村旅游的产业规模和发展态势久居龙游县之后。排名第三的为柯城区，旅游发展水平得分为 0.4153。常山县处于衢州旅游发展的末位，旅游发展水平得分仅 0.0653。到 2020 年，衢州市旅游发展水平得分均值为 0.4466，旅游发展水平得分高于均值的县市仅 2 个。其中，江山市居衢

州市 6 县市之首，旅游发展水平得分为 1.0000。居于第 2、3 位的县区为柯城区和龙游县，旅游发展水平得分依次为 0.7564 和 0.4834。2020 年常山县的旅游发展水平仍然居于衢州市的末位，得分仅 0.0746；常山县的旅游发展水平在 2019 年一度提高，但是整体发展受限，没能得到有效提高。

将 2015、2020 两个年份各县市旅游发展水平得分进行相对增长率（NICH）的测算，便于比较 6 年的增长情况。以 20%、10% 和 0% 为界定标准，为了进一步体现江山市的旅游发展增长态势，将衢州市 6 县区按旅游发展速度划分为以下 4 种类型（用 V 表示）：①快速增长型（$V \geqslant 20\%$），柯城区（145.77%）、江山市（102.18%）、开化县（28.12%）；②较快增长型（$10\% \leqslant V < 20\%$），无县市；③较慢增长型（$0\% \leqslant V < 10\%$），衢江区（1.62%）、常山县（3.97%）；④缓慢增长型（$V < 0\%$），龙游县（−181.67%）。

通过计算 2015、2020 两个年份中 6 个县市旅游发展水平得分的变异系数（CV），便于比较 6 年的变化率。发现变异系数从 2015 年的 0.3357 增高至 2020 年的 0.3526，表明近 6 年来衢州市各个县市的旅游发展水平的差异逐渐增大。此外，2015 年旅游发展水平最高县市和最低县市得分的差距为 0.8432，2020 年为 0.9254。2015 年和 2020 年旅游发展水平最高县区的得分是最低县区的 13 倍左右，说明旅游发展水平最高县市和最低县市之间的绝对差距在逐渐增大，相对差距都在缩小。

经上述研究表明，其他县市的旅游发展水平与江山市差距越来越大，江山市的旅游业发展速度可见一斑，高质量发展的要求和宗旨得到了有力证明。此外，江山市的旅游业发展也最为稳定，具备高质量发展的要求。近 6 年来江山市的稳定发展优于衢州平均发展水平，尤其是在 2016 年以后，江山市的旅游业发展速度优于乡村旅游基础较好的其他县市。借助市内江郎山·廿八都景区等景点，江山市发展乡村旅游有的放矢，实施了一批重大文旅项目，摘取了国家首批全域旅游示范区"金字招牌"，取得了一系列不俗成绩，江山市发展乡村旅游基础扎实，已有一定的长板优势，渐渐走出了同质化模式。江郎山·廿八都景区的发展因地制宜、因村施策，深层次地整合了当地的旅游资源禀赋，培育自己的拳头产品，靠个性化的产品来增强自身竞争力。未来江山市的高质量发展，势必将乡村旅游纳入市域总体规划、专项控制详规，统筹推进乡村道路、停车场、厕所、垃圾处理等基础设施建设。同时，也将充分运用大数据、信息化等数字化手段，借力新理念、新技术引领服务水平新变化、新提高，由单纯的"走一走""看一看"向"吃、喝、游、乐、住"一体化转型。

第七章　江郎山·廿八都旅游景区高质量发展助力共同富裕的计算模型及评价分析

一、基于产业数据的江郎山·廿八都景区耦合协调效应分析

（一）理论模型依据

1. 理论依据及指标筛选

耦合的定义源于现代物理，它是指在两个（或两个以上）的系统或要素之间通过相互作用而互相影响的现象，耦合度是用于说明这种相互作用程度的物理量，使系统内或元素之间的相互作用关系能够量化，为未来的研究提供理论基础。后来，这一概念被地理学、社会学和经济学广泛应用，成为研究社会经济现象与环境事物关系的重要概念，其含义也得以进一步充实和拓展。协调关系是指两个（或两个以上）的系统或要素间有效循环、激发和协作的互动关系；协调耦合度则是通过评价体系或要素之间良性相互作用的程度，体现了由无序到有序的变化。

本研究根据理论模型讨论江郎山·廿八都地区农业与旅游业两大产业发展的耦合关系。为了真实、客观、全面地反映两大产业发展的耦合关系，本着科学、实用、数据准确性与可收集性原则，农业系统选取农业资源和农业经济2个一级指标，构建8个二级指标（X1—X8）；旅游业系统选取旅游资源和旅游经济两个一级指标，构建了6个二级指标（Y1—Y6）。基于原始数据无法收集齐全，计算过程暂不列出。根据理论模型，本研究计划选取14个指标共同构成农旅发展综合评价指标体系，见表7-1。

表 7-1　农旅发展综合评价指标

子系统	一级指标	二级指标
农业系统	农业资源	农作物播种面积（+）
		农户固定资产投资额（+）
		农业机械总动力（+）
		第一产业从业人数（+）
	农业经济	第一产业总产值（+）
		农林牧渔业总产值（+）
		农村居民人均纯收入（+）
		粮食产量（+）
旅游业系统	旅游资源	固定资产投资（-）
		旅行社数量（+）
		星级饭店数（-）
	旅游经济	第三产业从业人数（+）
		旅游总人数（+）
		旅游总收入（+）

2. 数据处理———熵值法

本研究采用熵值法为指标客观赋权，采用层次分析法（AHP）计算主观权重，进而计算各项指标的综合权重，在一定程度上保证了评价结果的科学性和准确性，然后采用综合发展指数来表示子系统的发展水平。首先对数据进行标准化和无零化处理。因为初始数据的单位、类型均不一样，无法直接使用，所以需要对其进行无量纲化处理。常见的方法有标准化方法、线性比例法、极值法、向量规范法 4 种，本研究采用极差标准化方法进行无量纲化处理，另对数据进行无零化处理（统一加 0.01）。其中，正效用指标（+）：值越大，表示该指标发展得越好。

第一步，指标正负效用计算：

$$x_{ij} = \frac{(x_{ij} - x_{\min})}{(x_{\max} - x_{\min})} + 0.01$$

负效用指标（-）：值越小，表示该指数发展得越好。

$$x_{ij} = \frac{(x_{max} - x_{ij})}{(x_{max} - x_{min})} + 0.01$$

式中，x_{ij} 为第 i 年的第 j 个指标的值；x_{ijmax} 为指标 j 的最大值；x_{ijmin} 为指标 j 的最小值；$j = 1$，2，3，$\cdots n$，表示年份个数；$j = 1$，2，3，$\cdots n$，表示指标个数。

第二步，指标权重确定。首先，计算第 i 年 j 项指标的比值 S_{ij}：

$$S_{ij} = x_{ij} / \sum_{i=1}^{m} x_{ij}$$

其次，计算第 j 项指标的熵值 h_j：

$$h_j = -\frac{1}{\ln m} \sum_{i=1}^{m} s_{ij} \ln s_{ij}，\ (0 < h_j < 1)$$

再次，计算第 j 项指标的差异系数 α_j：

$$\alpha_j = 1 - h_j$$

最后，确定 j 指标的权重 w_j：

$$w_j = \frac{\alpha_j}{\sum_{j=1}^{n} \alpha_j}$$

在此基础上，利用最小相对信息熵原理计算得到综合权重 W，计算公式：

$$W_j = \frac{\sqrt{w_j w_j}}{\sum_{j=1}^{n} \sqrt{w_j w_j}}，\ j = 1，2，\cdots，n$$

第三步，建立农业综合评价函数。利用加权法计算第 i 年的农业发展水平，公式如下：

$$f(x) = \sum_{j=1}^{m} w_j X_{ij}$$

式中，$f(x)$ 为农业的综合评价指数；X_{ij} 为农业第 i 年第 j 个指标的无量纲值，该数值越大，表明农业发展得越好。

第四步，建立旅游业综合评价函数。利用加权法计算第 i 年的旅游业发展水平，公式如下：

$$g(y) = \sum_{j=1}^{m} w_j y_{ij}$$

（二）耦合协调度模型

耦合度是反映系统或要素相互作用影响程度的定量指标，原为物理学概念，后逐步应用于生物、地理、经济和旅游等研究领域。本研究借鉴已有研究，构建了耦合协调模型。模型如下：

$$C = 2 \times \frac{\sqrt{U_1 \times U_2}}{U_1 + U_2}$$

$$D = \sqrt{C \times T}$$

$$T = x\, U_1 + y\, U_2$$

式中，C 为耦合度，值在 $0 \sim 1$ 之间。当 $C = 0$ 时，耦合度最小，表明不同系统间或同系统内不同要素间的无耦合状态，呈无序发展趋势；当 $C = 1$ 时，耦合度最高，表明不同系统间或同系统内不同要素间达到良性耦合状态，呈有序发展趋势。D 为耦合协调发展度；T 为农业—旅游业综合评价指数；U_1 为农业系统综合评价指数；U_2 为旅游业系统综合评价指数；x、y 为待定系数，待定系数赋值均为 0.5。耦合协调度等级划分参照表 7-2：

表 7-2　耦合协调度划分

耦合协调度	耦合协调度等级	耦合协调度	耦合协调度等级
0.0~0.09	极度失调	0.5~0.59	勉强协调
0.1~0.19	严重失调	0.6~0.69	初级协调
0.2~0.29	中度失调	0.7~0.79	中级协调
0.3~0.39	轻度失调	0.8~0.89	良好协调
0.4~0.49	濒临失调	0.9~1.00	优质协调

通过对江郎山·廿八都景区农旅两大产业耦合协调度进行研究，能够更加细化地提出其发展瓶颈及未来路径，对相关概念界定，以及对旅游业、农业的耦合机理进行详细的解释，同时对耦合协调模型进行阐述，并计算得到该地旅游业、农业的综合发展评价指数耦合协调发展等级，在此基础上进一步对两个子系统的综合发展评价指数和耦合发展水平进行分析，能够为江山市旅游业的发展提供更为准确的理论依据和决策参考。

二、主客共享感知的江郎山·廿八都景区满意度忠诚度效应分析

(一) 游客问卷调研以及基本情况

为了确保问卷的科学性和有效性，调研问卷的设计经历了以下几个阶段。首先，参考了大量的研究文献，初步设计了调查问卷，确定了旅游动机的具体表述项和旅游消费行为构成体系。其次，在进行大规模调查阶段之前，先进行了问卷的小规模调查，以便了解旅游者对问卷的理解程度，对旅游动机和消费构成体系进行进一步的修改。预调查于 2022 年 6 月，共收集了 40 份有效问卷，以及对多位从业者进行了深度访谈。最后，通过分析问卷内容，做出了相应的调整，形成正式问卷。

正式问卷是在前文所建立的模型要素的基础上设立的，主要包括 4 个部分：第一部分是所调查旅游者的基本信息，包括性别、年龄、职业、学历等，这些信息能够对到访旅游者的类型有直观的了解，这一部分采用单选题的形式；第二部分是对游客旅游动机以及出游决策方式的调查，采用李克特五点量表来调查旅游者的出游动机，同时通过了解旅游者旅游信息的获取途径来确定其决策方式；第三部分是在实际旅游消费活动中，对旅游者的旅游花费、出游次数以及文化旅游项目偏好等的调查，了解旅游者的具体消费行为；第四部分是旅游后评价阶段，主要是调查古镇文化旅游者的重游意愿、满意度、推荐意愿等。第二、三、四部分采用单选题或者多选题的形式。另外，最后调查了旅游者对提升古镇文化旅游发展层次的建议，通过旅游者的意见建议来了解古镇文化旅游发展所存在的问题，从而进一步提出对策来提升古镇文化旅游的发展。通过现场和电子问卷形式回收问卷 450 份，有效问卷为 410 份，有效率为 91.1%。由于正式问卷有 51 个变量题项，符合了有效问卷数是其问题数 3~5 倍的统计要求。在对问卷进行分析时，采用了应用较为广泛的 SPSS 软件，将获得的数据用 SPSS19.0 进行相应的整理和分析。人口的基本特征主要包括被调查者的性别、年龄、职业、学历等。问卷采用李克特五点量法制作量表，1=非常不同意，2=不同意，3=一般，4=同意，5=非常同意。

被调查者中，男性游客有 154 人，占被调查者总数的 44.9%，女性游客为 189 人，占被调查者总数的 55.1%，女性比例略高于男性比例。这在一定程度上也说明，由于受心理和文化素质的影响，女性游客比男性游客更喜欢文化、艺术之类的旅游事务。

从年龄上来看，文化旅游年龄跨度较大。其中 18 岁至 35 岁的旅游者占有 69.4% 的比例，说明乡村古镇文化旅游正好符合了年轻人求新、求异的心理，更能吸引这部分旅游者的目光。

从学历上来看，文化旅游者大部分是专科或者本科学历，占总数的 68%，然后是硕士生有 56 位，高中及以下的旅游者有 20 人，博士及以上的有 5 人，说明文化旅游者教育程度普遍较高，这也是他们能够较好地欣赏、领悟艺术作品的基础。

从职业上看，被调查者的职业较为分散，其中以公司职员较多，占总数的 45.6%，其次是学生，占总数的 21.3%，然后是艺术工作者，占总数的 15.3%，其余为科研人员、公务员、退休人员、自由职业者等职业。古镇艺术氛围和文化气息继续吸引着艺术工作者的青睐。

从月收入水平看，3000 元至 5000 元收入者居多，占总数的 34.9%，低收入者 1500 元以下的旅游者占总数的 13.4%，月收入水平在 1500~3000 元的旅游者占总数的 23.4%，5000~8000 元的旅游者为 18.4%，8000 元以上的旅游者占比 9.9%，说明文化旅游已经逐渐演变成大众旅游，不再是少数高收入者的旅游。另外由于样本中学生旅游者占有较大的比重，而学生一般无收入来源或者收入来源极少，因此月收入在 3000 元以下的样本超过总数的三分之一，相对较多。

从常住地来看，杭州当地的旅游者较多，占总数的 68% 以上，外地游客占总数的 32% 左右，外地游客比较集中，一般在长三角地区。

（二）古镇旅游者旅游动机与消费行为实证研究

（1）旅游动机因子分析

因子分析（Factor Analysis）是多元统计分析中一种重要的分析方法，最初由英国心理学家 C. Spearman 于 1904 年提出。该方法的主要目的是浓缩数据指标，通过对多变量的相关性研究，可以用假想的少数几个变量来表示原来变量的主要信息。通过因子分析，我们不但能够找到变量的基本结构，而且能够把数据进行简化，并可以进行方差分析、回归分析等进一步研究。本研究的因子分析主要是对文化旅游动机所进行的因子分析。首先进行 KMO 测度和巴特利特球形度检验（表 7-3），结果显示 KMO 值为 0.830，大于 0.8，统计量的显著性伴随概率（Sig）为 0.000，小于给定的显著性水平 0.05，说明相关系数矩阵不太可能是单位矩阵，变量之间存在相关关系，适合做因子分析。

表 7-3　KMO 和 Bartlett 的检验

取样足够度的 Kaiser-Meyer-Olkin 度量		0.830
Bartlett 的球形度检验	近似卡方	4234.810
	df	172
	Sig	0.000

研究表明，通过因子分析，文化旅游者等动机因子被提取为 5 大因子，因子载荷大于 0.5，从总体上看本研究因子分析在结果的提取上较为理想。根据本研究的最初构想与旅游动机的量表设计，提出因子归纳为休闲度假动机、文化体验动机、情感交流动机、艺术审美动机、乡村放松动机。

（2）方差分析

方差分析可以较好地解决因子之间的关联，利用方差分析，用于两个及两个以上样本均数差别的显著性检验。它的基本思想：通过研究不同变量的变异对总变异的贡献大小，确定控制变量对研究结果影响力的大小。通过方差分析，分析不同水平的控制变量是否对结果产生了显著影响。将影响旅游者的消费动机分别命名为休闲度假动机、文化体验动机、情感交流动机、艺术审美动机、乡村放松动机。通过对文化旅游者性别、职业、月可支配收入、成长环境和家庭结构等控制变量，对 5 大因子进行独立样本 T 检验或单因素方差分析（ANOVA），可以了解不同属性特征的旅游者在这 5 大类旅游动机因子的差异程度和显著影响。

从因素方差分析结果可以看出，"休闲度假动机"伴随概率 $P = 0.022$，大于因子的显著性水平 0.05，说明不同月可支配收入的文化旅游者在"休闲度假动机"上无显著性差异；"文化体验动机"与"艺术审美动机"的伴随概率分别为 0.005 和 0.000，小于显著性水平 0.05，说明不同月收入的文化旅游者在"文化体验动机"与"艺术审美动机"两大动机因子上存在显著性差异。通过分析可知，"情感交流动机"与"乡村放松动机"具有方差的齐次性，因此，可以运用 LSD 数据多重比较法来判断在不同的旅游动机因子下，旅游者不同月收入的差异性。

（三）廿八都古镇游客和从业人员深度访谈分析

古镇旅游是一种新型的乡村旅游文化业态，以乡村古镇景区：廿八都景区旅游的旅游者为主要研究对象，通过方差分析，识别不同人口学特征的文化旅游者在旅游动机与旅游消费行为上的差异，探讨影响文化旅游者消费行为的主要因素；同时，通过相关分析探讨廿八都古镇游客的消费动机与旅游消费行为之间的关系。

研究表明：游客旅游动机的 5 大因子为休闲度假动机、文化体验动机、情感交流动机、艺术审美动机、乡村放松动机。

通过实地访谈和调研了 10 多位从业人员和游客。

廿八都古镇内的业态主要分布在浔里老街。浔里街南至珠坡桥，北至关帝庙，两侧店铺总计 105 家（包含景点、民宅和在建店铺），区域内聚集着民宿、主题餐饮、特色小吃、景点、酒吧茶吧、工艺品店、商铺等多种业态。

调查结果显示，浔里街商业业态中商铺 19 家，特色小吃 17 家，在所有业态中占比最大，分别为 18.10 和 16.19%，而景区内酒吧只有 1 家，占比最小，为 0.95%；与业态数量不同，总建筑面积最大的是参观景点，占地面积为 3276 平方米，占景区总建筑面积的 38.34%，其次是商铺，占地面积约为 1007 平方米，占总建筑面积的 11.79%。

表 7-4　廿八都古镇商铺类型统计

经营类别	店铺数（家）	所占比例（%）	建筑面积（m²）	所占比例（%）
民宿	6	5.71	535	6.26
主题餐饮	11	10.48	676	7.91

续表

经营类别	店铺数（家）	所占比例（%）	建筑面积（m²）	所占比例（%）
特色小吃	17	16.19	730	8.54
参观景点	9	8.57	3276	38.34
酒吧	1	0.95	130	1.52
工艺品店	12	11.43	528	6.18
商铺	19	18.10	1007	11.79
商铺闲置	7	6.67	383	4.48
民宅	15	14.29	459	5.37
其他	8	7.62	820	9.60
总计	105	100.00	8544	100.00

1. 通过现场发放问卷和深度访谈调查发现，业态空间分布主要现象有以下几点。

一是业态种类单一，缺乏多样；业态低端，缺乏高品质，如业态主要是以低端餐饮为主，且同质化较严重，需要提升业态规划和业态准入。

二是业态空间分布无序，缺乏合理布设；旅游空间狭小，逗留时间短，如低端餐饮集中于中段，无法满足游客需求，需要业态空间合理分布。

三是业态以观赏性为主，旅游体验度较差，如江山文昌宫和农博馆等基本以游览为主，缺乏游客参与，无法实现古镇文化的深度体验，需要加强旅游业态的游客参与。

四是业态商业化较重，缺乏创新性和体验，主要以餐饮和商铺为主，缺少文化体验和休闲产品，如茶馆、咖啡吧、广场休息区等，需要业态创新和类型多样。

（1）民宿：主要分布在浔里古街的后三分之一区域，且整体住宿环境一般，风格类似，住宿业态缺乏特色。

（2）主题餐饮：主要分布在中后区段。

①餐饮业态缺乏创新性，市场定位不明确。除隆兴斋（它是《西游记》剧组人员拍摄点、CCTV《中国味道》《远方的家》拍摄点）具有一定的餐饮特色和营销手段外，其他餐饮大致雷同，店内装修风格类似，菜单内容也相

差不大，餐饮多以廿八都"八大碗"为主。

②店铺缺少营销手段，对游客的吸引力不高。

（3）特色小吃：景区内特色小吃的商铺较多，分布散乱，在整条街区内均有分布。

① 特色小吃主要是以铜锣糕、豆腐为主，尤其是铜锣糕，几乎每家餐饮商铺都有销售，业态同质化现象严重，容易使游客产生视觉疲劳，不利于廿八都特色主题餐饮的打造。

②网红小吃——古镇麻饼的店面小而杂乱，造成两大问题：一是地方太小，没有足够的场地施展表演，游客也没有地方静坐观看表演；二是古街本就不宽，一旦有游客在店铺前逗留，就会造成人群拥堵现象，这样造成的后果是游客流失，既对店铺的营业不利，又让游客对古镇的印象不佳。

③整条街道没有让人印象深刻的特色小吃店，游客购买率和停留率极低。

（4）工艺品店：主要分布在街道的入口区域和中后区域。

①工艺品种类杂乱，古董、陶瓷、饰品、手工艺品等都有涵盖，但是缺乏特色，过于大众化，无法展示古镇特点，给人留下的印象不深；

②工艺品给游客的体验性不佳，只有直接售卖的工艺品，不能提供游客体验性项目。

（5）酒吧茶吧：分布在古镇老街中间段。

①景区内酒吧茶吧极少，只有一家酒吧（红庭酒吧），且只在夜间开业，开业时间较短（一般晚上 9 点关门）。

②业态缺乏创新性，对游客的吸引力不高。

（6）观赏景点

景区内景点较多，分布在景区的前三分之二区段，但各景点缺乏创新，未设置廿八都特色旅游活动项目，对游客的吸引力不高。

（7）闲置店铺与民宅

景区内闲置店铺较多，民宅也分布在老街的各个区域，资源未得到合理的安排利用，整体感觉较为杂乱无序，体验性和观感度不佳。

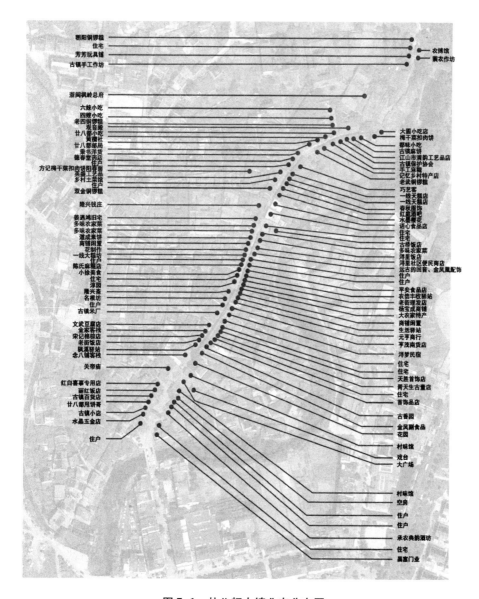

图 7-1　廿八都古镇业态分布图

2. 深度访谈结果分析

（1）某乡村客栈创始人

这场疫情很突然，把游客市场的节奏和生活的节奏打乱了。餐饮、酒店、旅游、娱乐、零售等行业首当其冲，中小企业未来可能会倒下一片，民宿市场有可能会重新洗牌，未来经济也一定会受到冲击，直接会影响到下半年的旅游以及各方面的消费。在应对措施方面，只能根据市场的变化而定，我们唯一能做的就是调整好自己以及所有员工的心态，让员工放心安心。生活本身都会有起伏得失，失去的是金钱，但是不能失了人心。厚德载物，留住这些忠诚能干的员工才是企业最大的财富。

（2）某商店老板

可能很多人说，旅游是大势所趋，是刚性需求，如果沉寂一段时间可能会井喷，也许 2020—2021 年我赚不到钱，明年可能赚更多。但我不希望这样子，游客忽多忽少其实对我们不好，我们没有办法进货或补货满足游客需求，我也希望我每天都能赚一点钱，（平均）天天都有客户会比较好。

（3）云七夯土房民宿老板娘

希望未来可以开连锁，将云七夯土房民宿打造成浙江夯土房的标杆，并且与周边民宿集聚，形成品牌效应。

民宿最大的问题就是招人难，人才留住难。懂电脑的年轻人很难留下来。目前考虑和技校对接，将技校的实习生、毕业生引过来。并且云七民宿处于起步阶段，家庭生活顾不过来。受限于自身水平，在排污问题上不专业，生活污水处理等需要政府介入。

（4）廿八都残联负责人

残联现在搞竹编，竹编店离景区入口比较远，2020 年开始运营。目前有三四个手艺人在做。一年没有多少收入，基本上靠政府补贴。廿八都镇旅游开发对残联竹编店的影响比较大，游客游览过来经常会进店看一看。疫情前生意比较好。经营收入基本用于给手艺人工资，给残疾人补贴。目前有做直播线上销售的想法。

（5）廿八都新街小超市老板娘

老板娘是本地人，1961 年生，初中学历。开着一家小超市维持生活，丈夫种田。位于新街的小超市基本上是本地人来买，游客集中在老街。老板娘利用自家闲置的房子开了旅馆，早些年的生意还不错。随着景区的发展，大的酒店高端民宿入驻，再加上疫情的冲击，旅馆基本上没有什么生意了。老街景区的发展对新街小景点的冲击较大。以前老板娘和周边好几家旅馆联合承包农家乐，疫情下没有客人，农家乐也就没有了。政府会对街道进行整改，发放花草植物摆在门口，村民自己养护，环境比以前干净。

（6）廿八都老街小吃店老板娘

女，30岁，本村人，未结婚。发展旅游前，家庭年收入11万，现在年收入15万~16万。前几年，发展旅游能吸引大量年轻人回乡创业，受疫情影响这几年非常少。老板娘觉得当地缺少大型活动，对景区宣传少。

（7）清漾茶室员工

女，本村人，在茶室工作3年。茶室目前通过清漾旅游业售卖茶水、糕点以及手工艺品等。景区的发展让生意变好，收入增加。也吸引了大量年轻人返乡创业，做自媒体或做一些小生意。

（8）清漾东篱下民宿老板

男，本地前村支书，之前收钢筋废品等，60多岁，孩子在广州工作。民宿连地下室共3层、8间房，房型各不相同。房子是干湿分离的工业风格。老板娘在大酒店做领班，有经验。民宿一间房将近400元一晚上。

（9）清漾生活驿站老板娘

女，本村人，在此居住5年。因为景区游客较少，外面商品摆放较少且不规整，延伸到了道路两旁，影响了交通。售卖商品的收入占家庭收入一半左右，老板娘认为景区与商店业态紧密相关。

（10）清漾售货点老板娘

女，本村人，在此居住8年。因为景区游客较少，外面商品游客观看多，购买的少。售卖商品的收入占家庭收入一半左右，老板娘认为游客与商店业态收入紧密相关。

（11）清漾土特产阿婆

女，60多岁，本村人。疫情冲击下，赚得比往年少，一个月一两千。平时一边开店，一边照顾孙辈。孩子在外打工。

（12）清漾居住的养老人士

男，上海人，61岁，妻子60岁。在此居住时间短，每年有半年时间在国外做住持。收入来源有卖画等。夫妻俩平时工作以画画为主，与游客基本没什么互动，偶尔购买附近村民的土特产。认为清漾文化做得不好，本地缺乏毛氏研究，文化断层严重，没有家风家训传承的意识。认为清漾应该设立毛氏研究中心、毛氏书院，通过书院讲学来留住文化。

商业是文化产业，经济由文化带动，政府应允许设立个人工作室，主营画画、戏剧、摄影。文化要有包容性。

（13）廿八都小巷人家老板

男，在此居住五六十年了，八大碗传人，高中毕业。发展旅游前，家庭年收入为 2 万元，发展旅游后，一年 3 万元左右。收入虽然增加，但生活并不富裕，饭店成本高，受疫情影响游客少。当地 WiFi 没有全覆盖。强制用广电，安装费过高，广电比移动贵。

（14）清漾竹编店阿婆

女，本村人，在此居住 70 年，76 岁，老伴 81 岁。家里孩子外出打工。即使高龄，但出于热爱，坚持编竹编。赚的钱基本能够维持生活。景区免费反而使游客停留时间变短。

（15）石门镇民宿老板娘

女，40~60 岁。夫妻俩原来均为富士康高管，因向往田园生活，相继辞去工作，来家乡发展民宿、农家乐。老板是本村人，老板娘是湖北人，家乡情怀浓厚。民宿为小学改建，占地 7 亩，目前没有营销，也没有专业团队管理。农家乐餐食均为自家种植和养殖。自己干的同时雇用当地人打扫卫生等。认为景区和民宿息息相关，应联动发展。

（16）仙霞关双平衣家菜老板娘

一家 4 口人。饭店开了六七年。老板娘 51 岁，主要经营餐馆和旅馆；老板 54 岁，油漆工，多的时候一天可赚 300 元。餐馆和旅馆都是自家房子。有钱的主顾往往不在小店吃饭，小店的利润没有大饭店高。餐馆的房子是二十几年前买的，原本是供销社的仓库，只有一层。旅馆自家住，留了一层作为旅馆。没有赶上政府补贴。仙霞关这边客人主要是杭州、上海以及本地人来玩。疫情以前一个月可以有五六千，中午忙的时候还需要请钟点工过来帮忙。

（17）仙霞关小摊店老板

老板是本村人，1960 年之前为养蜂人，交通网络便利之后，越来越多的人注意养生，养蜂行业慢慢发展。后来身体不好改行摆摊卖土特产，现在自己单干。买的人多数是中年妇女、老人等。发展旅游前，一年收入 2 万~3 万，现在受疫情冲击，景区没什么游客，生意不好。

（18）廿八都浔里饭店老板娘

女，20~40 岁，2013—2022 年创业，2019 年回到廿八都。丈夫在旅游局工作，自己开饭店、做微商。目前饭店为主业，其他为副业。副业有写稿、生产手工艺品，一年四季售卖的东西不同，主要针对老客户。目前有开民宿的想法。疫情影响下，客流量少。对旅游的发展还是持乐观的态度。

第八章　江山旅游和"两山银行"
融合发展研究

一、江郎山·廿八都旅游景区和"两山银行"融合发展模式

随着整体脱贫和全面小康目标的实现，我国"三农"工作重心已历史性转移到全面推进乡村振兴战略上。产业兴旺、生态宜居、乡风文明、治理有效、生活富裕等是这一战略的重点要求。

江山市为践行"两山理论"，专门成立江山市"两山银行"试点工作领导小组，组建工作专班，持续推进"两山银行"改革试点工作。2021年7月19日，江山市两山生态资源资产经营有限公司（简称江山"两山银行"公司）正式揭牌，实行实体化运营。特别是在夯土房（闲置农房）等具体操作方面，相关市领导高度重视，多次主持召开领导小组会议，听取专题汇报，深入项目现场，协调堵点问题。

从资源整合方面来看，"两山银行"的推行将闲置农村宅基地、闲置农房、集体资产等"沉睡"的乡村资源盘活，交由"两山银行"统一经营，产生一定的经济效益，实现生态资源向资产、资本的高水平转化。

（一）旅游资源重塑，夯土房变金民宿

江山市的夯土房分布广、有特色、可利用价值高，但因地处偏远、交通不便、缺乏推介等，部分夯土房已年久失修，甚至面临坍塌。江山市立足全国农村宅基地制度改革试点优势，确立以全域为范围、以乡镇为单位、以行政村为单元、以农户为主体的四级确权登记体系，从资料收集、权籍调查、数据勘测、数据入库再到审核公告、登记发证等多项程序，整合为"一图一库"，即江山市夯土房信息"一张图"和江山市夯土房确权登记信息"一个库"。目前全市共摸排出夯土房 3903 幢，总建筑面积逾 39 万平方米，其中可收储 506 幢，江山"两山银行"公司计划通过 3 至 5 年的努力，将 506 幢夯土房中的大部分收储开发运营，依托景区或集中打造运营实现资源再塑，价值再涨，实现百姓再富，城乡共建共富。

（二）夯土房集群开发，激活区域发展优势

与同类别的民宿产业相比，江山市夯土房集群民宿产业具有一定竞争力。夯土房集群是江山本地的特色建筑，具有鲜明的代表性，带有浓厚的乡土气息。夯土房的整体布局较为散落，主要位于江山市东部与南部，相互之间联系不便且集群位置较为偏僻，生活气息不足。同时江山高等级景区（廿八都、仙霞关和覆盖上等）均处于市郊外，自然环境优美，文化和旅游资源丰富，但休闲民宿业态缺乏。因此，江山市夯土房集群民宿产业既可弥补江山高景区住宿业态的不足，也可实现江山民宿助力乡村共同富裕。目前省内民宿基本都是单幢民居改造提升或民营资本投资的旅游度假区建设，无法形成集群效应，也无法实现乡村旅游助力共同富裕。江山夯土房集群民宿的开发是整体乡村的统一规划和建设，这种整体开发具有度假、娱乐、美食和乡村文化体验等多业态场景，具有其他地区民宿无法替代的全产业链民宿集群优势。

（三）多种模式发展，景区和乡村深度融合

采用江山"两山银行"公司自建自营、招商引资建设运营、乡贤或当地村民自建自营、多方共建委托运营、众筹建设运营以及集中分散综合共 6 种开发模式，在保留夯土房原貌的基础上，依托周边旅游景区和山水生态资源，协同开发生态旅游、运动康养等项目，以全域旅游为抓手，构建以"夯土房"等民宿集群核心品牌为主的地域特色公用品牌体系，建立夯土房民宿产品展示和实施发布中心。

通过夯土房民宿发展，江山可以积极盘活乡村资源，完善景区服务配套设施，促进农村集体经济的盘活，大力引入社会工商资本和市场专业人才，重点围绕文化旅游、夯土房民宿产业链，加大与央企、地方国企、有实力的民企合作，提高资源利用效益，推动乡村振兴。

二、"夯土房民宿"助力江郎山·廿八都景区高质量发展

民宿作为一种新型的非标准住宿业态，依托现阶段旅游业的飞速发展以及旅游住宿需求多样化，我国民宿行业迈入了高速发展阶段。目前统计数据显示，2013 年中国在线住宿市场交易规模已达 412.1 亿元。到了 2016 年中国在线住宿市场交易规模突破千亿元。截至 2017 年中国在线住宿市场交易规模增长至 1586.2 亿元，同比增长 26.8%。2018 年前三季度，中国在线住宿市场交易规模达到 1410.39 亿元，超过了 2016 年全年。初步测算 2018 年中国在线住宿市场交易规模将超 1900 亿元，达到 1901.8 亿元。据中国旅游与民宿发展协会数据，2016—2019 年我国在线民宿房东数量和房源数量均呈现逐年增长态势。其中 2019 年我国在线民宿房东数量为 40 万人，房源数量为 134 万个，为民宿市场的发展奠定了较好的基础。

在浙江，民宿已经不仅是一种生活方式，更被赋予了多重社会意义。统计数据显示，2018 年年底，浙江民宿已达 16286 家，仅客房直接收入近 50 亿元，解决了近 10 万农民就业问题。截至 2019 年年底，浙江登记在册的民宿近 2 万家，就业人数超 15 万人次，总营收超 100 亿元。我国民宿产业已经从单一民宿业到全产业链的发展阶段，已经完成从单一类型的民宿到生态民宿集群发展的转变。

江山旅游在前期以观光旅游为主的时代取得骄人的成绩，但休闲业态，尤其是民宿产业起步晚，通过这次江山夯土房集群民宿开发可以实现弯道超车，直接实现民宿产业发展第二阶段。夯土房的开发运营带动了扶贫消费、村集体增收，加速释放生态红利，提升了当地百姓的幸福感。农户或村集体凭生态资源储蓄单享有租金收益，保底分红每年不少于 3 元/平方米，条件较好的夯土房 20 年总收益可达近 10 万元。也可将储蓄单抵押给银行，凭借每年分红，获得信贷支持。村民还可通过夯土房就业增收，初步估算，当地 70% 的村民能直接受益于生态旅游服务产业链，周边村民也可通过外销农副产品、出售手工艺品等方式增加收入，预计全年可带动当地餐饮业、采摘

游、农副产品销售等收入 300 多万元。民宿项目实现村集体经济收入增长 5 倍多。

未来的江山夯土房集群民宿产业可以实现两大典型：一是依托高等级景区，如廿八都、仙霞关等景区，成为这些景区重要的休闲业态补充；二是依托自身的乡村田园风光，如箬山村，通过整村打造可以实现乡村民宿集群的二次革命，成为现代人度假休闲的梦想之地。

三、江山旅游和"两山银行"融合发展的典型案例

（一）江山保安乡箬山村

江山保安乡箬山村距离浙江省江山市区近 40 公里，空气清新，拥有 30 多座保存完好的夯土房土墙瓦屋，层层梯田环绕山村，尤为壮观。青箬笠，绿蓑衣，斜风细雨不须归。大山群中的箬山，夯着黄色土墙的农家藏在油菜花丛中。箬山，或许因箬多而命名，说箬多，其实也不算多，可能是老年间的事。竹林成片却实打实，所以这儿的水都是极具保健效用的弱碱性水。一到春天，处处都是油菜花。满眼看去，一片片黄色花海，自醉其中。

原本是无人问津的泥墙房，为何能华丽转身为乡村旅游的网红打卡点。箬山自然村海拔 560 多米，是坐落在仙霞山脉中的一个古村。这个三省交界的小村子属于浙西南仙霞山脉，三面环山，小山村内所有的建筑都是夯土房，其中百年以上的有 3 栋，年轻的房龄也在 50 年以上。2011 年，箬山自然村整村下山搬迁，保安乡政府出面，将 25 栋夯土房收归集体所有，统一修缮管理。2013 年，箬山夯土房被认定为江山市级文物保护单位。

引入杭州莫干山民宿的西坡集团，该集团是国内知名的乡村民宿头部企业，带着莫干山民宿"外来引领+返乡创业"的经营理念，"西坡江山"有着古朴而又现代的乡村风格。沿着大厅院前的小径一直往里走，依次分布着 3 座独立的院落，共 13 间客房，院落分别取名为"在溪边""在山间""在田野"。

为了保持乡村原有的味道，民宿在保留原有建筑结构的情况下于内部做了合理的布局调整，打造通透的咖啡厅，客房设计保留原有乡村老建筑年代

感，靠近接待中心的梯田区建造了一个游泳池，在泳池边可以俯瞰梯田、仰望星空。

在改建这些夯土房的过程中，为了呈现老村子最原始的状态，原有建筑中所有的木头、墙面以及框架都被仔细地保留了下来，甚至一些看起来与现代生活有些不匹配的设计也尽可能不去改变，比如，夯土墙上的小窗、矮门，还有狗洞。村民原先用来养牛的牛棚，变成长长的院廊；原先存放农具的棚子变成喝茶聊天的凉亭；休息大厅的一面土墙上，还细心保留着四五十年前的村民写下的毛笔字。修旧如旧的乡村风格与莫干山民宿一脉相承，吸引着大批上海、杭州等地的游客。

"西坡江山"还借助村里 80 亩古梯田打造连片的油菜花海，作为农耕体验区和景观区，吸引浙、闽、赣、皖 4 省边际城市的大量游客前来赏花、摄影、游玩，发展当地的美丽经济。通过雇佣当地老百姓参与农田管理，解决了荒芜农田无人打理的问题，满足城市游客的乡村农副产品购物需求，"西坡江山"还主动收购附近村庄农户家中的山茶油、红豆杉酒、菜籽油等土特产。

总结：夯土房变成金民宿

为了激活宅基地和农房资源，2019 年，保安乡政府通过江山市旅游发展有限公司，将 25 栋箬山夯土房、3332 平方米周边自留地转租给国内知名的民宿开发公司西坡集团，用于打造高端民宿，合约签订 20 年。总投资约 1 亿元的"西坡江山"项目成为"衢州有礼"诗画风光带 12 个产业项目之一，项目工程共分为两期建设，一期使用 9 栋房屋，13 间客房，占地面积约为 2365 平方米。通过股份合作模式，村民以闲置宅基地和闲置住宅为股本入股，经营主体开展运营，村民按股分红。由企业进行整体改造提升后，打造成为中高端休闲康养中心，实现统一运作，村民则按股分红获得收益。通过对夯土房的集中收购和统一开发，有助于村落统一经营和管理，也便于完整地给经营业主统一出租，实现夯土房资源转化为旅游资源。

（二）石门镇达蓬村小塘源

江山市小塘源云七夯土房民宿当年一经推出就预定火爆，充分发挥了

"山水房"协同转化优势。现今的丰硕成果得益于过去一年的努力。2021 年，江山市发布了国内首张夯土房资源储蓄单，在全国率先推行夯土房资源储蓄、分级定价、交易管理、收益分配、开发运营等一整套生态产品价值，实现闭环工作机制，制定发布夯土房民宿"标准地"工作指南，并创新推出全国首个夯土房共富"标准地"项目——小塘源云七夯土房民宿"标准地"，项目的建设产生了生态、经济、社会等多维度的积极效应，实现了"资源从农民手中来，资金回到农民手中去"，是"两山"理念价值转化的生动实践，也是加速实现乡村振兴和共同富裕的助推器。

在小塘源山谷间的溪流边，散落着 28 幢夯土房，建筑面积约 3000 平方米。由于村民下山搬迁，这些夯土房基本处于闲置状态，部分夯土房年久失修，濒临倒塌，这只是全市夯土房现状的一个缩影。为最大限度地发挥夯土房与周围山水自然资源的价值，江山"两山银行"公司深入调研，对江山全市夯土房资源进行摸排，确定 500 多幢开发价值较高的夯土房，并结合实际，推出了夯土房民宿"标准地"建设项目。江山"两山银行"公司通过完善基础设施，实现给水、排水、通电、通路、通信及净化、亮化、美化等"五通三化"，加大项目招引力度，吸引投资方开发运营夯土房资源。与江郎山峡谷漂流游乐项目的开发运营主体——浙江灵泉文化旅游发展有限公司签署协议，同步推进小塘源云七夯土房民宿项目开发建设。其中江山"两山银行"公司一期投资 1200 万元，用于改造提升包括道路拓宽硬化、管线铺装、通信设施等在内的基础配套，为夯土房权属人和投资方搭建平台，发挥桥梁、纽带作用，实现供需精准对接。

总结：根据地域环境，改造夯土房民宿

在保留夯土房原貌的基础上，重点依托周边旅游景区和山水生态资源，协同开发生态旅游、运动康养等项目，尽可能地发挥出夯土房与周围山水的自然价值，探索出一条"山、水、房"协同转化的道路。在保留夯土房原貌的基础上，对房屋主体结构进行修缮，规划建设了复式温泉房、娱乐休闲茶吧、餐厅等设施，结合周边的小塘源山谷漂流游玩项目、山地越野车项目和周边优美山水生态资源，让游客既能感受古村韵味、体验野外运动，又能舒适生活、享受优质服务，打造集"吃、住、玩、乐"于一体的旅游美地。民宿开业后，同步推出周边旅游体验项目的优惠活动，活动一经推出瞬间吸引了众多游客预定。

（三）上余镇李坪村

江山市上余镇李坪村，由江山"两山银行"公司投资建设的李坪古法红糖制作体验中心项目一期主体工程已完工验收。计划投资 800 万元用于建设李坪红糖制作体验中心，将红糖制作、衍生产品开发、商品展销等环节都囊括其中。这个项目建成投用后，可以把李坪村古法制糖工艺打造成标准化生产模式，然后申请相关的食品生产许可证，破除原先古法制糖无许可证、产量低、规模小、分布散、生产乱的发展瓶颈，对周边村民制糖形成集聚示范带动效应，促使该村红糖产业做大做强。建设的李坪红糖制作体验中心办公楼、连廊等内容的项目二期工程全部竣工后，将极大改善李坪村旅游发展环境。除了投资建设李坪红糖制作体验中心项目外，江山"两山银行"公司还针对李坪红糖产业探索出"三包三扩"的开发扶持模式。"包收"，江山"两山银行"公司将着力推进农村闲散土地流转、收储工作，扩大甘蔗可种植土地面积，同时以政策鼓励、技术支持农户扩大甘蔗种植规模，并负责收购甘蔗，将收购到的甘蔗交由李坪红糖制作体验中心制作；"包产"，江山"两山银行"公司授权产品加工企业将"包收"来的甘蔗，用于研发生产红糖系列深加工产品及衍生产品；"包销"，江山"两山银行"公司将利用母公司——江山市旅游发展有限公司现有的全域旅游发展优势和销售渠道，开展精准招商、落实销售主体，兜底销售红糖系列产品。"三扩"即充分发挥江山"两山银行"公司国资背景的社会资源与整合能力，通过科技赋能实现甘蔗亩均产量大幅提升、红糖产能扩大，通过融合实现销量扩大，通过融入全域旅游实现引流变现成果扩大。届时李坪村红糖产业便是将甘蔗变成了真正的"摇钱树"，预计年销售额可达 2000 万元，可带动 200 多人就业，吸引每年超 10 万人次旅游。

总结：两山银行助力乡村共富

江山市旅游发展有限公司通过主要负责的市级"两山银行"和生态资源市场交易平台运营工作，对分散资源进行整合提升，按区域、产业分类，策划形成集中连片的优质自然资源资产项目包，并行使产权收储、资源提升、资源测量、动态管理、资源价值评估等职权，旨在拓宽生态资源变资产资本的转换途径，加快构建生态产品价值高水平实现机制，加速发展现代农业、乡村旅游、健康养生等新产品新业态，提高资源综合利用效率。通过"两山银行"盘活乡村资产、夯实产业基础、提升产业环境等助力乡村行动，将有效提高乡村旅游资源转化利用效果，高质量旅游产业发展推动乡村共同富裕。

第九章　全域旅游高质量发展助力乡村共富的江山典型案例和启示

一、全域旅游高质量发展助力乡村共富江山十大典型案例

(一) 石门镇清漾村

清漾村是浙江省省级历史文化村，位于浙江省江山市石门镇南部，距江山市中心 25 千米。清漾村为江南毛氏发源地，清漾毛氏人才辈出，千百年来，出过 8 位尚书、83 位进士。2019 年 1 月，清漾村入选第七批中国历史文化名村；2019 年 12 月 31 日，入选第二批国家森林乡村名单；2020 年 8 月 26 日，入选第二批全国乡村旅游重点村名单。

村落被农田和低丘包围，如其他散落在浙南大地上的传统村落一样平凡而恬美。清漾村是浙江省省级历史文化村，江山市于 2007 年投资 1.2 亿元进行毛氏祖宅开发。清漾又叫青龙头，其北、东、南三面环山，林山葱茏，山岭蜿蜒起伏，曲折盘旋，犹如一条青龙，西侧田畴万顷，村庄则如一颗明珠，整个地理环境形成游龙戏珠之美景，东侧有古老的清漾塔，"文"字形的文川溪从村中穿过，魁梧的千年老樟树屹立在村头。

清漾村是个贵而不富的"进士村"，据详尽的史料考证，毛泽东韶山家谱中所记"毛氏祖居三衢"中的"三衢"，便是指清漾村。据说在江山市的所有人口中，毛姓占了将近十分之一，而距离江山市区 20 多公里的石门镇清漾古村是江山毛氏的发祥地，甚至还是整个江南的毛氏祖居地。清漾村与著名风景区江郎山毗邻，村口林木茂盛处高悬一瀑，是"剑瀑"，高 60 米，清泉悬空而下，甚为壮观；"剑瀑"侧有一天然石门，高 20 米，此为镇名之

138

由来。村中的清漾祖塔在20世纪80年代就被列为江山市文物保护单位；清漾村还存有"清漾祖宅"一匾，乃胡适亲笔题写。

清漾村的历史可以追溯到梁武帝大同元年（535年），始迁祖毛元琼由衢州迁入清漾村，在此繁衍，近1600年的历史中清漾毛氏家族以耕读传家，人文荟萃。如宋代的礼部、户部二尚书，又是音韵学家的毛晃、毛居正父子；受知于"三苏"的北宋著名词人毛滂；江山第一个状元南宋开禧年间的毛自知；曾任明代礼、吏、刑三部尚书的毛恺和近代国学大师毛子水等。《永乐大典》《四库全书》等典籍中收录的历代清漾名人著作为数不少，曾经到访过清漾并留下诗词的文人雅士也灿若星辰。有一种说法，清漾毛氏受益于这里的"风水"，还有"文峰塔"和"千年古道"，可谓"风水宝地"。

清漾村在发展食用菌产业基础上，利用本地优势，大力发展苗木产业。鼓励发展本地特色养殖，继续发展白鹅养殖、生猪养殖，推广温氏养鸡、鱼类养殖，逐步形成养殖规模。清漾村是一个历史文化旅游村，以此为契机，发展一批农家乐，开展农家乐培训班，带动第三产业的发展。清漾村以未来乡村建设为契机，围绕基础设施提升、业态打造、文化传承3方面，致力将清漾打造成基础产业"强"、乡村环境"美"、乡风文明"淳"、乡村治理"安"、农民增收"富"的共富未来乡村。清漾未来乡村建设核心区块共有67栋建筑，已征收7栋民房，租用7栋民房，用于第一期业态打造。庭院美化、道路铺装等项目有序推进，如目前几个比较大的业态项目清漾书院、毛家酱坊、木艺工坊等。清漾村以未来乡村建设为抓手，聚焦共富载体，重点提升村民与业态的黏合度，打造清漾辣椒酱工坊与"步步糕"工坊，实现"小作坊"转型升级，由村民种植辣椒、芝麻、大米等原材料，工坊统一收购，成为联农带富的典型。通过打造清漾书院、酒肆、木匠工坊、毛氏家宴、毛氏传习所等一批引领时尚的业态，提升了景区品位，满足了游客消费需求，助力村民增收致富。清漾村还将依托省廉政文化教育基地，深耕清漾的家风文化、清廉文化，以研学为主线，在清漾书院、木匠工坊中打造游客参与度高的沉浸式研学体验项目，与现有的毛氏祖祠、祖宅、毛子水故居等毛氏文化资源相衔接，形成一个覆盖全村的毛氏文化研学圈。

总结：通过文化铸魂、旅游聚气、村民聚财、乡村聚品，全村全域化，全民参与化等形式，清漾景区已经不局限于祖祠、祖宅这样的传统景点，而是通过融合生态、业态、文态和活态，实现了全村的景区化。

一是美化环境，打造美丽乡村。清漾村通过不断推进村庄环境美化、绿化、洁化、优化和多元化，使得景色丰富化、整治长效化，通过美丽乡村建设、五水共治、三改一拆、农房立面整治、垃圾分类整治、庭院美化等有力举措，村里每一条路和河都成为美丽的风景线，农户的房、院都成为风景点，村庄眼之所望，皆是美丽风景。如今清漾村不仅是游客不断的国家 5A 级景区所在村，还是村景怡人的浙江省 3A 级景区村。

二是发展业态，满足游客需求。没有乡村产业的发展，便如无源之水。清漾村通过引进扶持以红心火龙果、葡萄、枇杷采摘，中草药种植为主的第一产业，以农产品加工、古建筑砖瓦生产为主的第二产业，以农家乐、民宿、农特产品线上线下销售为主的第三产业，整合第一、二、三产业，丰富业态，延长产业链。同时积极引导更多的农村青年、返乡大学生回乡创业。如今，清漾民宿、农家乐达 11 家，旅游服务主体 20 多个，村民每年增加收入 200 多万元，村民在旅游经济发展中得到了实实在在的实惠。

三是繁荣文态，丰富旅游活动。文化即灵魂，以文化礼堂、文化活动中心、体育活动中心、村民休闲空间为载体，清漾村通过乡村村晚、婺剧演奏、快板、村歌村舞、农村书法绘画等多元化的形式，让村民享受丰富多彩的精神文化活动。毛氏文化节、家风家训展示、彩色墙绘、文明家庭、最美人物的评选等，让游客切身感受到清漾毛氏文化优秀的精神风貌和文明的乡风。

四是提高精气，提升全民共享。通过乡村旅游产业的发展，带动村庄百姓的精神面貌，焕发精气神。发挥村委会的带动作用，在党组织指导下，利用宗族关系，催生村庄百姓在乡村振兴过程的内生动力，实现村庄百姓和游客的共建共享氛围。

（二）廿八都浔里村

廿八都浔里村位于江山市南面，在廿八都集镇中心，当年因危山险峰护佑躲过了战火，得以存留。与小桥流水的江南古村不同，它具有深山古村的幽深雄浑之美。"不知道江南古镇里，还有哪个地方像廿八都镇浔里村那样成片成群，整条街道整条胡同，保存着如此完好的明清建筑。"著名作家汪浙成先生这样评说。

公元878年黄巢起义军久攻宣州不成，便在浙西仙霞岭开辟350公里山道，由浙入闽，攻取福建诸州。于是，留下了从浙西进福建的唯一古道和历史上著名的仙霞岭，同时也在这里留下了一个由古代北方退役军人和各地商人组成的移民小世界——廿八都镇浔里村。

集镇中极具代表性的36幢民居、11幢公共建筑，绝大部分在浔里村。沿着枫溪铺展开来，形成了近2公里的明清古街，其建筑风格融南北方风格为一体，集合了北方和南方各地建筑风格，是各地人们回望家乡、记住乡愁的地方。在这样的老街上行走，仿佛回到1000多年前。

廿八都浔里村地处国家5A级旅游景区江郎山·廿八都核心景区，依托高等级景区发展，是省级农家乐特色示范村。历史悠远，文化厚重，明清古街的建筑风格集浙式、徽式、赣式、闽式、欧式于一体，雕梁画栋，飞阁流丹，相得益彰。村里的古民居大多规模宏大、风格独特。姜遇鸿旧宅，是一座中西合璧的古民居，房屋建筑面积近2000平方米。旧宅中有天井36个，二楼各个房间都是互通的，四通八达。与姜遇鸿旧宅紧挨着的，是另一幢两层旧宅，两宅的高墙间成了一条长弄，人站在弄堂中间说话，便可听见回音，故称为"回音壁"。

古村里旧宅间的弄堂小巷多是石子铺就，而旧宅墙壁转弯处多呈圆弧状。在一些旧宅的院墙上，还留有一些时代痕迹，如"大跃进"年代的标语"鼓足干劲抓生产，放开肚皮吃饱饭"，门楣上"一心为公"等字样。但无论走进哪家旧宅，那围绕天井和上堂的牛腿、垂莲、窗扇、雀替、横梁、斜撑、槛门，无不是精工细作的浮雕或透雕工艺；雕饰集木雕、砖雕、石雕"三雕一体"的精美门楼，每座房屋又极少雷同。

位于浔里街北端的文昌宫，建成于清朝宣统三年（1911年），装饰豪华，气势不凡，是全镇最堂皇的建筑。门框上有4个门当，只有官员才可以拥有。一般来说，文昌宫只有县城才有。这反映了廿八都乡民一种强烈的祈愿：子孙学而优则仕。

文昌宫为三进三天井格局,左右为厢房,以檐廊联结。正殿为两层重檐歇山顶楼阁,四面飞檐出挑,高大雄伟。檐角边挂着的铃铛发出清脆的声响,和着鸟鸣声,仿佛从另一个时空传来。建筑内以精湛的木雕艺术和丰富的彩绘最具特色,所有的梁、枋、脊檩、天花板,均绘有山水、人物故事以及龙、凤、花鸟等图案 412 幅。令人惊奇的是,这些画历经几百年的侵蚀,竟然清艳无损。秉书洋货店、隆兴钱庄、女特工训练营、浙闽枫岭营总府,浔里老街经历了繁荣与没落,走过了荣光与沉静。全村只有 1500 多人口,却交流着 13 种方言,繁衍着 142 个姓氏,经常被当地人称为"百姓古村、方言王国"。村民至今传承祖先遗留下来的对山歌、跑旱船、踩高跷、牵木偶、滑石头等民间艺术。

置身浔里街,不仅能观赏到保存完整、规模宏大、风格迥异的古建筑群,欣赏"土味十足"的非物质文化遗产,而且还能了解百家姓氏,品尝各种特色菜肴和明清时期的药膳。

2008 年 4 月,廿八都古镇被列入浙江省重点建设项目,保护与旅游开发项目动工建设。项目规划面积 37 公顷,总投资 2 亿元,分三期建设,一期投资 7800 万元,重点打造浔里村"一口三线、七大节点和十三个陈列馆"的古镇景区浏览格局。2009 年 10 月,这座被列为国家级历史文化名镇、中国民间艺术(山歌)之乡的古村,开启了尘封千年的面容,笑迎八方宾客。

总结:依托景区发展村景合一

景村融合实际就是"景+村共建"的一种形式,通过乡村旅游资源的整合、改善村中景观,将各类有价值的旅游资源充分利用起来,与整个美丽乡村的建设融为一体,发展乡村旅游、生态农业,实现以农兴旅、以旅促农的乡村发展新路径。但由于各乡村在空间组织、社会关系、经济、结构等方面存在差异,"景村融合"下的山、林、田、景、产互为促进,生活、生态、生产三者彼此交融,相互依赖,突破传统农村的发展框架,从而使乡村的经济、社会、环境得到均衡和充分发展。但当前的乡村旅游往往追求短期利益,导致乡村传统沦陷、文脉断裂,旅游核心资源和景观环境被破坏的现象时有发生。而美丽乡村建设通过"五位一体"总体布局,可以构建富有历史记忆与社会记忆的乡愁乡恋、诗情画意的乡村地域场所。

因此，景村融合正是把美丽乡村建设与旅游景区建设融为一体的有效途径之一，以旅游景区的标准建设美丽乡村，并以旅游景区建设带动乡村发展，实现乡村景区化与景点化，从而达到乡村与景区融合协调发展的目的。乡村是一个整体、有机的系统，通常包括自然生态、经济生产和居住生活三个部分，且这三个部分彼此依赖、互相融合。乡村性是乡村旅游的本质特征，乡村历史积淀形成的独特、古朴的文化和物质遗存，既是美丽乡村的灵魂，同时又是乡村旅游的主要吸引物。

美丽乡村建设的重点在于实现村庄生产、生活与生态的和谐发展，而乡村旅游业发展主要体现经济、社会、文化和环境四大功能。景村融合将景区与乡村看作一个系统，通过系统内各方利益协调和资源优化配置，达到乡村经济、社会和环境的协调发展。景村融合的核心是构建空间互应、资源共享、要素互补和利益互显的共同体。

（三）清湖镇和睦村

位于江山市中部，在市区西南 13 公里，隶属清湖镇。清湖，唐代设乡，宋称十五都。为钱塘江上游进福建的最后一个可通行大帆船的码头，是京杭大运河船舶的终点。旧时，清湖镇上帆樯林立，"万商云集，百货星罗"；仙霞古道上，"攘往熙来，络绎不绝""士大夫接迹于途"。清代重新兴起的土陶制作，是和睦村的传统产业。兴盛期建有土窑 100 余座，产品有烧锅、汤罐、泥烙壶、箸笼、线瓦、火缸等，年产量 45 万件，经仙霞古道和古航道，远销闽、赣、皖、粤、湘、沪等地，闻名遐迩。20 世纪 70 年代，在和睦村周围数公里范围内，发现古陶遗址 11 处。采集的标本有印纹陶、着黑陶、夹砂陶、原始瓷等。其中，着黑陶是极具特色的器种，经中科院上海硅酸盐研究所测试，其化学成分和烧结温度与原始瓷相一致，证明原始瓷由着黑陶发展而来，始于 4000 年前。同样也证明，新石器时代，这块土地上已有人类繁衍生息，并在由陶向瓷演化的进程中做出了贡献。随着现代生活用具的普及，陶器皿销量逐步萎缩，和睦土窑失去了昔日的辉煌。直至 2006 年，引进仿古彩陶生产工艺，传统的古陶村又焕发出新的生机。

近年来，和睦村人勇于创新，在保留原有土陶制作的基础上，引入了彩陶制作技术，古老的制陶业焕发出了勃勃生机，和睦村也成为浙江省唯一以陶文化为特征的文化村落。走进和睦新村顿觉眼前一亮：整洁的水泥村道，道路两旁花草点缀、绿树成荫，篱笆围成的小院子散发出古朴的农家气息。入村广场旁竖立着一块气势恢宏的陶文化展示牌，还有那散落在村落里的一个个原始土窑，无不透露出浓浓的文化氛围。和睦彩陶文化村人文资源深厚，至今保存着原始的陶器生产工艺，被专家考证为国内最大的原始制陶基地。随着市场的发展和变迁，古老的制陶业逐渐衰微。为开发展示彩陶文化，市委、市政府加大投入力度，及时引进彩陶制作工艺技术，启动彩陶文化村项目，重点建设陶文化陈列室、农耕文化陈列馆、土窑烧制实验区等。彩陶的引入让传统的土陶制作工艺得到传承和发扬，依托陶文化开发旅游业，也让当地百姓得到了实惠。

总结：彩陶艺术和旅游相结合

将彩陶艺术和旅游纪念品相结合，研发出各种各样的旅游产品，是旅游业发展中主要的一种文化应用现象。随着旅游业发展，各种各样的体验项目越来越受到人们的喜欢，彩陶艺术不仅有观赏价值，还有互动的体验价值，具有更远更合理的发展效果。在彩陶艺术与旅游结合过程中，可以充分结合其艺术价值，提升江山和睦村的艺术品位。

（四）廿八都镇兴墩村

廿八都镇兴墩村位于廿八都镇东部，森林覆盖率为 94.5%，每立方厘米空气中负氧离子含量达 1.4 万个，是天然氧吧和世外桃源。该村是浙江省唯一一个以南方红豆杉为主要树种的野生植物保护区。兴墩村有耕地面积 925 亩，山林面积 16410 亩，其中竹林面积 4942 亩，被称为"竹林公园"。兴墩村中心海拔 630 米，岭头自然村海拔 700 米。境内最高峰为老鹰头尾。

兴墩村，位于廿八都古镇东部，2013 年兴墩村成功创建"中国幸福乡村"，2013 年 10 月被国家林业和草原局等部委授予"国家生态文明教育基地"称号。2017 年被评为国家 3A 级旅游景区。兴墩村全村人口 1379 人，80 岁以上老人 65 人，90 岁以上的有 8 人，高龄老人比例达 4.71%，是一个远近闻名的长寿村。2017 年，兴墩村着力改善提升村庄人居环境，邀请专业人士对兴墩村的建筑装饰与空间美化进行设计和建设，建有薰衣香舍、红豆山居、岭上云间露天茶座等多处建筑小品，着力改善提升村庄人居环境。全村范围共有农家乐（民宿）48家，可提供客房225间，床位450张。其中的薰香舍民宿被评为浙江省四星级农家。高山蔬菜、薏米、农家豆腐等农特产品可让游客尽享当地的乡村美食。

兴墩村旅游资源丰富，兴墩十景包括红豆杉群、戴氏宗祠、安民关口、桐乌古道、八姐涌泉、新兴古寺、造纸作坊、沙帽瀑布、高栏梯田、深林竹海。青山绵延，茂林修竹，从市区往西南方行60公里，便到了有"枫溪锁钥"之称的廿八都镇。800多米的海拔，一片绿意，苍茫竹海，激流小溪，山风习习，好似漂浮在一片碧海之上。

村子里，房屋鳞次栉比，家家门不闭户。逆着清澈溪流而上，山路一侧20多米高的百年红豆杉树，高大挺拔，遮天蔽日，三三两两散落在山路两侧。苍老而又遒劲的树干直冲云霄，比散落在田野里的白杨树高贵得多，又比那路边的梧桐树多了些灵性和英气。

在红豆杉树分布较为集中的岭头自然村，路口就能看见郁郁葱葱的树木。南方红豆杉、柳杉、勾栗树等18株大树分布在村落的半山腰，树龄均超过了200年，一棵560年的柳杉，需要四五人才能合抱。每年到了12月，红豆杉树上便会结出一串串红彤彤的红豆果，外红里艳，成为一道亮丽的风景线。

兴墩人有自己的方言，腔调和廿八都话又不相同。原来，早前兴墩村一带叫作儒家墩，是通往福建的要道之一。相传，北宋年间，名将杨业之女杨八姐去福建，经过此地时，战马在路旁停下要喝水，杨八姐便拔出宝剑，插入一侧的山崖中，清洌的泉水不断涌出，哺育山林树木。至今这个位于岭头的千年水源还在浇灌着百年古树。

红豆杉树是戴氏祖先带过来栽种的。《儒家墩戴氏宗谱》中详细记载了"吾族之先由闽汀而迁江分儒家墩、岭头、张家源三派""吾族自纯章、其恺二公肇迁江山"，江山兴墩戴氏的祖先戴纯章、戴其恺，在宋代从福建汀州迁移过来。江山历史名人戴笠和兴墩村也有渊源。

在兴墩村会忘却时间，农舍草棚，甚至田野一条小径，都让人流连忘返。

红豆杉树下，老人在躺椅上，听着微风，享受着阳光，慢慢哼着小曲，拂动绿叶，大自然奏响旋律。兴墩村有着与世无争的宁静，有着叫人流连忘返的安逸，积淀千年的村落文化，在如今浮躁的社会激流中，淳朴得让人迷醉，是个净化心灵的好去处。

兴墩村最有名气的，莫过于岭头自然村和雪岭次原始森林的南方红豆杉群保护区。它以国家一级保护野生植物南方红豆杉为主要树种，总面积有 40 平方千米，海拔 750 米至 820 米，散落着南方红豆杉树 100 多棵，其中树龄超过百年的有 49 棵。近年来，兴墩村的红豆杉群引起越来越多人的关注，有不少人特地赶来和百年红豆杉树合影。

几百年来，兴墩人对古树的保护可见一斑，他们认为正是得益于树神的庇佑，村民才能安居乐业。为更好地保护这些红豆杉古树资源，镇村先后投资 40 多万元开展保护工作，建立了南方红豆杉群保护区，积极创建国家级生态文明教育基地，细心照料祖辈传下的"宝贝"。

廿八都镇要打好生态、人文两张金字招牌，把红豆杉群保护区建成国家级生态文明教育基地，为加快旅游业发展提供良好的资源支撑和生态保障，让游客在"寻梦之旅"中获得自然美和人文美的体验与享受。充分利用廿八都得天独厚的生态资源，打造浙闽赣三省边际文化旅游名镇和生态休闲旅游目的地。

总结：海拔高度优势决定度假长寿旅游发展

独特的地理位置、优越的气候气象和富含微量元素的土壤是兴墩村物种丰富的主要原因，森林覆盖率为 94.5%，比江山平均覆盖率高出 10.5 个百分点。进而又促进了植被多样、野生动物种类繁多、气温适宜、负氧离子丰富、空气清新的良性生态循环。兴墩村适宜的海拔高度、茂密的森林植被、高浓度的负氧离子浓度、长寿基因老人的延续，决定了兴墩村独特的长寿度假休闲旅游发展方式。

兴墩村以生态保护为基础，以长寿资源和疗养度假资源为依托，充分挖掘当地的农耕和民俗文化特色，以康养文旅开发为龙头，以改善旅游基础设施为突破口，力争打造一处集保健疗养、观光游览、休闲度假、科考健身于一体的康养旅游目的地。项目集长寿旅游资源开发、长寿生态环境保护、共同富裕工程为一体，不仅有利于旅游度假区生态环境改善和长寿资源的有序利用，而且为当地农民找到了一条致富之路，以旅游共富助力兴墩村产业结构升级，有利于环境效益、社会效益和产业效益的产生，实现乡村振兴和共同富裕。

（五）大陈乡大陈村

大陈乡大陈村位于江山市西北部，距市区约 10 千米，是大陈乡的中心村。全村现有人口 1293 人，580 户。共有耕地面积 918 亩，其中水田 783 亩，旱地 135 亩；村地面积 3885 亩，园地面积 1510 亩。省道贯村而过，交通便利。村内拥有载入世界历史地图的天然溶洞"龙嘴洞"。

这个拥有 600 年历史的古村落，被近代著名史学家、鉴赏家、书画家和法学家余绍宋（樾园）誉为"十里环山皆松树，天下应无第二园"。古村落的建筑大多建于清代，以徽派建筑为主。村庄依山傍水，房屋鳞次栉比；里巷村道青石铺缀，曲径通幽；公共建筑恢宏大气，民居结构细巧精美。现保存的古民宅、古祠堂、古戏台等古迹 111 处，其中明、清时代的古建筑 75 座，青石路 3000 多米。现已公布为省级文物保护单位 2 处，市级文物保护单位 19 处，文物点 59 个。其中以大陈汪氏宗祠、汪汉滔旧宅为主的一批古建筑更是充分展示了大陈汪氏文化的魅力。2012 年 6 月 18 日被浙江省政府授予省第四批"历史文化名村"。

2021 年 12 月获评国家 4A 级景区，近年来大陈村先后荣获全国生态文化村、中国十大最美村庄、中国村歌发祥地、全国第三批美丽宜居村庄、全国闻名村镇、江山市和谐新农村、江山市首批中国幸福乡村等多项荣誉，2017 年更是获得浙江省 3A 级景区村、浙江省休闲旅游示范村的称号。《妈妈的那碗大陈面》和《大陈，一个充满书香的地方》两首大陈村歌，荣获"中国村歌十大金曲""中国村歌十佳作词"等大奖。

走进大陈村，马头墙、走马楼、木雕，一草一木皆成美景。古街道以青条石铺筑，店铺前后坊阁林立，巷弄纵横交错，桥、坊、阁、堂布局有序。汪氏宗祠是为纪念先人，于康熙五十三年（1714 年）始建，同治二年（1863

年）重修，占地 1100 平方米。祠堂位于村落西北部，气势宏伟、布局独特、用材讲究、精雕细镂，是江山市祠堂类古建筑的典范，为省级重点文物保护单位。内部由门楼、厢楼、正厅、厢房、后堂组成。

大陈村秉承徽商崇德尚文、诗礼传家的传统。近年来，更是加强文化融入，充分挖掘、传承和发扬"麻糍文化""古祠文化"，打造乡村生态旅游。大陈村也是"全国村歌发祥地"，不仅带动了周边村落的村歌创作，还激起了当地村民保护传承传统文化的热情，成为江山市古村落文化保护和有效传承的典型代表。

在完善全科网格的基础上，该村还推出了"党群一家亲"的党建"1+7"工作机制。党员连心"1+7"，由 1 名党员联系 7 户农户，全村党员与农户分别结对互助，做到党员联户全覆盖。通过党员挨家入户听民声、察民情、解民忧，以优质高效的服务密切党群关系，实现党群心连心。开展支部服务"1+7"，大力开展"不忘初心、牢记使命"主题教育，组建党员志愿服务队，参与服务中心、服务大局、服务群众的大潮，通过打造"党建+好班子、好门路、好服务、好山水、好乡风"，从而实现"好乡村、好幸福"的乡村振兴新格局。

大陈村在江山市率先开展了"清洁家园"行动，从一把笤帚起步，村两委干部带头扫，发动党员接力扫，鼓励全体村民跟着扫，通过打扫卫生，大陈村成了远近闻名的"清洁村"。大陈麻糍文化节在每年农历十月初十举行，起源当地民间秋收后庆丰收祭拜天地的仪式。该节日由原先的"老佛节"演化而来。现如今，已变身为内容丰富的村民大舞台，麻糍擂台赛、威风锣鼓、民间坐唱、歌舞表演等精彩节目轮番上演，吸引着八方来客。

大陈村，一个距离江山市区西北 10 千米处的小村庄，因村歌闻名，以文化兴村，使古村落焕发出新的生机。随着"中国村歌发源地""中国十大最美乡村"、国家 4A 级旅游景区等荣誉接踵而至，大陈村已成为江山全域旅游建设的一个新样板，游客纷至沓来。在这样的环境下，一座结合传统文化以及体验乡村田园生活的旅游综合体应运而生。

大陈村围绕"打造文化大陈·建设幸福乡村"目标，充分依托本村文化优势，注重发挥文化在宣传教化、引领风尚、凝聚人心等方面的积极作用，通过推行"文化治村",推进基层治理,使一个原先的落后村转化成为远近闻名的先进村,先后获得一系列荣誉。大陈村党支部在党建的各项工作中逐步形成了"绿色发展·红色保障"的格局,党建文化日益浓厚。结合"四个平台"建设,深入推进基层治理"主"字形架构和"四大五+"的顶层设计,在做实"底线"上下功夫。

大陈村依托丰富的历史文化底蕴,坚持创新与传承并重,在深入挖掘传统历史典故的基础上,创作了两首村歌,弘扬了孝道文化和重教文化。大陈村在村领导带领下,深入乡村文化资源,调动全体村民参与乡村文旅活动,通过村歌的形式,扩大大陈村的品牌影响,形成了一个田园度假休闲的新型乡村旅游度假目的地。

（六）碗窑乡碗窑村

碗窑乡碗窑村在村两委的带领下,获得了各项荣誉,2011 年 1 月《碗窑美》村歌获中国十大金曲奖。获浙江省级荣誉的有 2006 年浙江省农家乐特色示范村、2010 年浙江省特色旅游村、2009 年浙江省兴林富民示范村、2010 年浙江省绿化示范村、2010 年获浙江省科普示范村等 5 项。获衢州市级荣誉的有 2009 年衢州市十大魅力农家乐、2009 年衢州市五好村党支部、2009 年衢州市民主法治村、2011 年获衢州市妇联基层组织建设示范村、2012 年衢州市示范便民服务中心等 5 项,并多次获得江山市级的各项荣誉。

碗窑乡碗窑村休闲旅游资源十分丰富,有国家大型水库碗窑水库、省级重点文物保护单位达河古窑址群等。碗窑,以宋代百座古窑而得名,以十八里月亮湖而扬名,更以多元素原生态农家乐而驰名,堪称吃在山中、游在水中、采在园中、住在林中、乐在其中之休闲胜地。从江山市区出发,穿彩虹桥,越江衢路,迎须江溯达河,8 千米长的江碗林荫大道,白杨林立,遮空蔽日,无论是驱车穿越,抑或是徒步缓行,都犹如穿行在一条如封似闭的森林隧道。途经虎形山,便是全长 2000 米的达河绿色走廊了。这里绿柳低垂,红杏含笑,茶梅、罗汉松、红叶石楠等乔灌花木错落有致,多重复式的人工美景,暗香袭人的曲径步道,常常让钓客、游人流连忘返。波光潋潋倒映月,荷叶田田青照水,是对达河 80 亩荷花水面的情景写意。每当飘香 5 月,荷叶承珠，莲花竞放，达河顿时成了凌波微步莲世界、淤泥不染花海洋，那种飘逸出尘与高贵脱俗的婀娜，吸引了众多省内外书画摄影爱好者慕名前来观光采风，更有那些即将踏入婚姻殿堂的痴男情女也纷纷到此定格人生最美丽的瞬间。

坐落在碗窑村的社山森林公园，是一座独立的全坡小山，面积 16 亩。它三面环路，西边临河，状如出水伏龟，近 50 年的自然演绎与封闭式保护，使得社山郁色苍茫，葱翠欲滴，山上林木森森，树种针阔相间，林间几无杂草，经过适度人工干预，仿古亭台若隐若现，鹅卵小道曲径通幽，俨然一个今古合一、浑然天成的绝佳休闲氧吧。

碗窑村不仅有青山如画，更有秀水如歌。因境内气候温和、雨量充沛，加上群山环绕、沟壑纵横，十八里主集雨纵深，水系密布发达。在如削的峭壁处，石苔青青，滴水莹莹。半山腰处，山涧清泉飞流直下，浪白如练，垂丝如帘，当与岩石碰撞时，溅起的水花犹如珠落玉盘，升起阵阵水雾，凉气袭人。在大小卵石错落、桃花细柳掩映下的山溪，蜿蜒时如绵如柔，平滑时如镜如绸，激扬时如烟如雾。在金龙水库源头，水色宛如翡翠，说它是碗窑小九寨一点也不为过。

"十万青山重叠翠，百万秀水轻扬波。条条通道荫蔽日，村村庭院绿婆娑。柳岸荷塘迎画客，白鹭鱼儿竞逐波。桃李暗香催人醉，农家味醇饮者多。"这首出自碗窑文人笔下的赞叹诗句，道出了江山市碗窑乡碗窑村的无限景致。

碗窑村周边遍布 100 多处唐、宋、元古窑址群。考古发掘证实，碗窑已有 3000 多年的历史文化，所生产的青白瓷达到了"薄如纸、颜如玉、声如磬"的境界。碗窑古窑址还被《中国陶瓷史》定名为江山窑，是省级重点文物保护单位。1967 年出土的 6 件春秋铜编钟，现藏省博物馆内，它是目前浙江出土的唯一成套编钟。

碗窑美，美在那山那水。碗窑水库又称月亮湖，是国家水利风景区。月亮湖有 7 大湖湾，24 岛。岛屿大小不一，形态各异，58.77 公里的湖岸线迂回曲折、极富变化。湖面开阔，山川秀美，空气清新，炎暑清凉，有"水上天然氧吧"之美誉。

碗窑美，美在农家。碗窑村依托古瓷文化底蕴、月亮湖生态资源，打造了"渔家乐一条街"。这里保持了原汁原味的农村风貌，亦农亦野的农家风情。这里是吃货的天堂，短短 700 米的街有 6 家农家乐，到了周末，生意十分火爆，在这里吃饭，经常会碰到相熟之人。

碗窑特色农家菜，"水库胖头鱼""神仙豆腐""酒糟蛋""饭团果"等都体现了碗窑悠然自得的养生文化特色，碗窑村的农家菜有种魔力，吃上一次就会对它念念不忘。

总结：生态基地，全域发展

1. 注重生态环境底色，强化旅游环境美色

以游客中心、瓷艺馆、达河老街等场所为点，以主次干道、河道沿线、背街小巷为线，结合集镇周边、农场周边、山林周边等，点线面推进景区镇内环境卫生优化。保护和修复达河老街，将瓷、水、田园 3 大主题融入，利用废瓷、废模具、山上竹枝及拆除的建筑垃圾，装点小品、围墙、菜园、道路等，保存古房、古街、古桥的历史记忆，展现千年瓷乡的独特韵味。实施"渔家乐一条街"提升改造项目，以粉墙黛瓦为主基调，将瓷元素、碗窑融入标识标牌、灯杆装饰、景观建筑、店招美化中，通过坡屋面、回字纹、雕花窗等，展示浙派新中式建筑风格。

2. 注重旅游公共设施，强化游客旅游服务

优化交通出行。实施集镇道路"白改黑"工程，新增语音系统 3 套、停车位 35 个及停车场 3 处。更换江碗线路灯，提升夜间灯光秀，亮化江碗沿线入村口牌坊、桥两侧灯带、入乡口电塔，焕发一江两岸夜景魅力。优化基础设施。改造乡自来水厂，新建垃圾中转点，提升通景公路，整治公交站点，翻新公厕等。优化文体设施。改造提升达河休闲广场、公园、灯光篮球场，增设休憩亭、公厕、体育器材、儿童娱乐设施，完善凤凰移民陈列馆、农耕博物馆，满足居民和游客的休闲运动所需。

3. 注重旅游产业发展，强化旅游共富效益

打造串珠成链共富产业带，串联起凤凰移民示范点、江山港治理示范点、达河一米菜园示范点、府前湖羊养殖基地、碗窑农家乐、月亮湖坝区等村品特色。积极培育非遗文化，保护发展民间艺术，如民间坐唱班、腰鼓队、排舞队、稻草人编制手艺班等，丰富农闲体验服务。丰富瓷器展览、瓷艺文创、瓷史研学，开发绿道骑行、滨水露营，升级农业观光采摘、农家乐美食文化、精品民宿体验及特色农产品推荐等。

（七）四都镇埠头村

江山市四都镇埠头村被纳入杭州—衢州山海协作扶持村庄，经过多年的努力，从村容村貌的提升到村庄产业的发展，整个村庄发生了巨大变化。"看见春天，'郁'见山海"公益活动为埠头村送去的 3000 颗郁金香种球也种植在了村庄的各个地方，它们将见证山海协作之花在 2022 年的春天继续绽放。被纳入山海协作帮扶村庄，是埠头村焕然一新的开始，也是埠头村真正开始发展的绝佳机会。在以前，几乎家家户户搭建钢棚，乱搭乱建的现象屡见不鲜，村容村貌并没有被当地民众所重视。而之后，在帮扶干部与当地干部的合力整治下，埠头村拆除整治农房 267 宗、围墙庭院 25 宗，拆除整治面积 10000 多平方米，这就为之后村容村貌的改变奠定了重要的基础。在江山市四都镇党委、政府的支持下，埠头村借助 425 万元山海协作帮扶资金，先后完成党建墙绘工程、村主入口景观节点改造提升工程、橘园观光栈道工程、生态停车场等村容村貌改造项目。

现在的埠头村正以崭新的面貌出现在大家面前：走在路上，风吹稻田摇曳，虫鸟和鸣，从村口"大美埠头"的牌坊进入，农房上橘子主题的墙绘十分醒目。路过正在修建的新文化礼堂，穿过生态公园与停车场，就可以登上橘园观光栈道，与可爱的柑橘吉祥物玩耍，远望整个村庄的橘林。仔细一瞧，还能看到庭院前小橘子样式的花盆中彩色果实点缀，门前溪水潺潺，好一个江南橘乡。

埠头村有着近 70 年的柑橘种植历史，全村传统种植柑橘 1000 余亩，柑橘一直是该村的主要产业。埠头村通过向上对接，争取资金、资源，以"宜居、宜业、宜游"为发展目标，结合村庄柑橘文化，打造橘香特色的美丽乡村。聚焦于"定方向，打品牌"，重点是打开柑橘市场，初步形成产业氛围。以前种植的椪柑总体效益较低。前几年实施精品园项目，改种"红美人""葡萄柚"等品种。在柑橘精品园二期的基础上，埠头村实施了精品园三期项目,将淘汰的 30 亩低效园地种上价值更高的"红美人",而怎样将味美多汁的"红美人"推广到更多地方,成了重中之重。为了拓宽销路,埠头村对接了江山市农业农村局,并与"群雁村播"平台合作,乘着电商直播的风潮,四都镇埠头村聚集了 11 位群雁村播主播和电商直播主播,在 2021 年 11 月下旬举办了电商直播活动。这次线上直播活动共卖出柑橘精品园首批结果的"红美人"柑橘近 3000 千克,总浏览量 10 万多人次。种植柑橘带动周边配套产品销售,拓宽市场广度,带动埠头产业发展。目前,已完成打造的柑橘精品园一期、二期项目为村集体带来约 50 万元的收入,该项目的实施不仅为本地村民提供了就业岗位,还成功吸引上海客商入驻,扩建柑橘种植基地,形成连片效应,为之后的埠头村柑橘产业发展拓宽了思路和道路。

在此基础上,为了进一步扩大现代农业规模,通过实施柑橘精品园三期工程、柑橘产业基地招商项目,形成连片效应,实现柑橘产业全面升级转型,为埠头村的柑橘产业增添更多色彩。以促进产业融合为目标,将柑橘种植、加工、服务深度融合,把埠头村打造成为产业强、品牌旺、农旅盛的乡村振兴示范村。

总结:电商发力助力农产品销售

1. 夯实乡村环境,助力乡村旅游。埠头村经过这些年针对乱搭乱建现象的整治,村容村貌得到很大提升,乡村重新焕发了生命力,乡村风貌、乡村民俗和乡村环境为乡村旅游发展奠定了良好基础。

2. 电商助力,科技赋能产业。埠头村准备与电商企业加强合作,注册新品牌,助推柑橘产业全面升级,让"红满橘香"成为埠头的金名片。

3. 农旅产融合,全面产业发展。通过山海协作的鼎力支持,为埠头村的柑橘产业发展注入了新活力。埠头村以柑橘为中心,打造柑橘产业村,将整体进程分为产业培育、产业延伸和产业融合 3 个阶段。

4. 红满橘香,主题研学之旅。旅游项目是埠头村"红满橘香"乡村振兴示范带项目之一。抢抓机遇,深化实施乡村振兴、"融衢接杭"战略举措,以土地整改为契机,通过资源整合、低效橘园改造,以党建活动、研学观光、民俗体验为特色,谋划突出打造一批"红满橘香"乡村振兴示范带项目,包含建设美丽庭院、红满橘香研学基地等多个具有埠头特色的文化项目。

（八）贺村镇耕读村

贺村镇耕读村整体地势西高东低。背倚西面海拔 300 米、绵延 1000 多米的大石山，面对波光粼粼的 10 万平方米的湖塘水库和小坑水库，江山市区至耕读仅半小时车程。总体呈带状分布。先后被浙江省、衢州市、江山市命名为浙江省绿化示范村、衢州市全面建成小康示范村、江山市十村示范百村整治先进单位。2010 年被江山市委、市政府命名为首批"中国幸福乡村"。2019 年 12 月 25 日，国家林业和草原局评价认定贺村镇耕读村为国家森林乡村。2015 年，江山市贺村镇耕读村创建为省级 3A 级景区。

江山市贺村镇耕读村是人才辈出的钟灵毓秀之地，耕读文化更是历经千年传承的宝贵遗产。村庄内峡口水库西干渠串起农户，海棠湖（湖塘）怡养天地灵秀，五旗山连绵起伏，与对面的大石山遥相呼应，石头成仙，树林绚烂。村口，香枫、古樟如有声韵部，飒飒风响，荫佑着耕读人。漫步在耕读村海棠湖畔，碧波荡漾，绿树掩映，亭台楼阁，错落有致；果树林里，枇杷、杨梅等时令水果挂满枝头；篱笆园里，辣椒、黄瓜等有机蔬菜缀满藤架。游客或惬意信步，或体验采摘，或安然垂钓，或摇橹泛舟。山水相依，宜居养性，好一幅秀美山水画卷。

耕读村依托核心景区秀美耕读景区的发展，景区品质引领迅速带动整村经济发展。可谁能想到，2008 年以前的耕读村是远近闻名的"水泥村""养猪村"。那时的天空浓烟滚滚，粉尘弥漫，家里的窗户永远也擦不干净。上级领导下决心治理各类污染源，还村民一片蓝天。水泥厂被整顿关停后，部分劳力开始转型养猪，村里大大小小 57 家生猪养殖场污水直接排入海棠湖，水体污染严重。浙江省委十三届四次全会提出"五水共治"倡议以后，耕读村也吹响了大规模环境整治的号角，拆猪场、纳污水，从源头上管好了水质；村里原本恶化的生态环境逐渐修复，美丽耕读村重新焕发青春。

江山贝林集团紧紧抓住了产业拓展转型的牛鼻子，结合村落现有的山水环境、历史人文现状，在这里规划投建了一所集清水养殖、农林种植、果蔬采摘、住宿餐饮、娱乐养生、农业观光、耕读文化教育、摄影、诗词创作基地于一体的新型乡村休闲旅游度假村——耕读农场。农场规划占地面积1000余亩，总投资5亿元，分3期实施，目标将农场打造成国家4A级旅游景区。现一期项目主要由生态环境提升、清水养殖区、绿色种植区、养生垂钓区、休闲娱乐区和住宿餐饮区等组成。景区核心区的耕读农场囊括了住宿、餐饮、农业观光等众多旅游项目，不仅吸收周边农村劳动力就业，还带动周边农村发展，促进农民增收。

目前景区工作人员已超过100人，大多是周边农村的农民。耕读村从养猪村、水泥村蜕变为省级3A级景区，给村民创造了更多增收致富的机会。耕读农场以山场每亩每年租金300元、农田每亩每年租金500元至600元的价格向农民租赁土地用于农业生产。景区发展吸引了游客，村民还通过开办农家乐、民宿、销售农产品等增加收入。部分客房服务员还在自己家里办起了民宿，民宿收入和自己的工资收入相等。村民郑小燕是景区室内游乐园工作人员，之前她和丈夫在温州打工，2018年回村。现在，她每年有近3万元收入，孩子和婆婆也能得到照顾。69岁的王井花在景区厨房打杂，她和老伴还养了800多只土鸡，去年销售土鸡收入5万多元，加上工资，两位老人年收入近9万元。村民徐成雄原来是养猪大户，2013年，养猪场被征用建景区，他便承包了十几亩山地种植猕猴桃和油茶。去年，猕猴桃和油茶卖了5万多元，加上其他收入，年收入近10万元。乡村美丽如画，景区助农增收。新乡土是耕读村的二期项目，现已投运，走在新乡土区，还以为回到了老农村，土坯建造的一幢幢客房，流露出浓浓的乡土气息。走进去，发现整体布局巧妙，在传统与现代、乡村风景和城市生活间寻找到一个平衡点。景区很美，美在山清水秀，也美在建筑设计，更美在乡愁韵味与现代生活的巧妙融合。景区的美，更在于这里是家园和故乡。景区的美，除了带给游客流连忘返的快乐，还带给村民越来越多的幸福感和更加美好的生活。

总结：景村融合带动乡村共富

"景村融合"实际就是"景+村共建"的一种形式，通过对乡村旅游资源的整合，改善村中景观，将各类有价值的旅游资源充分利用起来，与整个美丽乡村的建设融为一体，发展乡村旅游、生态农业，实现以农兴旅、以旅促农的乡村发展新路径。耕读景区通过空间组织、社会关系、经济、结构等方面统筹建设，在"景村融合"理念下，"山、林、田、景、产"互为促进，"三生"彼此交融、相互依赖，突破传统农村的发展途径，通过乡村景区发展促进了耕读村的整体发展。

乡村旅游的重点在于实现村庄生产、生活与生态的和谐发展，而乡村旅游业发展主要体现经济、社会、文化和环境 4 大功能。耕读村通过"景村融合"将景区与乡村看作一个系统，通过系统内各方利益协调和资源优化配置，达到乡村经济、社会和环境的协调发展。"景村融合"的核心是构建空间互应、资源共享、要素互补和利益互显的共同体。

基于"景村融合"的乡村旅游发展需充分协调居民与游客的利益诉求，寻求乡村现代化与旅游乡土性、乡村景观保护与旅游产品创新、乡村生活服务设施均等化与旅游服务设施体验化的全面提升。秀美耕读景区建设与乡村建设同步规划、同步建设及同步管理，优化公共景观及基础服务设施，形成"以景带村、以村实景、景村互动"的发展模式。

乡贤回归有力推动全村经济发展。乡贤本身对乡村百姓具有影响力，同时常年在外打拼具有一定的超前眼光。乡贤回归对于乡村百姓具有很强的凝聚力和号召力。如江山市贺村镇耕读村的乡贤——郑积勤，2009 年积极响应政府以工业反哺农业、建设幸福乡村的重大举措，投资 3 亿多元，将原本一个脏乱差的"水泥厂""养猪村"，打造成了国家 3A 级旅游景区村。望得见山，看得见水，记得住乡愁，耕读农场的创办，不仅提高了村民的收入，增加了村民的幸福感，也让"江山更加多娇"。

（九）凤林镇南坞村

凤林镇南坞村位于江山市南部，距市区 35 公里，与江西广丰、玉山县毗连，区位优势明显。区域面积 9.2 平方公里，其中耕地 880 亩，山林面积 6850 亩。2009 年村集体经济收入 15.5 万元，农民人均收入 5500 元。

南坞村于公元 1235 年从江西省玉山县杨秀坞迁入，至今有 800 多年，具有很深的特色文化底蕴，本村的内、外两祠及八卦井是浙江省重点文物保护单位，还有常年香客不断的千年古刹峡山寺和峡山双峰塔、龙洞。南坞内祠始建于元末明初，建筑面积 700 平方米，砖雕别具一格，在浙江全省也比较罕见；南坞外祠建于乾隆年间，建筑面积 1900 多平方米，共分三进及两边厢房，内有戏台；门楼气势磅礴，雕刻非常精细；八卦井是我国古代地理学家郦道元亲点，井内的水清能见底，井水冬暖夏凉，长年不断；峡山寺每年农历"三月三"庙会香客多达万人，年年如此，是开发休闲旅游的好场所。近年来，村两委以南坞村独特的资源为契机，对本村的连村公路进行硬化，安装了村庄路灯，建造垃圾池对垃圾进行集中处理，开设农村集市等，使南坞村面貌得到较大改变。目前南坞村的主要产业包括白菇、毛竹、来料加工、养殖业等，随着南坞知名度的提升，逐渐开发旅游产业。

南坞村民间文化活动丰富多彩，非物质文化遗产纷繁多样。农历三月初三，是南坞杨氏一世的诞辰，杨氏子孙每年都举行盛大的祭祀活动。2019 年1 月，南坞村列入第七批中国历史文化名村。

举办民俗文化节就是为了更好地保护和传承地方特色文化，落实文化惠民，弘扬传统美德。被列入衢州市非物质文化遗产保护名录的"三月三"传统庙会融入新的内涵，已升格成为融合传统文化和现代文明的独特的民俗文化节，使南坞村焕发新的生机。

祠堂、牌坊、寺院、古街、石塔、老井等一砖、一瓦、一树、一景都成了在外游子的乡愁与回忆。乡愁是去不了的回忆，家族凝聚力是时光清洗不掉的。三月三回到家乡与亲友相聚，成了该村每个人每年的期待。通过对乡村乡愁的不断打造和建设，推动乡村活动成为外地游客和当地百姓旅游体验的重要抓手。

游古村、赶庙会、吃香饼，还有大戏可看。一台由当地村民参与的精彩民俗会演，将整个文化节的氛围推上了高潮：耳熟能详的村歌《南坞三月三》让台下观众如痴如醉，不禁一同欢唱；舞蹈《金狮呈祥》慷慨激昂，演员动作浑厚有力，令人耳目一新；传统杨式太极拳对练等民俗节目既具有地方特色，又富有文化气息，赢得了现场观众阵阵掌声。

总结：乡村活动带动全村文旅发展

1. 挖掘风俗非遗，丰富活动氛围。充分挖掘以传统活动、节日为题材的风俗文化，努力成为吸引游客观赏的重要内容。除大型节日庆典外，还可以组织村民们开展富有当地传统特色的民歌歌谣表演。同时，也可将传统手工插秧作为游客可以参与体验的项目进行开发。

2. 创新民俗博物馆，彰显非遗文化。建立民俗博物馆和营造生态景观弘扬民俗文化。有效利用村庄内的空闲房屋实施"南坞村家园"项目，使之成为展现当地古老农业生产和生活用具的民俗博物馆。

3. 三生融合，文旅产业协同发展。为提高整体经济效益，制定实施推动农副产品的发展政策，涵盖了各类农作物种植和家禽养殖等。这些农业生产项目均在旅游区中，既是农耕农事活动地又是旅游观光点。推进当地农副产品以及加工的健康食品与旅游直接挂钩，引导游客品尝新鲜农产品，进而购买有机农产品。这种因地制宜、就地消化农产品的销售方法，减少了运输及人力成本，使当地农民和游客双双受益。

（十）塘源口乡洪福村

塘源口乡洪福村位于塘源口乡的东南部，距乡政府驻地 6 公里，该村南界遂昌县西坂乡西坑村，东毗冷浆塘村和衢江区岭洋乡，西邻青石村，北接塘源村。千米以上高峰有 11 座，其中，海拔 1200 米以上的山峰占 7 座，最高海拔达 1353 米，是江山市典型的高峰村。2019 年 1 月 16 日，洪福村入选 2018 年度浙江省美丽乡村特色精品村。2016 年 12 月 9 日，洪福村被列入第四批中国传统村落名录。洪福村附近有江郎山·廿八都旅游区、江山清漾村、仙霞关、江山浮盖山等旅游景点，有江山白菇、江山绿牡丹茶、江山猕猴桃、太子神仙豆腐、江山绿牡丹等特产。因山水而美，因山水而兴，因山水而富。通过多年的绿化荒山、五水共治、清洁家园，形成"绿水青山就是金山银山"的共识，天更蓝，水更清，山更绿，地更净，空气更清新，洪福村已逐步成为远离喧嚣、抛弃烦恼、消除浮躁、纯净心灵的圣地，成为江山城区风光无限、令人向往的后花园。在洪福村，幸存的翁氏宗祠朝东的祠门上方、左右两边墙上还留存"当红军最光荣"和"红军是为工农谋利益的"标语，字体遒劲，字迹依稀可辨。

民房的拆除不仅消耗人力、物力，而且福石岭特殊的陡坡状地势条件势必造成拆后的利用率不高。为了让民房尽可能发挥价值，村两委决定统一回收，修缮提升，做足保护与开发的文章。这样的做法，既保持了黄色夯土特色建筑，又凸显了主题特色民宿，成了村中一张金名片。

近几年该村依托生态的优势，打造"三色"文化。第一个是红色文化，如红军的标语；第二个是黄色文化，如公路边的夯土墙也是一种文化；第三个是绿色文化，原生态的青山绿水，比如，整个江山有2.2万亩猕猴桃，整个乡就有近一万亩，是江山的一半了。通过"三色"文化的打造，该村实现了利用良好的生态优势发展乡村的巨大转变。

为了追求特色与精致，在民宿改造中，除依托绿水青山、保持黄色夯土外立面、散发农家气息外，还融入红色文化，在房屋大厅内镶上"大红星"，让游客入住民宿还能"闻"到红军的气息，结合当地特有的"三色"文化，因地制宜打造"三色"民宿。同时，将民宿取名"阙里"，与江山方言的"家里"谐音，给予入住游客回家的感觉。

乡政府在洪福村举办活动，有1万多人到塘源口，汽车排了两三千米。每年端午节活动是江山市匠人艺心民俗风情集市，这种全乡性的文体活动，塘源口乡每年至少举办一次。如每年的猕猴桃采摘季节，塘源口乡都会举办一系列采摘游活动。

农业采摘+山区民宿+各类节庆文体活动，三位一体，相互联动，最大化推动塘源口乡的发展。当基本的接待能力具备后，工作重心就应转向对外宣传，吸引游客进山消费体验。而适时举办各类节庆、文体活动，非常有效。

系列活动不仅扩大了塘源口乡的影响力，还提振了老百姓办好农家乐的信心。有了人气，村民增收就有希望。还带动了薯花、芋梗馃等特色农产品的销量，让村民在家门口鼓起了钱袋子。红色游凝聚了人心，增添了发展动能，大有可为。该乡通过继续用好红色资源，传承好红色基因，将其转化为地区发展的强大动力。

总结：红色研学加农业产业是提升塘源口乡洪福村的重要支撑

1. 红色文化引领全域发展。红军标语、红军路、洪心123拓展基地等都是洪福村的"红色资源"，将这些资源串点成线、连线成面，从而集聚人气，增加村民收入。随着洪福村红色研学路线的升温，塘源口乡以洪福村被列入中央"红色美丽村庄"建设试点村为契机，深挖红色资源，倾力打造"红军挺进师在江山"的主题馆,全面展现红军挺进师在江山的革命历程。游客通过参观真实史料、珍贵照片、影视视频,聆听 8090 新时代理论宣讲,见证那段金戈铁马的烽火岁月,切身感受该村的红色文旅精品游。

2. 农旅融合带动全域产业。塘源口徐香猕猴桃闻名,就是因为这里生态立地条件好,猕猴桃品质高。全乡有 1350 多户种猕猴桃,猕猴桃园 9400 多亩,种植面积 50 亩以上的就有 100 多户。正常年份亩产 1 万元左右,塘源口乡约 1 万人口,相当于人均增收近 1 万元。猕猴桃,已成为致富果。猕猴桃产业,已成为塘源口乡农民增收的重要渠道。

二、全域旅游背景下旅游高质量发展助力共同富裕的启示

江山农业和乡村旅游资源丰富、生态资源多样、民俗风情独特。近年来,各地结合农业生产特点、农事节庆时点,充分发挥经营机制灵活、民间资本充裕等优势,因地制宜开发形成各具特色的休闲农业,为江山乡村旅游发展拓展了新内容,为农民增收致富增添了新渠道。江山积极探索乡村文旅运营、建设创新未来乡村等举措,为乡村旅游高质量发展提供了有益借鉴。

(一)游线打造,整合乡村旅游资源

挖掘乡村旅游资源,串联精品线路,可以进一步深化休闲农业和乡村旅游精品工程,提振乡村旅游市场,激活乡村活力。这些精品线路按照春夏秋冬四季特点和节假日时点分布,围绕主题进行串联打造,为游客提供"望山看水忆乡愁"的好感觉,实现在游线中感知乡村美景。

可以围绕红色乡情、田园村韵、绿色康养、教育研学、农事体验、乡村夜游 6 大主题,丰富这些精品线路玩法,有以特色农家乐、高质量服务为亮点的农家乐集聚模式,有以深度体验、特色活动为亮点的沉浸体验模式,有以文化深度融合、休闲体验为亮点的文化深挖模式,有以绿色生态、中医药养生为亮点的乡村康养模式,有以原始景观、历史赋能为亮点的古村体验模式,有以产村融合、主题体验为亮点的家庭农场模式。

(二)专业运营,破解乡村旅游"千村一面"

当前,乡村旅游处于大有可为又充满挑战的关键时期,需进一步努力撬动乡村旅游蕴藏的巨大发展空间。随着浙江乡村旅游发展经历从乡村观光、乡村度假到乡村生活的变迁，绘就乡村旅游高质量发展的"浙江画卷"成为一种不断提升乡村旅游"颜值"、内涵和品质的更高追求，让游客能够更深切地感受浙江乡村的多姿多彩、宜居宜游、富裕富足。

近年来江山乡村旅游在大步发展的同时，仍面临供给与需求不平衡、建设与运营不匹配、发展与安全不同步等诸多问题。专业化运营才能保障乡村旅游可持续有序发展，破解"千村一面"的矛盾，解决"有产品没市场""有供给没口碑"的问题，个别地方甚至不考虑环境承载力和游客承载量而进行无序发展。专业的运营经营是发展乡村旅游的关键之招。通过"村落景区运营"，招引市场化运营团队，吸引一大批返乡青年，依托运营化、组织化、专业化，尤其是抓住激活乡村资源的要点，解决市场开发中的痛点、堵点和薄弱点，切实延长乡村旅游的价值链。

（三）多产融合，助力乡村百姓致富

积极鼓励各个乡村进行乡村旅游的核心结构调整，大力发展观光采摘农业、大棚生态餐厅、农家乐、民俗村、垂钓鲜食等，带动观赏经济作物种植、蔬菜瓜果消费、家禽家畜消费、餐饮住宿接待、民俗文化消费全面发展，同时打造乡村景区，将服务业融入乡村产业中。注重发展村级集体经济，充分发挥财政衔接资金作用，采取多种措施提高财政资金保值增值能力，全面推进巩固拓展乡村振兴有效衔接，将工厂建到家门口，把生产线搬到村里，带动农村留守劳动力实现"家门口"就业，进一步拓宽群众增收致富路，铺就乡村振兴"快车道"。通过第一、第二和第三产业的融合带动，激活乡村经济，带动乡村百姓致富。

（四）深挖资源，创新乡村体验生活

乡村旅游对乡村社会、农民增收、农业现代化发展等各方面都有着重要推动作用，在乡村振兴战略大力推进、文旅融合的时代要求下，游客需求也在不断提升，很多游客不再把观光作为乡村旅游的目的，而是希望享受乡村的"慢生活"。创新乡村景观作为乡村旅游吸引游客的重要资源，包括大地艺术自然景观、乡村道路景观、乡村小品景观及乡村建筑，随着乡村旅游的发展，利用沉浸式景观体验，不是"高颜值""走马观花"地打造一些特色景观，而是通过拓宽乡村旅游场景和界面，以视觉、听觉、嗅觉、味觉、触觉为游客感知，强化游客体验深度。通过造景和沉浸式体验，强化游客对当地乡村生活的体验。

第十章　全域旅游背景下高等级景区助力
共同富裕的发展模式及机理

一、旅游景区助力共同富裕发展模式

（一）"产业联动，集群发展"产业整合发展模式

乡村振兴离不开产业的支撑，而集群成链是产业发展的普遍规律和要求。但对乡村产业来说，首先，乡村大多旅游资源分散，基础设施建设和公共服务薄弱，难以像城市那样产生内在的集聚效应；其次，乡村是老百姓生活、生产、生态共生的载体，承担着为城市提供农产品和生态屏障、文化传承、保护环境等功能。因此，乡村文旅产业需要建立政府统一规划，形成市场运作机制，以城乡融合发展和全民参与发展为导向，以构建旅游产业链和产业集群为重点，实现产村、产镇、产城融合，产业兴旺与生态宜居有机结合。

乡村产业集群成链首先要解决的是自然环境、基础设施和公共服务建设问题。自然环境、人文环境和人居环境是乡村相对于城市的一大资源优势，"绿水青山就是金山银山"。以满眼苍翠的乡村环境为基础，可以发展绿色农业、生态观光和农事体验等旅游观光产业。完善的基础设施建设和公共服务是乡村振兴的重要前提，也是实现产业集群成链的物质基础。但由于人口流失、生产和生活方式落后、居住地分散、资金匮乏，导致乡村环境破坏，基础设施建设和公共服务薄弱。这就需要政府牵头统一规划，广泛筹集建设资金来加以完善，从而形成产业集群成链效应。

实现乡村产业集群成链的有效途径，以及相关成功的案例国内外有很

多。比如，农工商一体化，实现农产品生产、加工、销售和服务 3 大产业之间的联动发展，形成农业全产业链，并延长价值链。大多数农产品具有易腐性、季节性和地域性等特点，在储运、市场供应、产品开发及信息沟通等方面都有很大限制，这不是单个农户或农产品生产加工企业能独立完成的。有效的办法就是形成农资采购、种植、储运、销售、服务等产业链。在此基础上，还可以统一品牌，提高产品链价值。

长兴县的水口乡在建设美丽城镇过程中，加快产业结构调整和转型升级，积极实施"退二进三"战略，腾笼换鸟，把落后的旧工业转变成高效益的第三产业，做好农文旅融合文章，针对"五美"目标，进一步激发美丽城镇建设活力，不仅带来了良好的经济和社会效益，也使得水口乡环境更加优美。在水口乡顾渚村的唐潮·十二坊项目现场，建筑工人正抢抓晴好天气加紧施工。目前项目已 100%复工，将深挖传统唐文化，与时下流行的国潮文化结合，融汇为"唐潮文化"，结合全方位人工智能化体验，打造长三角区域的新文旅目的地。整个项目占地 7 万多平方米，总投资 13 亿元，是水口乡最大的文旅综合项目。随着工程的收尾，目前商业街招商工作正在有序推进。预计到 2020 年年底可以开业。依托水口丰富的景区资源和农家乐产业优势，以及自身打造的夜经济板块，项目建成后，将积极推进水口乡整个旅游业态的转型，促进消费层次向年轻群体拓展。

开展工商合作，以工带农、以旅促商、以商促农，促进农村产业和主导产品与城市消费及旅游市场连接，特别是与城市居民的旅游业、餐饮业、休闲业、养老业、健康业等多产业紧密结合，以实现可持续发展。乡村产业振兴仅仅依靠本地市场发展农业是不够的，也不能简单移植城市第二、三产业，而要立足本乡本土资源优势，延伸产业链、价值链，融合旅游、教育、文艺、餐饮、科普、高科技农业等多种业态的二产和三产，形成第一、二、三产业融合发展的现代乡村农商旅产业体系。这方面的具体做法主要是依靠乡村工业的辐射和带动作用，依托和引进城市龙头企业、科技人才和科技项目，聚集现代生产要素，通过以企带乡、兴建工业园区等方式实现多元化经营，统筹布局带动乡村形成农副产品生产、加工、运输、研发、服务、现代营销等农业全环节升级、全链条增值，充分发挥技术集成、产业融合、创业平台、核心辐射等功能作用，促进农业经营主体专业化、标准化、集约化生产。

　　生态发展之路也是奉化滕头村一直在探索和实践的道路，1998 年，滕头村率先开展乡村旅游，成为全国首批卖门票的村庄之一，依山傍水，景色秀丽，连村里的酒店都让人有种在氧吧呼吸的新鲜感觉，各个区域都有生态元素。走进滕头村的生态民俗美食园，独特的建筑风格、160 多家本土美食吸引众人目光。占地一百多亩，融文旅、田园、民俗和美食为一体的滕头农创中心开建，其中的美食园部分在 2019 年 2 月免费对外开放，春节期间，景区游客数量累计超过 60 万人次，这也成为滕头在绿色产业升级上的一大亮点。从传统工业到三产并进、融合发展，滕头人把"无工不富"的逻辑演绎到极致。滕头村较快发展也是从工业起步的，但他们懂得要转型发展，转型发展后他们把重点放在服装等工业上，先后办起了服装厂、电子配件厂、缝纫机台板厂、金刚石厂和有机氟制品厂等反哺农业。滕头的绿色生态农业包含了科技、立体、高效等要素，借助高科技生态大棚、植物组培中心等载体，向有限的土地要更高的效益。滕头又从生态农业向立体农业、都市农业发展综合性的乡村旅游目的地转型。

　　除产业链外，乡村产业还可结合自然环境、空间地域、交通区位、历史文化等优势集群形成创新链、服务链、资金链等，构筑创新创业生态系统，吸引创客和创新创业企业集聚，为经济结构调整创造产业空间新形态。如乌镇互联网小镇、杭州玉皇山南基金小镇、北京房山基金小镇就是成功的例子。

（二）"景镇一体，全域开发"全域旅游化发展模式

　　产业融合创新，形成"旅游+"和"+旅游"产业发展格局，形成政府、联盟、企业共同推动商旅文产业融合的格局。通过线上线下的节庆活动、产品宣传等多种形式联动，达到信息沟通、形成产品和资源整合的目的。通过"旅游+"和"+旅游"产业融合，打造诸多创新业态和产业融合示范街区。如充分发挥景区品牌标识度和影响力，以专业剧场和演艺新空间的剧目为核心，整合周边特色酒店、景点资源，形成跨界中高端特色小众旅游产品，并

以传统节庆、民间非遗和乡村民俗活动为依托，引进国内外优秀剧目，吸引跨城观剧人群，带动周边商业和旅游消费。同时，放大优秀剧目溢出效应，增加商业空间的文化活动，提升商旅文联动的深度和能级。

公共服务创新，为景镇共建共享提供支撑。整合商旅文资源，对区域旅游咨询服务进行整体升级。目前，已形成综合服务中心、旅游咨询服务中心、旅游咨询站三级服务网络，构建基础服务、拓展服务、特色服务相融合的咨询服务体系，让游客体验咨询服务的情感和特色。如各旅游咨询服务中心在提供旅游咨询等常规服务、免费 WiFi 等拓展服务外，进一步推出各具特色的旅游项目，景区和乡镇游客中心提供 DIY 盖章留言区、微旅行线路互动屏、温馨母婴室。此外，打造指尖上的智慧旅游服务体系，并通过线上线下多渠道传播，使旅游咨询服务中心成为全域旅游的创新平台、都市旅游的互动空间、游客服务的情感载体。

以此来满足游客多样化旅游需求，深度发挥旅游经济带动作用，积极推动旅游业与相关产业的实质性融合，发展旅游新业态，实现"旅游+"联动发展。通过"旅游+交通""旅游+林业""旅游+文化""旅游+城镇化""旅游+农业""旅游+经贸"等新业态融合发展，充分发挥景区和乡镇资源特色，本着错位发展的原则培育旅游消费新增长点，重点打造景区引领、乡镇配套，融合全域旅游产品的发展模式。

（三）"跨界整合，共建共享"管理体制创新模式

针对跨行政区划，但资源联系紧密的区域，通过创新管理模式，综合开发旅游资源，建设综合景区。通过创建管理委员会等方式，理顺区域旅游目的地管理机制，形成区域一家亲、资源一体化、规划一张图、管理一盘棋的发展运营格局。

充分发挥乡镇总揽全局、协调各方的作用，推动社会治理融入经济社会发展全过程，统筹各方力量协调行动，促使社会治理各项工作在政策取向上相互配合，在推进过程中相互促进，在实际成效上相得益彰。紧紧围绕公共服务圈、群众自治圈、主客共建圈，推动深度融合。要以推进优化协同高效为着力点，完善治理体制机制。建立信息互通、资源共享、工作联动的机

制，实现乡村旅游资源整合、力量融合、功能聚合、手段综合。"跨界整合，共建共享"管理体制创新模式。

二、江郎山·廿八都旅游景区高质量发展助力共同富裕模式

（一）景区加农户发展模式

2016 年 8 月 22 日，江郎山·廿八都景区新游客中心开放。多年以来，江郎山景区经历了从一天接待几百名游客，到一天接待成千上万名游客的改变。得益于当地愈发完备的基础设施建设以及衢州当地的各种优惠条件，海量游客"挤爆"了江郎山·廿八都景区，而守着这个超大"聚宝盆"的村民们，也因为纷至沓来的游客而笑逐颜开。

自 2017 年江郎山·廿八都景区成为国家 5A 级景区之后，大量村民和农户都加入开办农家乐、民宿和家庭农场的热潮之中，营业 7 年有余的三石泥灶农家乐就是其中之一。即便当地时间已经接近下午两点钟，进来吃饭的游客还是络绎不绝，老板娘表示，她办的这家农家乐接待外地人、散客和自驾游 3 类群体比较多，因为挨着江郎山，农家乐的客源一点也不用愁。

除了农家乐业主赚得盆满钵满外，在江郎山脚下，一个个以采摘体验为主题的家庭农场也同样吸引了不少游客走进果园，体验采摘的乐趣。"今天刚好来江郎山游玩，看到这里有个火龙果基地。"在金程农场，从来没有见过火龙果怎么生长的游客，这回算是过足了采摘瘾。游客随便一摘就是一篮子，这让农场负责人喜上眉梢："2017 年是农场火龙果第一年挂果，第一期果园刚开始对外开放，因为江郎山旅游的人很多，所以果园的销售也挺旺，这让我对今后充满信心。"酒香不怕巷子深，越来越火的江郎山景区，当然也引来不少社会资本的"垂青"，山里河庄园马场就是其中最为典型的代表。

依托本地新农村建设、文化礼堂、田园风光、四季果园、传统美食、农耕文化等资源优势，规划不同的旅游精品线路，集全市生态旅游、农家乐旅游和乡村美食旅游三大特色旅游资源不断扩大农产品的销售。引导生产主体积极对接超市、农贸市场等散品主战场，依托产业布局和产业优势，与市内外超市对接销售。引导农业生产主体积极开展信息化建设，开拓网络销售业

务，不断拓宽特色农产品销售渠道。指导帮助生产主体建立电商、微商等网络平台，生产主体可以随时将种植的果蔬图片、价格和产量等在网络上发布，并可以通过网络进行业务交易。通过网络、农民组织，引导农业龙头企业、农民专业合作社、种养大户在农产品贸易网站发布供求信息以促成农产品交易。

当地农户与社会资本的相继涌入，让江郎山景区周边呈现出一片百花争艳的态势。从江郎山脚下仅利国大酒店一家农家乐，到现在数百家农家乐、民宿，利用大景区资源"借力发力"，让当地民众共享旅游发展成果，走出一条景区与村庄、景区与村民和谐相处的新路子，成了江郎山·廿八都景区带给江山旅游扶贫的一个最生动样本。

（二）景区加周边乡村发展模式

发挥旅游产业对新型城镇化的支撑作用，破解城乡二元结构下的发展差距大难题，为推进城乡统筹发展、扎实推进共同富裕提供旅游智慧与方案。首先，要坚持问题导向，主动将文旅资源向乡村、基层、欠发达地区倾斜，以旅游资源与市场需求驱动消费在乡村地区聚集，推动人口、资金、土地等要素在城乡之间双向流动、跨界配置，培育乡村旅游、休闲农业、特色民宿等新业态，延长现代农业产业链，带动农村剩余劳动力就业，在农村经济发展基础上探索出旅游产业主导下的城镇化特色发展道路。其次，紧抓美丽乡村、特色小镇建设机遇，优化提升乡土空间，改善乡村整体环境与基础设施，同时注重凭借优势产业聚集旅游要素，以乡村资源为依托构建独具特色的旅游产品与经营业态，形成"一村一品，一村一景，一村一业，一村一特"的特色乡村旅游发展模式，打造乡村地区宜居宜业的整体人居环境。最后，丰富旅游产业参与模式，鼓励农民以土地、技术、资金、劳力等有形或无形资产入股参与当地旅游产业发展，创新建立合作社、旅游公司等经营组织，因地制宜培育"公司+农户""政府+公司+农户""公司+合作社+农户"等旅游发展模式，增加集体经济活力、提升居民凝聚力与内生动力，改变农民生产生活方式，助力农民实现就地城镇化。

廿八都古镇保护与旅游开发项目总投资 2 亿元，是浙江省重点建设项目，也是江山市"310"重点工程。项目位于廿八都镇枫溪村、浔里村、花桥村，北起黄衢南高速公路与205国道互通口，南至水安桥，东至新205国道，西至黄衢南高速公路，总面积37.10公顷，共需新征用地419.5亩。主要建设北入口区游客中心、停车场、项目区与国道连接线道路、浔里老街整治、基础设施、枫溪河道整治、古建筑修复和原居民迁移安置等工作，目前，一期项目基本完成，景区开门迎客。按照一期项目实施方案，完成安置162户，征迁土地300亩，其中140亩用于项目建设，160亩用于农产安置区建设，完成景区的"一口三线、七大节点和十三个陈列馆"及基础配套设施的建设。其中"一口"指完成2500平方米的北入口区游客中心、6000多平方米停车广场及枫溪景之一"珠坡轿唱"珠坡桥的建设工程；"三线"指滨水、浔里老街、巷道三条游线，完成1.5公里的枫溪景观改造、5公里浔里街、东升路、枫岭路及巷道市政改造，浔里街101幢，约130户的房屋降层及立面改造，700米浔里街旧石板游步道铺设，2公里巷道游步道铺设，东岳宫、武官衙门、姜守全旧宅、姜隆兴旧宅、姜遇鸿旧宅、关帝庙、万寿宫等10幢共1万多平方米古建筑修缮工程；"七大节点"指完成游客中心区、文昌宫区、敬老院区、姜守全旧宅、姜遇鸿旧宅、关帝庙及700米长浔里老街商业、文化、军事等方面古镇氛围营造工程；基础设施配套工程指4个公厕新建、3座桥仿古改造、250立方米生态净化池建设、1100多米排水沟、150多个窨井、450米入口区与205国道接线道路改造等工程。廿八都古镇保护与旅游开发项目是一项惠及廿八都全镇人民群众的民生工程，同时也是对廿八都古镇文化遗产保护的一项重大举措。景区的建成不仅能使古镇文化得到更为有效的保护，促使廿八都镇经济社会加速发展，而且对于打响江山市旅游主题品牌、提升旅游品牌影响力、带动江山南部生态经济圈发展等都有着深远的意义。

　　江山耕读景区更是"景区十乡村"发展模式的典型代表。耕读景区工作人员说："我们水上木屋的周末预约早就排到了10月底，不提前预约游客基本住不上。新建的一批小木屋也即将完工投入使用。"随着国庆长假所带来的旅游热潮，距离江郎山核心景区不远处的江山贺村耕读农场景区，成了许多外地人心仪的乡村旅游"串联"必经目的地。但让绝大部分游客想象不到的是，这个有着"小西湖"之称的美丽景区，仅在数年之前，还是一个被石粉覆盖着的村落，游客眼前所看到的绝美景致，曾一度被当地村民称为臭水塘。讲起这一切，耕读村村支书感慨万千。

现在，沿着耕读村宽阔的柏油村道前行，远处层峦叠嶂、绿意盎然，近处碧波粼粼、花海一片。信步耕读农场，清澈见底的水面被高矮不一的树木环绕着，路的尽头是一大片草坪，草坪旁边是一大片湖水，亭台楼榭、杨柳依依，一排排小木屋在湖的尽头若隐若现。目前，在耕读农场工作的村民已达 70 多人。由于这场惊艳的蜕变，耕读农场被评为国家 3A 级旅游景区。游客纷纷慕名而至，乡村休闲游悄然兴盛。仅 2015 年一年，耕读村就办起了近 10 家农家乐、十几家民宿，接待了 15 万人次游客，村民人均年收入超 1.9 万元，比上年增长 10%。

（三）景区旅游和三产融合发展模式

坚持贯彻新发展理念，持续发挥旅游产业的综合带动效应，推动经济高质量增长，为扎实推进共同富裕奠定坚实物质基础。首先，要以旅游产业发展积极对接脱贫攻坚、乡村振兴等国家重大发展战略，通过发展旅游产业在乡村地区建立起以服务业为主导的经济发展模式，以乡村旅游开发为契机，盘活农村闲置住房、土地等资产，将其转化为特色旅游产品及服务，提升传统农产品附加值、增加农民收入、推动农村经济发展，达到巩固脱贫攻坚成果同乡村振兴有效衔接的目标。其次，进一步释放旅游产业的拉动、融合、催化、集成作用，借力"旅游+""+旅游"战略，加深与第一、二、三产业融合程度，持续提升与农业、工业、文化、教育、体育、康养等领域的融合深度与协同发展水平，唤醒并激活闲置资源与要素，实现旅游与其他产业的资源共享，提高资源的配置效率，持续将旅游产业作为有效促进产业升级与结构调整、改变经济增长方式的新动力，增强经济发展活力，提高经济效益。最后，要积极发挥旅游产业在吸纳就业方面的突出作用，通过提供接待与服务、娱乐表演、技艺展示、商品售卖等方式为剩余劳动力匹配劳动岗位，重点在旅游餐饮服务、酒店或民宿服务、景区管理与服务等重要就业领域规模性吸纳劳动力，提高中等收入群体规模，助力区域经济与社会稳定。

　　在景区带动下，整个区域的居民都是服务者，都是主人，他们由旁观者、局外人变为参与者和受益者。村民变成了导游，变成了农场主，变成了民宿老板，变成了旅游行业的引领者和建设者，实现了真正绿色的"靠山吃山，靠水吃水"。乡村旅游，真正成了农民脱贫致富的重要渠道之一，不仅受到了游客的欢迎，也受到了当地百姓的极力推崇。江山市的旅游发展正呈现出这样一派勃勃生机，特别是近两年，江郎山·廿八都旅游区成为国家5A级景区后正在更加积极地进行建设和完善，从硬件到软件的配套设施都在积极跟进，一系列立竿见影的效果已经显现出来。在江郎山、廿八都等核心景区的引领下，江山乃至衢州各地的乡村旅游建设都在如火如荼地开展。江山市正在努力改变长期以来单纯依赖景点资源的局面，培育发展文旅新业态、新产品，拉长产业链。结合体育运动，推出森林运动、攀岩运动、登高运动等一批体育运动项目以及适应年轻人消费特点的文旅产品。

　　依托江郎山这一核心景区，江郎山村面貌焕然一新，家家户户房屋的外墙面始终整洁大气，村里的道路越修越宽，路边的风景越来越美；社会资本的涌入，建起了以山里河庄园马场为代表的大型旅游项目，游客可游玩的旅游业态多了；农民兴起创业，建起了一个个农家乐、一间间民宿，以及各类家庭农场，旅游兴农有了最好的诠释；更有大型国际体育赛事纷纷抛出橄榄枝，"旅游+体育"联姻，让住在山脚下的农民在家门口即可畅享一个个国际化的旅游福利。以前，一家旅馆都没有的古镇，现在拥有了多家民宿数千床位，铜锣糕生产企业从一家变成了数十家，当地农户纷纷做起了小生意，存款每年都在翻番，社会资本投资的浮盖山峡谷漂流更是引爆了夏季旅游狂潮。连景区边上的兴墩村也从中受益，办起了特色民宿，种起了高山蔬菜，兴起了农事体验，打起了"养老养生"的旅游招牌，在上海、杭州等大型旅游市场一炮而红。

　　在景区高质量发展下，旅游发展成果为全民共享，增强了居民的获得感、幸福感和实际收益，真正树立起了主人翁意识，不仅使乡村旅游转型升级，更使当地村民真正享受到了丰硕成果所带来的巨大收入，而帮助农民实现共同富裕也正是国家大力推动乡村旅游的题中之义。

　　作为"中国蜜蜂之乡"的江山市，蜂产业一直是其生态农业发展的"金字招牌"。自 1992 年以来，江山市蜂产业的生产规模、产量、效益一直居全国各市（县）之首，江山养蜂人和蜂产品的知名度早已名扬海外。每年春天，是游牧蜜蜂、追赶鲜花的江山养蜂人最高兴的时候。随着蜜蜂采蜜在全国四处转移，养蜂人一年中大部分时间都奔波在路上，经营着属于自己的"甜蜜事业"。2002 年，定居上海的王育仁毅然返乡创业，接手前辈的衣钵重整旗鼓创办了"江山福赐德蜂业科技开发有限公司"，使"福赐德"这个老品牌回到了市场，他也从市场中嗅得"工业+旅游"的新契机。慕名前来的游客不在少数。很多游客都对蜜蜂文化园里的蜂疗体验感兴趣，这种独具特色的旅游体验，让游客们大呼过瘾。特色旅游线路吸引了不少游客前来观光，已累计吸引了 4 万多名游客前来。把蜂蜜产业与旅游产业相融合，这样的创新恰是"浙江省工业旅游示范基地"评选的意义所在。2016 年年初，省旅游局和省经信委联合命名了 27 家企业为"2015 年度浙江省工业旅游示范基地"，"福赐德"榜上有名，它也成了江山市第二家获此殊荣的蜂产品企业。在没有选为示范基地前，蜂农安心养着自己的蜂蜜，蜂产品生产企业安心经营着自己的"甜蜜事业"，有了这个荣誉之后，蜂农成了旅游体验引导者，养蜂基地成了旅游景区，正宗蜂产品可以在原产地直接选购，蜜蜂文化得以在此传播。当蜂产业从第一、第二产业逐步蜕变成第三产业的时候，人们惊喜地发现，"旅游+工业"从未像当下这般散发出迷人生机。旅游产业的发展空间拓展了，旅游消费的热点增加了，旅游经济的带动作用明显了，蜂农和农户所赚的旅游收入也提高了。

（四）景镇全域型发展模式

国外学者对美国格林威治小镇、瑞士达沃斯冰雪小镇、希腊 Kamena Vourla 温泉小镇等的先行研究为我国特色小镇开发及保护提供了良好的借鉴，从国外经验来看，有明确产业定位、文化内涵、旅游特色和一定社区功能的特色小镇，对引领经济发展、破解空间资源瓶颈、改善人居环境均有积极意义。目前，我国关于特色小镇的讨论，主要集中于两方面。国内学者对特色小镇建设路径和特色小镇建设过程中的支撑体系进行了研究，主要以浙江省的特色小镇为例，总结特色小镇建设的实践经验。相较而言，对国内特色小镇发展模式的研究较少，主要分析国外特色小镇、旅游小镇、传统小城镇的发展模式，为特色小镇发展模式选择提供范例；同时，"景镇一体化"发展模式目前也尚缺乏相应的学术研究。

"景镇一体化"可以将乡村古镇建设与景区旅游开发融合，整体推进景区和乡镇融合发展，对加快城乡基础设施建设、增强乡镇承载能力、推进景镇集约发展有着重要意义。

从传统的供应链角度看，城镇、乡镇作为社区的一种存在形式，镇区的自然环境、历史文化与当地居民社会活动形成的民俗风情形成了旅游业的核心吸引力；地方政府为地区发展提供市政基础设施建设、行业管理等公共服务与公共政策，建设好的市政设施，又可成为旅游设施的基础，旅游企业在景区内建设旅游设施，是旅游设施的主要部分，居民依托自家房屋在景区内开设餐馆、旅店、商店，是旅游基础设施的补充部分，三者共同形成了旅游业发展所需的完备的物质基础与保障；此外，居民进行商品销售，从事景区讲解、风俗表演、治安维护、清洁卫生等工作，为游客提供旅游接待服务，参与了旅游业的各个环节。最终，在镇区三大主体的共同作用下，景区吸引游客前来，游客的消费转化为经济收益，镇区经济水平得到提高，供电、供水、道路交通、通信的基础设施条件得到改善；居民家庭收入提高与生活品质提高，增加了就业机会；景区知名度增加与经营效益提升，景区建设水平也得到不断完善。从镇区与景区的关系上看，镇区作为景区景点统筹发展、旅游基础设施一体化、旅游宣传全覆盖的载体，可补充单体景区景点的不足，丰富景区景点餐饮、住宿、娱乐、购物等功能；旅游景区与旅游服务业的发展，又可使集镇的城镇建设、市政道路、市政管线等各方面建设日趋完善，城镇建设水平大大提高。

廿八都古镇景镇统筹管理压力大，景镇全域旅游发展需要创新思维。

首先，要创新管理机制，共治、共荣发展。景镇一体化后，景区镇区的秩序管理工作难度加大、任务加重，要通过简政放权，共创和谐环境。一方面，充分发挥社会力量作用，鼓励企业、其他社会组织和市民积极参与景镇一体化的运营和管理，成为景区融合发展建设的主力军。另一方面，简化手续的审批环节，减少行政干预。例如，古镇组织商户成立商户自主管理商会，规范市场行为，维护商户权益。通过创新管理机制，促进景区与镇区、原住居民与创业从业者共生共荣发展。

其次，景镇协同推进多规合一，提高政府行政能力。多规合一对高效配置城乡资源禀赋和创新要素有着促进作用。将旅游发展和自然遗产保护作为重要章节，以协调城市与景区的关系，将城乡规划、经济社会发展规划和土地利用规划合一，以发挥规划的引领和控制作用。

最后，保障农民"三权"，协调利益关系。建立健全农民农村土地承包权、宅基地使用权、集体收益分配权"三权"自愿有偿流转和退出机制。创新土地流转政策，以宅基地换宅基地、宅基地换货币的方式，以奖代补，集中安置，组团式发展。例如，参考乌镇将居民原住房作为商业开发，将原住居民安置于乌镇外围，统一开发古镇商业、餐饮和住宿设施，再支持原住居民返回古镇经营旅游服务业的形式，可以将廿八都古镇居民统一搬迁外围，进行廿八都古镇全面提升和改造，实现景镇合一的全域开发模式。

（五）多点带动型发展模式

推进高效农业和特色文化产品发展。在清漾深厚的文化背景、文化产品的带动下，做大做强清漾毛氏文化、农产品等主体产业，同时着力打造研学等特色文化产品，以"文化特色+电商"模式大力发展优势清漾特色文化、品牌民宿和有机农业，不断拓宽清漾的电子商务平台，推进高效挖掘文化发展，增加农民收入。

以全域旅游为抓手推进清漾旅游产业发展。创新农村经济发展思路，以文化特色、古村美景为筹码，以长三角和省内游客为目标市场，积极招商引资，以政府引导、合作社参与、农民入股的方式，规划发展清漾村的文化民宿点位，挖掘本地良好的自然资源和淳朴民俗，充分发挥美丽乡村旅游资源优势，助推全村旅游产业发展。

激发村民参与意识，引入乡贤参与乡村共同体的价值认同。乡贤群体作为传统村社自治力量的核心，在协调乡土社会与国家权力关系方面发挥了举足轻重的作用，当前乡村人才紧缺，首要解决的就是培养新乡村精英的问题。除了传统"体制内精英"（如基层政府管理者和村干部），也要重视对

"非体制精英"特别是返乡乡贤人才和群体的培养与挖掘,这部分乡贤精英通过在城市历练,具有一定的市场开拓能力,同时较普通村民具有更强的学习能力、冒险精神和机会嗅觉,与同村人在出生、成长等身份方面也具有高度的内生性和嵌入性,应当发挥他们在乡村建设中的带头作用,除了开发传统乡贤在道德和文化上的示范功能,还应激发他们在经济和社会方面的使命感。对于普通村民,他们存在本身即乡村文化和社会得以维系、传承的关键,具有内隐性价值。文化是乡土之根基,乡贤人才挖掘、乡土文化认同不仅确定了地方居民的社会身份特征,也反映出他们对家园的领主意识与归属感。可以通过挖掘"乡土文化基因",重塑诸如对祠堂、庙宇、碉楼等乡村公共空间的认知,来增强乡村地域的可识别性,并唤醒村民的乡土认同感。通过完善乡村基础教育建设,创新与当地产业相配套的职业教育体系,着力提高村民整体的知识技能,促使其由传统农民向现代化村民转变,为乡村发展提供后备人才。

在做好乡贤人才挖掘,激发乡村村民参与积极性的同时,做好农村农业基础设施建设,协调推进乡村道路等项目工程建设,加强基础设施建设,通过改良牛羊品种、建设饲草料基地和暖棚、改善天然草场,有效保障了牛羊存栏数的增加及牛羊越冬的需求。同时,做好农村人居环境整治工作,扎实推进宜居、宜游、宜业乡村建设。

(六)乡村内生型发展模式

随着全球化和现代化的推进,人们逐渐认识到乡村是一个集经济、社会、文化、政治于一体的综合体系,难以通过单一的内部或外部力量驱使其发展。乡村与外界的关系不是对立互斥的,而应将其置于一个更为宏观、动态的视角下进行讨论,内生理论进而深化。

传统乡村是一个高度均质化社会,文化是稳定的,百姓生活是一套办法。随着市场经济和大交通的发展,原本封闭的空间被打破,乡村异质性增强。相对乡村本身而言,外来资本拥有先进的技术、充沛的资金、成熟的市场渠道等优势,对风险的抵抗力也强于普通村民,但资本下乡是一柄双刃剑,往往伴随着潜在的危机:外来资本的经营重心在获取经济利益,对乡村社会秩序的维护、资源环境的保护、历史文脉的延续关注度不够，有的还会与乡村精英结成利益同谋，利用后者在乡村社会的优势地位巩固自身利益。如近年来随着乡村旅游和休闲农业的蓬勃发展，资本下乡从发展农业向经营土地转变，通过提升乡村空间的商品价值，为城市居民提供"乡愁"消费，致使村民的生活生产空间受到挤压，社会秩序、生态资源与本土文化遭到不同程度的破坏。

乡村公共物品供给不平衡。后税费时代，村集体力量孱弱，无力承担乡村公共物品的供给，大部分依赖国家财政输入，但政府供给渠道较多，部门间缺乏统筹，造成资金投入分散，影响公共物品供给成效。并且未能建立起有效的利益表达和分配机制，政府与村民之间信息交流不对称，造成公共物品分配不均的现象。一方面，一些自身条件优越的示范村可以"锦上添花"地获取更多优质资源，大量资质普通的乡村却难以获得合理的分配。另一方面，依据人口指标对公共物品进行层级式配给的方法缺乏灵活性，一些劳动力析出较高的乡村出现公共物品浪费的现象。

1. 建立共建共享的新型乡村自治组织，拓展对外的话语空间。发展经济合作社、公益服务组织、村民理事会等新型乡村自治组织，在强调尊重村民个人意愿的基础上，利用乡村社会特有的血缘纽带，吸纳联合村民，完善乡村生产生活条件，提高福利待遇，吸引外来优秀人才和本村年轻人，使他们成为推动乡村建设的中坚力量，并采用现代化的管理理念进行民主管理，最终建立超越血缘的各类公共性群体。这种新型乡村自治组织，对内，将个体诉求纳入集体利益的协商中，在合作中提升村民对乡村未来发展的信心，增强村民应对市场风险的能力，降低交易成本和机会主义；对外，维护村民权益，拓展乡村与外界协商谈判的话语空间，影响政府决策，实现村民与市场的对接，推动乡村资源的整合和规模化、专业化经营。通过各类新型乡村自治组织的拓展，激发村民参与乡村旅游内生发展。

2. 科学统筹乡村发展资源，建立内外结合的网络格局。随着现代化和全球化的发展，城乡边界日渐模糊，乡村要摒弃"就乡村论乡村"的思维，对乡村内外部区域资源进行充分挖掘和整合，扩展乡村资源配置的内涵和半径，构建内外结合的乡村网络格局。建立"乡村群"，江郎山周边乡村不再把单个村域范围作为乡村规划和资源配置的边界，也不再停留于示范点的打造修饰上，而是强化景区和乡村区域性整体布局，通过对景区和乡村资源独特性、竞争性和增值性的研判，引导乡村资源与功能上具有相似性、空间联系紧密的景区和乡村协同发展，对发展规模和空间结构进行规范，避免同质恶性竞争和重复性建设，促使其成为具有带动性和辐射力的新兴支柱产业，并在区域内开拓上下游产业链，如利用"互联网+"技术扩大乡村市场，促进江郎山周边乡村乡土文化和旅游的深度融合，增加文化产品附加值，实现乡村旅游产品的快速物流配送服务，延伸产业链条，更好地发挥联动效应，在乡村间实现资源共享。

3. 景区内外动力的耦合协调机制，激发内生发展动力。江郎山周边乡村应调整"激进式输入"为"渐进式引导"，在顶层设计层面提供制度性保障，明确政府的责任"边界"，将层级式的压力传导机制变为责任传导机制，使其更有效地协调包括江郎山周边乡村特色文化和旅游融合工作。除了政府部门的积极引导，还应鼓励社会多元力量参与江郎山景区开发与建设，发挥社会监督的力量，将专业人才、技术、资金和经验"嵌入"景区和乡村。随着江郎山周边乡村发展的持续推进，乡村内生动力被逐渐激发出来，江郎山周边乡村特色文化成为乡村发展的主导力量，而地方力量的干预则作为辅助力量。乡村百姓、乡村文化和乡村生活三者构成了乡村内生发展的关键要素，与游客互动发展因素的相互作用进一步推动了景区和乡村旅游发展。调动村民积极参与乡村旅游中，内生动力不仅大大降低了乡村治理的成本，避免政府对乡村自治活动的过多干预，也可以有效应对乡村的不同需求；建立新型的内生组织，提高乡村内部的组织力和行动力。

三、江郎山·廿八都高等级旅游景区助力共同富裕机理机制

（一）高等级景区的高质量发展促进社会财富增加，为实现共同富裕奠定物质基础

旅游产业作为现代服务业的重要产业部门，在促进经济增长中发挥着重要的作用。景区高质量发展可以刺激居民的消费动机，居民新的消费动机的

形成和原有消费动机的拓展，都会起到提高游客消费的作用。旅游高质量发展可以起到丰富居民消费内涵、拓展游客消费渠道的作用，从而促进居民消费增长和国内需求的扩大。旅游活动本身就是一种综合性活动，涉及吃、住、行、游、购、娱等方面。旅游高质量可以促进游客在旅游 6 要素方面消费全面提升。高质量的旅游活动可以带动景区活动向高层次旅游消费转移。

（二）高质量旅游活动可以促进就业的增加，有助于部分困难群体的再就业，促进共同富裕的实现

旅游产业本身作为现代服务业的重要组成部分，是劳动密集型产业，旅游产业的发展会吸纳大量的从业人员从事旅游服务工作。根据世界旅游组织的统计结果，旅游业每增加一个就业岗位，就可以带动全社会增加 5~7 个就业岗位。旅游的高质量发展，将带动旅游产业链的迅速扩大，直接带动景区居民的再就业，在一定程度上促进共同富裕的实现。

（三）景区旅游高质量发展可以提高目的地居民的整体素质，为旅游目的地居民实现富裕提供素质保障

旅游高质量发展有助于共同富裕的实现，不仅表现在旅游产业发展能改变当地经济社会的环境，增加就业岗位，还表现在旅游景区的高质量发展有助于提高目的地居民的整体素质。旅游业已成为现代服务业的龙头产业。实践证明，加快发展全域旅游高质量，不仅有利于满足人民群众对美好生活的向往，更能够提高旅游目的地居民的整体素质，促进共同富裕。坚持物质和精神全面提升，是探索实现全域旅游、助力共同富裕的有效路径。

第十一章　全域旅游景区高质量发展助力
共同富裕的机制体制

一、江山市高等级景区管理机制体制现状和问题

(一)　产权模糊，加大管理难度

江山市的高等级景区，如江郎山·廿八都、清漾和大陈村等都具有丰富的自然景观及人文历史，如古镇古村等，很多涉及景区内百姓生活，由于景区产权模糊的现状会加大景区管理难度。第一，针对景区内百姓老屋或生活习俗，如何划清景区内各种可见物乃至不可见物的产权归属问题。比如，廿八都景区和清漾景区内的很多老旧建筑可能是某位居民祖上所建，某个远近知名的老字号招牌也是祖上流传下来的，关于它的渊源和归属可能存在较大争议。景区管理者对此进行提升改造的过程中会遇到阻力和问题，游客游览和体验的是针对整个景区的感受，景区通常只有作为一个整体才能发挥最大功效，才能使得游客在游览过程中体验到吃、住、行、游、购、娱多方面要素。因此，在景区产权模糊的情况下，如何对景区房屋和百姓进行有效管理存在较大的困难。第二，景区的管理体制受所有制形式和经营形式的双重影响，影响景区高效管理。一般来说，景区公共区域的所有权归国家或地方政府甚至集体组织所有。比如，古村落属于文物保护单位管理，森林公园一般归林业部门管理，古村落景观则由村落所在地集体组织（如村镇组织）行使所有权。实际景区管理运营部门在具体运营过程中，各种所有制形式互相交叉，各种经营模式互相影响，政企不分、政事不分的情况难以避免。政府机关的"烦琐病"、国有企业的"懒散病"、私营企业的"自私病"，各种弊端

集中地体现出来，使得一块完整的景区被分化，整体的价值被弱化，游客无法感受到景区的全方位服务和体验。

（二）多头管理，管理体制难以理顺

当前，由于历史和现实等因素，江山市高等级景区的宏观管理局面较为复杂。第一，虽然绝大多数景区属于各种所有制类型的国有或乡镇或私营企业，但事实上景区具有不同的"行政层级"。有的属于世界级自然或文化遗产，有的是国家级风景名胜区，而更多的是地方设立的各种景区。为了管理不同层级的景区，江山根据实际需要设立景区管理委员会。但这些不同层级的管委会可能与所在乡镇政府存在级别差别或利益纠纷，难免存在不少矛盾，不能很好地形成管理合力。而有些自发形成的中小型景区则没有任何行政层级，也较难进行管理。第二，景区条块管理的双重管理体制决定了在同一旅游景区有多个部门有权施加管理。一般来说，乡镇负责监督检查景区村落内部的保护、建设、管理及景区内百姓管理和协调工作，文物部门对景区内的历史文化遗存进行保护和开发，园林或森林部门对景区内的植物群体有权进行管护。另外，交通、文化、旅游等多个部门都有权在职权范围内对景区进行管理。在这种格局下，除非设置一元化的景区管理体制，否则很难避免多头管理带来的各种问题。

（三）管理方式单一，长远发展不利

江山市这些年由于机制一直没有变化，沿用传统的管理方式，体制相对落后、观念保守、手段单一、缺乏激励，相当一部分地方景区的工作人员只是"当一天和尚撞一天钟"，使景区只能勉强维持局面。当前江山许多景区实行景区和所在乡镇分开的管理模式，激励机制比较单一，员工的个人利益与景区发展并不能完整有机统一起来。管理方式大多沿用行政单位的管理模式，不能更多地运用市场思维，景区的市场形象和市场表现并不理想。另外一种情况是，景区管理以经济效用最大化为目标，不惜牺牲景区的完整性和协调性，在景区的建设和管理过程中较大程度地破坏了景区原有的美感及和谐。在这种僵化的、异化的行政管理模式下，景区要么发展动力不足，要么畸形化发展，不能实现经济效益、社会效益、生态效益的统一和最大化。如

廿八都古镇景区，由于涉及较多百姓居住，景区游览线路多少年一直局限在一条古街，很难扩展到周边的古街小巷，很难形成全古镇游览线路，因此造成游客很难在古镇长时间停留。形成廿八都古镇景区长久以来，游览面很小、游览时间很短、游客无法体会古镇魅力等对景区长远发展不利的局面。

（四）缺乏共建共享和民众大力支持

在江山高等级景区管理的过程中，如何维护民众利益实现共同富裕是其重要的一环。如果缺乏当地民众的必要支持，景区管理将陷入极大的困境。部分景区通过不断扩大管理范围，将原本属于民众的私人资源通过各种方式纳入景区的管理范围内，但不能说服村民，给予合理的补偿和积极参与景区建设的权利，造成景区发展与民众利益对立的不利局面。景区发展离不开当地百姓参与，如景区建设将村民的民俗习惯完全抛弃，不顾当地百姓的福利，不仅使部分外地游客无法感受景区魅力，也使绝大多数本地居民无法享受到原本能轻易得到的各项景区生活福利。景区的发展不再能够造福景区当地的民众，这样的景区完全背离了地方民众的期待和支持，当地民众当然也是没有热情的，没有责任感的。这样，游客来到景区及周边，就感受不到宾至如归、热情好客的良好氛围，甚至会遇到当地民众的欺客和宰客行为，这对景区良好的外部环境以及长远发展都是极具危害性的。

（五）行政导向，景区管理专业性不足

江山虽然不少地方景区已经设立了景区管理委员会来对景区进行专门管理，但仍然跟不上景区管理的客观需求，尤其是景区运维常态化管理。首先，景区管理的主体到底是什么性质的企业，不同的地方有不同的做法。当前大多数地方采取的做法是，政府管理、政府或企业运营的方式。这种模式当然有它的优点，如既能加强政府的管理职能，又能发挥企业的市场作用。但这种模式也使得企业要更多地考虑甚至遵照政府部门的指示和要求，来进行景区维护和开发。由于政府始终是景区管理的权威者，专业性的旅游机构和人员在景区规划、发展乃至管理中，远不能发挥决定性作用，他们在大多时候是政府决策者的智囊机构甚至只是执行机构。

（六）景区建设、景区运维能力缺乏

目前景区的良好发展运行和可持续发展，离不开必要的景区运维能力和管理保障。当前，江山市绝大多数景区都是景区管理和员工，最缺乏的是有实战经验的运营管理人才。由于缺乏实战经验和常态化培训，景区的各项运营管理工作无法有效顺利开展和进行，因此，必须通过大力引进专业人才，加强景区运营能力。

二、国家 5A 级旅游景区高质量发展的管理机制借鉴

（一）乌镇旅游开发运营体制

1. 产权分配

乌镇旅游景区的产权分配方式主要体现在管理体制和经营模式上。乌镇景区采用买断产权的方式，将景区内的房屋产权掌握在自己手中，避免了景区在开发中因为产权不统一造成的各种问题，降低后续开发阻力。保护性资产为乌镇旅游股份有限公司（乌镇景区的实际经营者，全权负责区域内资产的常规经营管理工作。现股权结构如下：中青旅控股股份有限公司占股66%，乌镇古镇旅游投资有限公司占股 34%）所有。以全资买断其产权，并将其所有权无偿划归桐乡市政府，其一部分所有权在国有公司——乌镇古镇旅游投资有限公司手中；另一部分用于日常经营的资产所有权在乌镇旅游股份有限公司手中，这些资产包括用于日常经营盈利的商铺、酒店、餐馆、文娱场所等。无论是保护性资产还是经营性资产都由乌镇旅游股份有限公司负责日常经营，而乌镇国际旅游区建设管理委员会作为政府的派出机构只负责乌镇镇区的整体管理工作，例如，行政管理、社区管理等。

2. 管理体制

乌镇旅游股份有限公司独家负责景区内的建设、日常经营及管理工作，政府和管委会只起到了辅助和监督作用。在景区建设方面，乌镇旅游公司制定了一致目标、整体规划，将与规划不符的单位搬出景区，拆除不和谐建筑、修复问题建筑、添补缺失的功能、增加现代设施，使其整体风貌符合江南古镇的特点；在景区经营方面，公司设置严格的规定，对外出租的门店必

须符合规定的经营内容和景区内部风格，门店经营产品的质量和价格也须符合要求，公司会对景区内的门店实施考核和检查，对违规门店采取相应惩罚措施。

3. 经营模式

乌镇景区的景点、酒店、餐馆、商铺等店面的日常经营都由乌镇旅游股份有限公司独家运营。乌镇在景区经营中采用多业态经营的方式，门票只是景区收入的一小部分，景区内的住宿、会议、餐饮、休闲娱乐场所才是景区收入的主要部分。除此之外，为了保证景区内业态的多样性同时限制商业过度发展，景区所有门店的数量、经营内容都由公司规定，承租者的经营意愿和公司的经营计划相符才有可能拿到店铺的租约，且承租者不能随意改变经营内容，这种看似强制化的经营方式才使得乌镇没有陷入过度商业化的泥沼，同时也保证了经营内容的多样性，避免了和其他古镇雷同的尴尬。

4. 创新产权模式

由乌镇景区的发展过程可看出，这种整体化产权开发形式是景区良好发展的基础，明确的产权归属从根本上防范了古镇在开发过程中因产权不清或拥有多个所有者所产生的各种问题，清晰的产权模式使得景区的经营管理者责任明确，进而能进行整体的规划开发。清晰的产权结构是旅游景区发展的基础，类似于乌镇的江南古镇在旅游开发运营中应注意选择适合自身发展的产权模式，确保旅游发展的基础。

5. 研究启示

（1）统一运营管理是塑造景区品牌、保证服务品质、易于管理的重要模式

乌镇东栅的旅游开发由于产权复杂，对业态经营、景区服务管理的约束性较差，景区发展到一定阶段后处于无序发展的状态，古镇旅游资源的质量难以提高。而乌镇西栅开发之初，就买断了原住居民所有的民居产权，保证了产权的独立性，避免了因产权问题造成的管理困境。统一运营管理后更便于实现景区资源的统筹与长远发展，乌镇西栅对业态实行"一店一品"的差异化布局，严格制定标准保证服务质量，并实行了以考核制为主体的管理体制。

（2）社区参与夯实了政府、景区、群众三方合作共赢的基础

景区的原住居民是景区旅游活动的重要参与者。乌镇将原住居民安置在景区外围，原有住房全部作为商业开发，而原住居民可以优先返回古镇参与旅游服务行业中，这样，既盘活了民宿的使用价值，又成功解决了原住居民再就业的问题；而宏村也将原住居民的作用发挥到了极致，他们是景区文化的动态体现，是文化艺术的传承者，是一种生活景观，最终成为宏村旅游核心吸引力的重要组成部分。

一系列便民游客措施；商铺管理巡查组，明察暗访；每周宾客意见反馈制度；等等这些才能发挥其应有的效果。这样才能使得游客做到"放心消费在浙江"。在科学规划、合理布局的基础上，采取灵活的运营方式，迅速提升品牌影响力。景区的统一运营管理是实现景区规划蓝图的重要保障，也是把控景区未来发展的关键。而且统一运营管理便于形成品牌合力，迅速提升影响力。另外，在运营方式上，部分项目可以采取自营与招商相结合的方式，但在关键项目上，必须坚持自我为主，自主运营，保证品质，保证质量。

（二）西湖风景名胜区管委会管理体制

目前我国的风景名胜区管理体制主要有政府和经政府授权的事业单位两大类，但这两类管理模式存在着"法律地位和高效率管理"不能两全的冲突。为了解决这一冲突，2002 年 9 月，杭州市委、市政府在经过大量前期调查和研究的基础上，决定调整杭州西湖风景名胜区、西湖区和杭州之江国家旅游度假区管理体制，挂牌成立西湖风景名胜区管委会，使西湖风景名胜区有了一个崭新的管理体制。明确规定杭州西湖风景名胜区管委会为市政府派出机构，代表市政府在其管辖的区域内实施统一管理，全面负责西湖风景名胜区的保护、利用、规划和建设。新体制的建立宗旨是对西湖风景名胜区实施统一管理，实行西湖风景名胜区管委会和杭州市园林文物局"两块牌子、一套班子"。这一体制既以管委会形式解决了风景名胜区区域性统一管理问题，集中和整合人力、物力、财力投入全面保护管理，促进景区经济、社会、环境的全面协调发展，借助园林文物局长期积累的专业技术、人才和实践经

验来支撑管理体系的有效运行，同时又以托管形式解决区域内农村、社区的管理，这应该说是风景名胜资源保护管理体制上的一个大胆创新。从本质上讲，风景名胜区管理体制的核心问题就是如何在风景名胜区建立和形成有利于风景名胜资源保护管理的机制和体制。

理顺体制是加强风景名胜资源保护管理、实现风景名胜事业可持续健康发展的关键。西湖风景名胜区管委会设 14 个业务职能部门，下设 8 个管理处，单独建立公安分局、市场监管分局、行政执法局，组建西湖世界遗产监测管理中心，在各遗产点属地单位设置监管机构，创立国内首个遗产区建设项目专家评估论证机制，对遗产区资源进行全面管控。

同时，针对西湖开放性的管理特点和难点，采用遥感等技术建成预警监测平台和实时监控系统，推出"两化三全"（网络化、网格化，全方位、全天候、全视角）长效管理模式。建立景区综合管理办公室及其指挥中心，全时值班受理、协调指挥区域内各类应急事务处置。西湖管理的法制、体制、机制，有效保障了对风景名胜资源和世界遗产的保护。

2014 年 7 月，联合国教科文组织文化助理总干事弗朗西斯科·班德林（Francesco Bandarin）来西湖颁发"世界遗产保护管理荣誉证书"时如此述评："西湖世界文化遗产能够拥有如此科学、全面的监控与保护系统，西湖风景名胜区管委会在世界文化遗产保护方面做了大量艰苦细致的工作，在遗产地的管理和监控方面取得了成功的经验，可以说是保护世界遗产的典范。"

（1）什么是"西湖风景区模式"

西湖风景区模式归纳如下：杭州市委、市政府依法在西湖风景区授权设立独立的行政管理机构——西湖风景名胜区管理委员会（市园林文物局），并明确其职责。

管委会遵循西湖风景区"科学规划、统一管理、严格保护、永续利用"的工作方针，对西湖风景区实施有规划、有步骤的保护和整治，所需资金基本上来源于财政资金。保护和整治过程中以"保护第一、生态优先，传承历史、突出文化，还湖于民、为民谋利"为指导思想，新建或整治后的公园景点基本上实行免费开放。通过启动和实施西湖综合保护工程及公园免费开放举措，进一步优化整体城市环境，提升城市形象，吸引旅游客源及外来投资、人才进入杭州，推动杭州旅游业等第三产业的发展，进而带动其他产业发展。可以说，西湖风景区模式体现了"全市一盘棋"的发展理念，是放小抓大、以小换大的发展模式，是杭州城市发展战略的成功体现之一。西湖风景区模式的成功得益于以下三方面。

一是进行了管理体制的重大变革，由管委会在托管区内履行准政府的管理职能（顶层体制设计），这是西湖风景区模式成功的基础环节。

二是财政资金的集中投入，这是西湖风景区模式成功的关键环节。从 2002 年开始到 2006 年，杭州市共投入西湖综合保护工程资金 42.08 亿元，并对西湖风景区内的道路、隧道、桥梁等基础设施累计投入 11.06 亿元，两项数据合计为 53134 亿元。

三是大规模推出免费开放的公园景点。2002 年至 2006 年，管委会实施了数十项公园景点整治修复工程，扩展了西湖水域的面积，大规模取消原有公园、博物馆的收费，所有新推出的景点均免费开放，"一湖映双塔""湖中镶三岛""三堤凌碧波"的世纪全景之梦成为现实，西湖形成了"东热、南旺、西幽、北雅、中靓"的新格局。此举为西湖风景区模式成功的画龙点睛之笔，它实现了"还湖于民"，受到广大市民和游客的由衷赞许和拥护。

毫无疑问，在全国诸多风景区门票价格"涨"声不断的情况下，杭州连续数年推出免费景点的做法显得格外引人注目。它不但真正实现了还湖于民、还绿于民，让更多的市民、游客享受到西湖丰富的风景资源，实现了公共资源享用范围最大化、最优化，而且它为西湖、杭州赢得了声誉，成为吸引全国乃至世界"眼球"的亮点。几年间，来杭的游客量激增，并且游客对杭州、西湖及其整治后的效果都给予了很高的评价，杭州的总体旅游收入自然水涨船高。

（2）西湖风景区模式的效应

①环境效益。2001 年之前，西湖风景区内的建筑日益增多。风景区内的农民纷纷以各种名义大量扩建房屋。一些政府部门和单位借各种理由将自己的办公楼、写字楼、宿舍楼硬塞进景区，大量宝贵的公共资源一度被一些单位或个人占有。据统计，1998 年至 2001 年，西湖风景区内的建筑总量平均每年新增 13.8 万平方米，风景区城市化倾向日益突出。

通过实施西湖综合保护工程，截至 2005 年年底，西湖风景区内累计拆除违法建筑 45 万多平方米，共拆迁住户和单位 2500 多家，减少景区人口 7000 多人，新增公共绿地 100 余公顷，恢复水面 90 公顷。还完成了西湖疏浚工程以及引配水工程，西湖平均水深由疏浚前的 1.65 米加深到 2.27 米，西湖的年配水量达 12 亿立方米，是 2002 年以前的 12 倍，西湖水由一年一换实现一月一换，西湖水质极大改善，透明度从以前的 60 厘米提高至 120 厘米。同时，对环湖地区保留的单位和住户实行截污纳管，电力、电信等杆线一律"上改下"，彻底改变西湖周边局部生活区"脏、乱、差"和风景区环境污染日趋严重的状况。

②社会效益。西湖综合保护工程体现了杭州"精致和谐，大气开放"的人文精神，受到广大市民和国内外游客的拥护和肯定，它带动了杭州市"大旅游"产业的发展，增强了杭州的城市经济实力和综合竞争力，极大地提升了杭州的城市声誉。2003 年以来，授予杭州和西湖的各种荣誉纷至沓来，这些都是难以用金钱衡量的"无形资产"。2003 年年底，世界银行发布的《改善投资环境，提升城市竞争力：中国 23 个城市投资环境排名》报告中，杭州排名第一，投资环境最好。2003 年度中国城市投资环境排行中，杭州从无到有，排名第六。2004 年 3 月，日资企业评价 75 个城市或开发区，杭州排名第一，10 项指标中有 8 项超过了全国平均满意度。9 月，《福布斯》中国最佳商业城市排行榜中，杭州从 660 个城市中脱颖而出，排名第一；当年，西湖综合保护工程荣获 2003 年度全国十大建设科技成就奖，这也是杭州市首次获得此项殊荣。11 月，国家统计局公布了 2003 年度全国百强城市，杭州排名第八。2005 年 7 月，在人民日报社联合 100 多家权威行业协会及 30 多家权威网站举办的"首届中国消费者喜爱品牌民意调查"中，西湖风景区脱颖而出，荣获"中国顾客十大满意风景名胜区"称号；8 月，杭州蝉联《福布斯》中国最佳商业城市排行榜冠军；9 月，西湖风景区管委会荣获建设部"2004 年度国家重点风景区综合整治先进单位"称号；10 月，西湖被《中国国家地理》杂志和全国 30 多家权威新闻媒体评为中国最美的五大湖之一。2006 年 1 月，西湖风景区被中央文明办、建设部、文化部授予首批"全国文明风景旅游区"荣誉称号，成为获此殊荣的唯一一个湖泊类风景区。2007 年

5 月 8 日，文化部公告了全国首批 66 家"国家 5A 级旅游景区"名单，杭州西湖风景名胜区榜上有名。

③经济效益。实施西湖综合保护工程，取消诸多公园景点、博物馆、纪念馆的门票，从管委会的角度来看，首先，是直接减少了门票收入，经济收益减少；其次，24 小时全开放的风景区也增加了大量的日常维护、清卫保洁、安全管理等方面的费用，带来了更大的经济压力。减收和增支两个因素相叠加，管委会每年增加的经济负担在 8000 万元左右。既然如此，西湖风景区模式的经济效益从何谈起呢？

其实，和环境效益、社会效益一样，西湖风景区模式的经济效益并不仅仅是从风景区自己的角度来体现的，而是从杭州市区旅游经济整体的发展角度来体现的。西湖风景区模式跳出了"风景区整治美化提高公园门票价格"这种传统模式，其独特之处在于用更加秀美深厚的自然文化景观和"免费开放"作为亮点，吸引更多的游客，以"门票收入"的损失换来市区整体"旅游收入"的提高，进而吸引投资和创业人才，为其他产业的发展打下资本和智力基础。

大量数据可以证明"公园免费开放"为杭州市区旅游带来了巨大的经济效益。

总结："西湖模式"的成功源于其拥有得天独厚的发展条件。首先，西湖作为杭州的城中湖，早已成为城市文化的载体；其次，杭州本身也是一个旅游产业特色比较鲜明的城市；最后，杭州，或者说浙江省的经济实力发达，有充足的财力去完善公共产品服务和社会服务。而从区域经济的角度来说，长三角是一个巨大的消费市场，为西湖提供了源源不断的客流；此外，免收门票涉及方方面面的利益，时任杭州市高层力推"西湖牌"，解决了利益重新分配的问题。

国内类似西湖的湖泊很多，但只是形似而不是神似，如果没有富足的经济实力做支撑，没有强大的政府管理能力做后盾，要推广"西湖模式"只会心有余而力不足。其他城市不能照搬这个模式，而是应当学习这种用服务业配套吸引消费，让旅游发展带动城市发展的"大旅游"创新理念。

创新是为了让旅游业更精彩，要根据旅游发展的规律、景区的条件、城市的发展阶段来及时推出创新的构架。创新的源头是一套体制和机制，如果体制设计不好，机制运行不畅，创新就没有价值。旅游的创新其实还是政府在主导，政府要有能力协调方方面面的利益，当时杭州旅游委员会就是高配置，副市长兼任旅游委主任，可以更加有力地整合资源配置，其他旅游城市也可以借鉴。

西湖政府对景区商业网点的大力开发使得每年拍卖收入大增，且免门票带来的人气带动了对景区其他设施需求，由此带来的商业网点、服务设施年租金高达 5500 万元，杭州作为一线城市，财政实力毋庸置疑；作为旅游城市，西湖的发展在城市总体规划中地位较高，因此西湖的财政支持较大。城市基础设施建设，可进入性较大。所以杭州更易吸引重游率高、游购娱行需求高的休闲类游客，由此带动城市发展。

（三）嘉兴西塘管理体制

嘉兴西塘景区主要由西塘镇政府管理，以政府为主导，由镇政府管理部门（如管理委员会）下属的旅游开发公司进行景区管理和运营，把景区运行建设和保护性规划作为指导，所有的工程项目和业态组织均有一定的申报执行秩序和实施目标。这可有效避免乱搭乱建造成实施中的再度破坏。这样操作注重时序性、整体性和真实性。按一定的步骤，有计划地执行年度目标，避免了一些盲目的"政绩工程"和赶时间的"献礼工程"，避免了重复工作；按计划进行项目整治，便于资金的良性循环，同时使得风貌的整体性得以完善。实施中注重原住居民的迁与留，不仅实现了建筑遗产的真实性，也实现了生活形态的真实性。效果上，注重景区开发与民生的改善和产业的利用共同发展。西塘景区建设和运营实施后，首先得益的是广大的老百姓，从居住环境本身及基础设施，均有相应的改善，提升了吸引力；他们通过积极参与古镇保护的监督和古镇烟火味的实施，大大激发了街区的活力和自身的积极性，使历史建筑得以合理利用。古镇百姓参与生活场景再现，景区管理部门可以实现全面建设管理，从而实现良性发展。嘉兴西塘古镇景镇合一的管理模式，既保证了景区建设运营的全面、协调、有序管理，又保障了居民参与景区管理的积极性。

（四）缙云仙都景区管理体制

缙云县仙都风景旅游区管理委员会（仙都街道办事处），按照"景镇合一、封闭运行"的总体要求，坚持责权相统一，政事企相分离，人权、事权、财权相匹配的基本原则，建立缙云仙都景区统一、高效的新型管理体制和可持续发展的运行机制，进一步强化其作为县级旅游功能区的综合管理职能，为实施"重点景区引领、全域旅游发展"的发展战略，进一步打造全国一流景区和世界知名旅游目的地，从而为全县全域旅游业的发展奠定体制基础。

1. 基本情况

仙都景区是国家重点风景名胜区，自 1982 年成立仙都风景区管理处以来，历届县委、县政府对如何理顺体制问题做了积极的尝试。1993 年，缙云县成立仙都风景旅游管理局（以下简称仙都管理局）。1998 年，县委、县政府计划将仙都管理区从五云镇划出，建立一个仙都乡（镇），由于条件不成熟，未能得到上级批准。2000 年 3 月，县委、县政府经过反复论证研究，借鉴了永康方岩等地的成功经验，出台了《关于仙都风景旅游管理体制改革的决定》，授予仙都管理局一定的行政区域综合管理职能，撤销原仙都管理局党组，建立局党委。由五云镇人民政府将仙都景区所在的 12 个行政村（原仙都乡）委托给仙都管理局管理，仙都管理局对 12 个行政村经济社会的各项事业发展负全责，并设立"缙云县仙都风景旅游管理局仙都农村管理处"（以下简称仙都农管处）。仙都农管处设立党总支，隶属于仙都管理局党委。仙都管理局由一名副局长分管农村工作，兼任仙都农管处党总支书记、主任。这种管理体制，通过一段时间的磨合和全体干部职工的共同努力，在土地政策处理、风景资源保护、景区村庄环境改善等诸多方面起到了积极的作用。但是，随着形势的不断发展和变化，在运行中出现了许多新的问题和矛盾。

2. 存在问题及原因

（1）行政管理不够顺畅

仙都农管处不是一级政府，没有一级政府的管理职能和人员、机构的配

190

置，而级别与仙都管理局同级，但又受事业单位仙都管理局的领导，运作起来不够顺畅。

（2）难以发挥最佳工作效能

目前仙都农管处具体负责景区 12 个行政村的农村工作，旅游只是其中的一项工作内容。由于仙都农管处不是一级政府，但又相当于一个乡镇，其人员配备不足。虽然从表面上看景区管理的机构已经比较健全，但事实上与仙都管理局之间的关系非常微妙，造成了工作多头、重叠管理、人员分散、力量削弱的局面。

（3）考核体系不一致

仙都农管处各种考核属一级政府三类乡镇范围，仙都管理局则按部门考核，由于考核量化指标不一致，双方工作侧重点难以达到完全统一。

（4）行政职能难以履行

仙都管理局全面负责风景名胜区的保护、利用、规划、建设和全县旅游行业的管理和发展工作，但由于景区涉及多个部门和单位，各政府部门均对景区实行条块管理，景区缺乏统一有效的管理，在工作上带来了种种弊端，使得仙都管理局在具体工作中往往执行不够到位。

3. 利弊分析—有利因素

（1）实行人、财、事"三统一"，实现"景政合一"

人事方面，管委会主任兼任旅游局局长，便于统筹安排各项工作，有利于协调景区内农村工作与旅游工作之间的矛盾。所有人员由管委会根据需要统一调配，可以最大限度地发挥人员的工作积极性。财务方面，县财政将管委会、旅游局、仙都农管处的所有经费统一划拨给管委会，由管委会统一安排使用。事务方面，部门将管理权限委托给管委会后，使管委会拥有"块块"管理职能，领导主体更加明确，管理权限更加集中，执行工作更加顺畅。

（2）理顺关系，减少矛盾，提高效能

管委会与旅游局实行"一套班子，两块牌子"的运作模式，消除现行体制下职能重复、职责不清、相互扯皮等矛盾，理顺风景保护、规划、开发、建设与旅游行业管理之间的关系，同时也理顺风景旅游管理工作与部门、农村之间的关系，使风景区的各项管理工作执行更加到位，真正取得实效。

（3）暂时保留仙都农管处

待下步全县行政区划调整后考虑设立街道办事处。这既与即将开展的行政区划调整工作相衔接，体现了政府决策的科学性、有序性、严肃性，又可以使当前景区内面临的农村行政管理问题得到相应解决，促进景区开发与城区建设联动发展，为今后的撤县建市、创建旅游强县打下良好的基础。

（4）考核体系合二为一

县委县政府直接对管委会工作下达综合考核指标，景区农村工作纳入管委会考核内容，消除了两头考核带来的各种矛盾。

（五）舟山普陀山管理体制

普陀山管理局成立于 1979 年 4 月，近些年来，普陀山经历了旅游经济的发展，产业结构的调整，旅游设施、环境的改善，也经历了在激烈的市场竞争中不断开拓创新、超越自我，普陀山的旅游文化得到了长足的发展，旅游经济实力不断增强，社会各项事业不断完善。管理机构对普陀山的文物资源的保护、旅游资源的开发、佛教事业的恢复、佛教文化的深度挖掘以及对整个普陀山旅游经济的发展起到了至关重要的作用。

为适应我国风景名胜事业迅速发展的需要，2007 年，舟山市委、市政府根据《浙江省普陀山风景名胜区保护管理办法》（省政府令第 210 号），决定撤销舟山市普陀山管理局，设立舟山市普陀山风景名胜区管理委员会（以下简称普陀山风景区管委会），标志着普陀山进入一个新的里程碑。以后根据《中共浙江省委办公厅、浙江省人民政府办公厅印发〈关于创新浙江舟山群岛新区行政体制的意见〉的通知》（浙委办发〔2013〕57 号），设立浙江舟山群岛新区普陀山—朱家尖管理委员会（简称普朱管委会）为浙江舟山群岛新区管理委员会的直属机构，全面负责普陀山—朱家尖功能区的经济社会发展事务，在所辖区域范围内行使市级经济管理权限和县级社会管理权限。舟山市普陀山风景名胜区管委会与其合署办公。

为了有效提升景区管理水平，提高景区美誉度和游客的满意度，自 2016 年起，普朱管委会在全省率先推行了"综合管理+联合执法+公安保障"执法体制改革，在此基础上，2018 年又创新推出了普陀山朱家尖景区管理服务"5+1"的新模式——"党建引领、综合管理、社会融入、志愿参与、智慧服务加景区旅游不文明行为记录管理"的"5+1"景区管理服务新模式坚持综合管理，提升管理执法合力。通过探索建设"大城管"管理服务体系，全面实施以城管为主体的综合执法队伍、相关执法部门共同参与的联合执法体系，实施公安配套、执法保障的管理模式。

1. 成效

（1）高质量发展的"强引擎"

普陀山—朱家尖功能区抓项目、促发展，以全新的招商引资体制和优质高效的政府服务，快节奏、高标准推进项目建设，助推世界佛教观音文化圣地和国际海岛休闲度假胜地建设。2021 年 5 月，览海·普陀圣境项目在朱家尖松帽尖围垦区块开工。改变舟山市旅游业态相对单一的现状，为舟山市旅游产业向价值链高端迈进增添新动力。项目建设在这片热土上发生着"聚集效应"，推动着区域经济快速增长。

（2）深化改革创新活力释放"新动能"

"一码通"应用场景的推出，正是普陀山—朱家尖功能区深化改革、激发创新活力的一个侧面。这五年来，普陀山—朱家尖功能区通过"动静结合、加减互补"，精准规划、精致建设、精细管理和精心服务，不断推陈出新、改革创新，实现两地优势互补，形成一体化发展新格局。普陀山—朱家尖建成启用行政服务中心大厅、"智慧景区"综合管控中心，推进景区"一票通"改革，科学实施景区分时预约，持续优化游客体验。

（3）绿色发展全域旅游描绘"大格局"

①普陀山—朱家尖全域旅游格局初具规模，顶层设计持续完善

五年来，景区建设冲云破雾。普陀山—朱家尖功能区始终围绕品质提升这一核心目标，致力于水、电、通信、码头、路网、客运索道、公交场站、标识标牌等基础设施建设，景区交通便捷度和舒适度不断提高，一个对内贯通两地全岛、对外实现区域互通的综合交通大格局已经初步形成，实行精简高效统一的管理体制，有了自己的管理队伍，负责对全山风景资源、旅游经济、社会事务等进行全方位的统一管理，这一管理模式有利于规划的统一执

行、资源的统一调配，使景区的各项关系更加清晰，解决了景区管理政出多门、各自为政的问题，有力地保证了对国家级重点风景名胜区的开发、利用、建设、管理、保护，推进景区管理各项事业快速健康发展。

在"5+1"景区管理服务新模式中，"社会融入"也是一大亮点。普陀山—朱家尖将实施景区管理服务和行政管理的有机分离，建立适合功能区的第三方委托管理标准体系及考核标准，尝试引入第三方社会服务机构参与景区管理，逐步建立区域市容市貌管理、环境卫生管理、违法建设巡查反馈等日常管理新模式。

②景区管理服务"5+1"新模式带来的改变不胜枚举

在智慧服务方面，将依托投诉服务平台和镇、街道等"四个平台"，大力推进视频、网络、移动通信等技术在景区综合管理中的应用，实行景区实时管控，及时发现、迅速研判、同步部署、高效处置。建立监督指挥平台，动态掌握网格内管理现状、存在问题和处理情况，实施全流程信息化管理。

在综合管理方面，将通过探索建设"大城管"管理服务体系，全面实施以城管为主体的综合执法队伍、相关执法部门共同参与的联合执法体系，实施公安配套、执法保障的管理模式，建立职责到组、管理到点、责任到人、执法到位的管理运作模式，全面提升职能部门管理执法合力。

在落实旅游行为管理、提升旅游整体环境方面，将加大对《普陀山景区旅游不文明行为记录管理暂行办法》的宣传和解释力度，在加强正面引导的同时，以旅游不文明行为记录黑名单方式惩戒游客的不文明行为，发动社会力量推进文明旅游工作。

③坚持党建引领作用不容忽视

普陀山—朱家尖将通过探索党的建设引领基层治理新路径，充分发挥基层党组织的战斗堡垒作用和党员的模范带头作用，带领普陀山—朱家尖功能区广大党员、干部职工和居民群众共同参与景区管理，全面推进"四个舟山"和"两大圣（胜）地"建设。

"5+1"新模式的实施，正是结合景区实际，深入贯彻党的十九大精神的有效举措，是在更大范围开展"共建、共治、共享"的社会治理大行动，目的是在党建引领下，通过景区综合管理的转型升级、管理力量的下移下沉手段，着力构建人员配置科学合理、队伍运转高效有力、管理落细落小落地的综合管理新格局；通过探索引入社会化服务机构、志愿者参与景区管理的手段，推动形成景区广大干部职工、志愿者和其他社会力量融入景区服务建设的新氛围；通过构建"发现及时、处置高效、服务精准"的景区管理服务网络手段，全面营造高效便捷、智慧协同、贴心服务游客的新环境，从而更好地提升景区美誉度和游客满意度，努力打造全国景区管理服务的新样板。

三、统筹管理机制利于江山旅游高质量发展助力共同富裕

机制体制是保障旅游高质量发展的关键，是高质量旅游发展助力共同富裕的基本保障，也是全域旅游发展的重要意义所在。应该通过旅游领域体制机制的改革创新，打破旅游发展的制度枷锁，带动其他领域管理体制改革创新；强调健全制度，应不断完善旅游治理体系，优化旅游业可持续发展的法治环境，提高现代旅游治理能力。

统筹协调的旅游发展是推动全面深化改革的抓手，以旅游带动地区经济社会全面发展。为此，制度创新首先就在于建立党政统筹的管理机制。

第一，建立适应全域旅游高质量发展的景区管理机制体制。目前旅游产品丰富，游客的消费能力提高，消费需求多样且品质要求高，旅游消费行为变成更加无边界的全域旅游，江山市传统的景区管理方式无法适应当前全域旅游的高质量发展需要。

全面改革和创新江山旅游景区的管理模式是江山全域旅游高质量发展的需求。借鉴省内国家 5A 级旅游景区成功的管理经验，建立具有市级行政权的高规格管委会。跨多个建制镇的大型景区管理委员会，将带动力大、辐射性强的多个资源点和景区与建制镇及村庄结合紧密，形成独立的行政建制或准县级行政权的派出机构，强力推进目的地旅游区域综合发展；深化提升国家 5A 级旅游景区、特色小镇等综合区域发展。景区改制是分层次的，有小的古村乡村景区，有江郎山大景区，大景区原则上可以作为副县（市）级机构来管理。

第二，要适应旅游综合产业属性，创新旅游综合管理体制。破解旅游产业发展中资源整合与统筹协调、旅游规划与产业促进、旅游监管与综合执

法、市场营销、旅游公共服务等领域长期以来存在的协调难题，形成现代旅游治理新体系。建立景区旅游运营管理机制，细分各成员单位责任，每季度召开景区会议，加强不同利益诉求之间的旅游协调工作。

如国家 5A 级旅游景区廿八都，景区涉及多个利益主体，景区管理部门是旅游发展有限公司下属的廿八都景区公司，但景区内居民房屋产权、景区内河道水系、古镇街巷、生活场所以及景区内老百姓都属于廿八都镇管理，目前的管理体制无法适应全域旅游发展的市场需求，建议成立副县（市）级机构来统筹管理江郎山·廿八都国家 5A 级旅游景区，全范围管理和运维旅游景区，满足游客对于无边界全域旅游的市场需求。

第三，要完善公共服务政策体系，改善消费市场环境。提高人民群众的获得感。完善促进消费的体制机制，进一步优化消费环境，增加有效供给，满足人民群众日益增长的美好生活需要。一方面，坚持面向消费需求，增加有效供给，满足不断升级和多样化的居民消费需求；另一方面，依法治理消费市场秩序，切实保护消费者利益。同时，加强消费市场监管，加强对消费侵权行为的查处，严厉打击假冒伪劣商品，使人民群众放心安全地消费。支持社会力量进入医疗、养老、教育、文化、体育等领域，满足不同层次收入群体多样化的需要。同时加强必要的质量、风险和收费标准监管，使其与政府投资形成良好的互动和补充。

第四，要培育旅游新业态，提高旅游服务质量。高质量发展需要高质量的环境和服务质量要素。根据江山旅游产业结构由观光向度假休闲转型升级的需要，加强在职培训，提高旅游人才对高质量发展的适应程度。制定多层次的人才政策，构建适应各类人才的薪酬和激励机制，吸引各类具有创造性和积极性的旅游人才。

四、优化的江山产业管理利于旅游高质量发展助力共同富裕

随着社会经济的快速发展，人们物质生活水平的日益提高，游客自身可支配的时间有所增加，对生活品质的日益追求，其旅游消费需求、旅游习惯和消费习惯也随之改变，这给江山旅游产业分工和专业化带来了更大的空间，高等级景区产业需要更加集聚，旅游结构需要更优化。通过产业链的延

伸和拓展实现旅游全要素、全产品、全过程和全服务的提升。江山市的旅游产业链需要进一步细分和延伸，城镇与景区、乡村与景区之间开始形成网状一体的产业链条。最终，独立的不同旅游产业单元合并成更大的单元，旅游产业和景区旅游走向"全域—景区"一体化旅游，朝"全域旅游社区"的形式发展。

（一）强化景区品牌建设，展开立体传播

从景区及外围组织"内涵"（资源环境、设施设备、体验项目、商品服务、文化传承）升级、品牌（世界组织，各级部门、行业协会的授牌认可）升级入手，树立江山旅游品牌形象，强化江山高品质旅游生活，并针对本地居民、目标游客，充分运用新媒体，展开立体化持续传播，促进江山品牌认知、认可、认同，为旅游产业融合集聚奠定品牌平台基础。

（二）构建产业共享公共平台，降低企业成本

本着"政府做平台、企业做经营"的理念，搭建旅游产业集聚区公共服务平台，"筑巢引凤"，形成"体验消费＋产业""公共服务＋企业""互联网＋产品"的格局，为招商引资、企业发展提供良好经营环境。其中主要包括公共基础设施建设，包括园区专用道、供水、供电、供气、通信、排水、垃圾站等设施；旅游基础设施，包括园区游道、旅游驿站、标识标牌、网络信息平台等；建立景区服务管理机构，提供公共服务，包括公共交通提供、品牌形象宣传、公共危机管理、日常垃圾清运等。

（三）实施项目用地倾斜，保障旅游产业结构优化

保障旅游相关产业项目优化，提升建设用地，国土部门年度土地供应要适度向旅游业倾斜。同时可依据年轻群体和季节性度假需求以及后疫情时代郊野旅游发展需求，考虑发展临建可移动房屋（预制房），如集装箱酒店、特色帐篷，形成"轻房地产"，为旅游度假区、房车营地、户外露营地等提供住宿服务，以节约用地与投资。

（四）实行负面清单管理，引进优质项目

依据景区产业发展目标定位，建立产业项目落户的负面清单，引入旅游休闲相关产业项目落户，防止非相关特别是污染性产业项目进入，优先保障

景区度假旅游、资源属性相关产业项目落地，并促进区域特色优势产业集聚发展；对富有江山特色优势的旅游休闲相关项目，尤其是度假休闲类项目，以及公益组织、中小企业的特色专业旅游休闲相关项目要给予优先扶持。

（五）调动社会力量参与，实现景区社会共建共享

政府还要积极培育社会组织，包括非政府组织、社会公益组织、行业协会、社区村落组织参与景区发展建设，实行产业组织统筹共生发展，以降低管理成本，推动景区社会自律，实现景区和谐建设，以共创、共建、共享理念达到互利、互惠、互赢目的，形成"命运共同体"。

（六）旅游产业结构合理化和高级化

不断调整江山旅游内部各产业的比例关系，协调好城镇、村庄和景区之间的产业分工，统筹好第一产业、第二产业和第三产业的融合发展关系，进行江山旅游结构合理化调整；要不断完善吃、住、行、游、购、娱等要素，着力改善旅游生态环境，完善相应基础设施，加快农家乐提档升级，使旅游功能更加趋于合理。要立足于江山特色旅游资源，以特色旅游商品为突破口，不断延长和拓展旅游产业链，如以"江郎山"主题为核心打造江郎山主题民宿等相关系列产品。

（七）加快培育旅游产业链的核心企业

核心企业在旅游产业链的地位和作用是不可替代的，核心企业虽不是产业链的全部，却是其中最重要的环节，加快发展有竞争优势和带动力强的核心企业，促进江山旅游产业链全面提升。目前江山需要加快培育一批具有领导能力的核心企业，以核心企业为链核，对江山的城镇和乡村旅游产业链进行组织协调和调整。江山旅游发展有限公司已经集合了周边自然村优质的夯土房资源，同时具有一定的经营规模，因此可考虑以该资源为基础，整合周边乡村旅游资源，通过和高等级景区融合发展，突破现有的景区和乡镇无法高效协同制约的瓶颈，参考舟山普陀山的管理模式，通过创新管理体制，将江山旅游发展有限公司打造成江山全域旅游产业链中的核心企业。

（八）积极构建网状一体共生的旅游产业链

江山旅游产业发展中，城镇、乡村与景区既有独立发展的一面，又有相

互依存的一面。通过不断深化周边区域和景区的产业链融合，逐步构建网状一体化共生的江山旅游产业链。这有利于城镇、乡村与景区最大限度地整合旅游资源，为打造"全域景区一体化"旅游社区奠定基础，从而进一步将江山旅游产业链融入区域整体旅游产业链中。

五、泛景区江山旅游管理利于旅游高质量发展助力共同富裕

江山市应成立高规格的旅游景区管委会，市场化利用及景区营销，外围扩展旅游开发经营等，旅游管委会和旅游运营机构要统筹协调管理运营景区，这样职责上相对简单清晰。景区管理的全域旅游不是向门票要经济，不是向景点要经济，而是由此衍生出旅游经济发展架构。应该设大景区结构，形成大门票、开发交通及其他收益方式，从而对江山市所有景区形成拓展式发展。

景区景点体制改革要找准立足点，以景区提质升级为核心目标，立足景区改制，带动区域经济转型突破，带动乡镇建设和全域旅游发展；立足存量，做大增量；立足资源，做好产品，推动产业发展。可以从下面几点入手。

（一）深挖资源，全域发展

1. 深挖资源，创新产品

江山市山水和人文旅游资源丰富，乡村旅游全面开花，通过旅游产品的不断创新，投资商看到景区旅游产品的未来，对盈利有信心，游客能感受江山旅游产品的魅力。

2. 立足存量，做大增量

江山旅游发展尽管已经有 1 个国家 5A 级旅游景区、3 个国家 4A 级旅游景区、国家全域旅游示范区等项目，但旅游基础整体比较薄弱，存量很低，增量可以做大。

3. 立足景区，整合区域

立足景区，带动江山全域发展，江山一个 5A 级景区可以带动一个城市，一个 4A 级景区可以带动一个小镇，只要是能够达到每年 30 万人次以上游客量的区域，都有带动区域经济的能力，这个带动结构是景区扩张发展的关键。所以，江山旅游景区的机制放开，让外围带动提拉景区，即使景区不盈利，但是周边有一系列延伸性收益结构也能形成价值。

（二）系统整合，体制创新

1. 景区统筹管理，成立高规格的旅游景区管理委员会

具有行政权的管委会，可以实现管理跨多个建制镇的大型景区，带动力大、辐射性强、资源点很多，景区与建制镇及村庄结合紧密，建议形成独立的行政建制或准乡镇级行政权的派出机构，强力推进目的地旅游区域综合发展，打造江山市国家 5A 级景区、特色小镇等综合区域结合发展。

景镇一体化管委会设置，有利于管理景镇区域结合非常紧密的中等规模自然景区、古村古镇古城景区，应该将景区打造与特色小镇建设相结合，形成景区发展带动城镇化及美丽乡村特色发展。对于文物保护单位面积相对较小的景区，难以扩大或暂时没有规划出区域带动结构，依托文物保护单位本身的管理结构，转型为"文物保护+景区"管理，形成相对小的景区管理架构。

2. 景区统筹运营

景区管理、景区营销、景区场地或资源的合作经营等，既可以采用与资产直接对接的开发经营一体化模式，把开发权与经营权一起转移到社会资本上；也可以采用轻资产模式，引入专业人才与合作伙伴，形成市场化经营。景区运营是多层次的运营结构，可以轻资产运营，可以重资产运营，可以使用轻资产与重资产合作的方式，可以导入多层次多样化的运营结构，比如，电瓶车运营、索道运营、演艺运营、商家运营、酒店运营、餐饮运营等，政府在景区改制上要把控主动权、把控资本、把控资源。

3. 加快整体营销

完善和创新旅游宣传营销工作机制，进一步整合旅游宣传资源，统筹策划江山旅游整体形象宣传。充分运用影视植入、MV、平面广告、电视报刊媒体、网络等方式多渠道宣传推介江山。在城市中心、高速公路等设置一定数量的户外旅游广告。

通过抖音、小红书等推介宣传景区，努力打造国内知名的休闲旅游品牌。通过加快客源地营销渠道建设，针对各细分市场特点制定营销策略、包装设计旅游产品，构建江山整体的立体营销体系。积极与周边"95联盟大道"景区合作，形成全新的旅游精品线路。

通过助推泛景区目的地建设，始终坚持树立全局谋划、全方位推进、全时空统筹、全要素配套、全产业联动、全社会参与的大旅游发展观，突出生态环境协调、人文环境协调、产业环境协调、全民环境协调，抓好旅游安全，实现区域治理能力现代化与旅游业转型升级同步发展。江山在进行泛景区目的地建设时始终坚持从全局和长远出发，由"政府+企业"进行整体规划和开发，进行市场培育，分阶段分层次递进发展，坚持产业协调和融合发展，以住宿业态开发为母体，大力发展酒店、民宿行业及以体育赛事为代表的节事行业，不断拓展，最终形成旅游、酒店、民宿、会展婚庆、体育赛事等多元产业集聚和融合的创新创业孵化基地。在进行泛景区目的地建设时，市政府注重产业融合、资源共享原则，全域旅游是释放旅游业综合功能、共享旅游发展红利的重要平台。江山作为首个国家全域旅游示范区，应该集中优势产业，要发挥"旅游+"的综合带动功能，与其他产业融合发展，构筑全域产业联动大格局。江山在进行开发时也始终坚持这一发展模式，努力打造"高端旅游度假胜地"，在这一目的指导下通过江郎山、廿八都、清漾景区等周边度假业态的引入和国家级旅游度假区的建设，启动通景大道建设，将国内一流的民宿经营、主题餐厅、生活娱乐、养容康体等业态引入"高等级景区休闲生活圈"，激活现有的优质高端群体消费潜力，让江山的高等级景区和各个乡镇融合发展，使其发展成为江山全域旅游建设中亮眼的泛景区旅游目的地。

第十二章　全域旅游背景下高等级旅游景区助力共同富裕的举措

　　江山市始终以满足人民群众日益增长的美好生活需要为方向，扛起旅游高质量发展建设共同富裕示范区的文旅担当，努力推动旅游发展及文化服务成为"物质富裕"和"精神富有"的最靓底色。在全域旅游背景下，通过江山高等级旅游景区带动共同富裕的创新举措和路径，实现江山旅游促进全域共同富裕，勾画出江山新的全域旅游助力共同富裕的发展格局。

一、适应全域旅游高质量，创新景镇传统管理体制

　　开创"全域旅游"的新格局，本质要义就是适应大众旅游时代旅游消费蓬勃而持续增长的需求，适应大众旅游时代旅游消费需求全新而巨大的变化，以新的旅游资源观和发展观为指导，把一个城市和区域整体作为一个环境优美、业态丰富、功能完备、服务配套齐全的旅游目的地来建设，创造更多更大更美的旅游生活空间，以增加旅游产业的有效供给，提升旅游发展的整体水平。这是旅游发展理念的创新、旅游发展模式的变革，也是旅游发展格局的突破。旅游景区是以自身的旅游资源为依托形成具有相应吸引力的区域，是一个可供人们进行旅游活动的相对完整的空间环境。长期以来，景区一直担当着人们旅游活动"主要吸引物"和"首选目的地"的角色。建设景区、营销景区、管理景区始终是旅游发展和增长的主要模式。毫无疑问，在"全域旅游"的新格局中，景区仍然是"主角"。

　　建立"景镇主导、部门联动、专班推进、全社会参与"的高位推进机制。形成党政领导挂帅，统筹所涉及的宣传、组织、政法等各个党委部门和公安、财政、国土、环保、住建、交通、水利、农业、体育、统计、林业等

政府部门参与全域旅游综合管理机制，从全局推进旅游统一规划、统筹部署、整合资源、协调行动。通过成立江山市高等级景区旅游管理委员会，统筹所辖景区所在的乡镇党委、政府、人大、政协等机构参与，全面统筹所在区域旅游高质量发展，让旅游高质量发展促进共同富裕。

在投资和运营体制上，要践行开放带动，破除景区内外的体制壁垒，推进景区所有制和管理机制的改革，引入多元投资主体和经营主体，激发景区的活力，建立与全域旅游高质量发展相适应的高规格景区管理体系，可以加快推进全域旅游高等级旅游景区带动作用的进程。

二、推动景区促乡村发展，优化景村链式产业管理

要延长产业链，提升文化和旅游互动效应，推动差异化发展，不断拓展衍生产品链，增强产业支撑；要拓展产业面，培育多元联动、纵横延伸的产业体系，打造点线连接、区块结合的产业发展格局；要形成产业集群，引导文旅市场高质量发展，推动文旅产业要素集聚。江山需要构建产业生态培育的全体系、大系统，生成具有较强市场竞争力和鲜明区域带动力的产业新模式、新格局。

（一）优化产业布局，全面拉开景村旅游发展新局面

一是优化产业布局，完善旅游城市集散功能，加快廿八都古镇二期等项目建设，提升核心景区辐射带动效应。整体推进以峡口、廿八都、保安乡为重点的南部连片生态休闲示范区建设，实现区域生态旅游资源联动规划建设。

二是丰富"旅游+"产业培育。加快培育"旅游+体育""旅游+养生""旅游+研学"等新业态，特别是在"旅游+体育"方面，逐步形成江山的"旅游+"品牌热点。

（二）串联景区乡村，做靓做精景区乡村休闲旅游

一是"点"上做精。因地制宜，把每个项目作为盆景来精心雕琢，避免一哄而上、千篇一律，努力形成"百花齐放"。二是"线"上集聚。按照景区乡村旅游理念，把一批体量小、分布散、辐射弱的小景区和特色村融入大

景区，通过串点成线，推出世遗多条乡村休闲旅游精品线路。三是旅游富民。坚持走景区乡村休闲旅游、生态农业、电子商务"三位一体"发展之路，通过大景区的带动让农民通过发展民宿，在家门口、网络上卖猕猴桃、蜂产品、茶叶等土特产来增加收入。

（三）聚焦乡村共富——打好三场"攻坚战"

一是打好旅游重点项目攻坚战。结合"美丽城镇""国家 5A 级景区""省级园林镇""美丽河湖"等创建项目，全面提升景区周边的公共休闲场所建设、廿八都镇文化站改造提升、集镇路灯亮化、农民饮用水提标改造、水毁堤坝修复等 40 多个重点工程项目建设。

二是打好景区周边环境攻坚战。对照核心景区周边乡村发展需要，拓宽高等级景区的发展空间。持续做好农房整治"后半篇"文章，扎实推进复垦复绿、"一米菜园""口袋公园"建设等工作，让"荒地"变"绿地"。

三是打好景区带动产业攻坚战。借助廿八都商会、乡贤会等平台，积极开展招商引资，推动相关高端民宿项目洽谈落地，助力民宿产业提档升级，成功引进"千万级"以上酒店 1 家——归野·仙霞驿人文酒店，成功创建大山明珠、和悦农庄等省级银宿 2 家。

三、聚焦泛景区化旅游趋势，强化景村规划顶层统筹

统筹考虑景区与所在村、镇的生产、生活、生态一体化，全面推进景区与乡村交通、能源、水利等基础设施建设。景区与乡村环境一体提升。联动开展品质提升、小城镇环境综合整治、美丽城镇建设、美丽乡村建设等行动，推动景区和乡村居住环境同步改善、持续升级。

景区与村镇全域旅游规划必须与地方社会经济发展规划、城乡规划、土地利用规划、道路等相关规划相互关联，甚至是影响这些规划。泛景区的规划不能简单囿于旅游业的空间规划、产品规划等传统的旅游规划思路，必须从实现旅游业带动经济社会全面发展的角度来制订。

包括"多规对接、多规融合、多规合一"3 个层面，充分发挥全域旅游规划的统筹与引领作用。多规对接或衔接主要是指旅游规划内容服从上位规

划的相关要求。多规融合主要是指法定规划要满足旅游发展相关需求，以及产业规划中充分考虑发展与旅游融合型项目、产品和业态。多规合一则是指以旅游为主导的多规融合发展规划。其中，多规融合是地方各部门联动的主要法律依据，是产业融合发展的政策保障；多规合一是多规融合的最高形式。如江郎山景区、清漾景区和石门镇旅游统筹规划，充分发挥江郎山和清漾国家5A级旅游景区的影响力，地域和人文资源的优势，结合石门镇丰富的乡村资源配套，综合考虑进行度假休闲旅游目的地的打造。

以江郎山国家5A级旅游景区为依托，围绕江郎山世遗文化，做精文化旅游产品，全力推进以春风江山田园文旅颐养小镇为核心的江郎山省级旅游度假区申报，谋划建设清漾毛氏文化交流基地，打造世界知名、全国一流的全域运动休闲旅游目的地，培育壮大千万级核心景区平台。加强江郎山国家5A级旅游景区及周边重大项目建设，通过对江郎山文化的深度挖掘，谋划江郎山养心湖生态旅游区、江郎山滑雪基地项目，加大招商引资力度，建设一批高品质、轻奢型旅游度假设施，逐年建设旅游度假体系产品。

以廿八都景区的古镇资源优势、浮盖山景区山岳资源和廿八都镇众多的乡村资源优势，如周边兴墩村的资源优势，充分发挥廿八都镇和古镇景区的联动作用。以廿八都古镇景区为核心，依托廿八都古镇深厚的历史文化底蕴和"枫溪锁钥"的独特项目资源，以婺剧文化、方言文化为引领，对婺剧、方言以及其他江山非遗进行演绎和活化，融入旅游项目打造、景观风貌优化等多方面，打响廿八都文化品牌。推进廿八都古镇一期业态提质工程，改变传统古镇景区的模式，重点发展高端民宿、休闲购物、餐饮娱乐和民俗文化体验项目。将婺剧、非遗场景化、剧场化，做足"戏剧"文章；提升改造现有方言姓氏馆，打造浙、闽、赣方言博物馆，以"乡音"为主题，做强"语言"高地。将溪水空间与古镇空间紧密衔接，凸显廿八都镇的慢生活风情，引进优质民宿集群等度假项目，做强"文化飞地"品质度假，传承好江山文化，打造江山民俗集聚区。对廿八都—浮盖山景区进行整体系统提升，打造岭上云间凤栖坞乡村精品度假村、廿八都太极湾精品民宿项目、廿八都古镇特色高端民宿集聚区。

仙霞关景区与保安乡各个乡村的统筹规划和联动发展，极大提高了景镇村的整体发展。戴笠故居老街展示民国风情；仙霞雄关古道遗址文化底蕴深厚，是古道文化的彰显和活化；石鼓香溪是戏水亲水的乐园，综合性旅游服务设施配套完备；箬山梯田乡村西坡民宿的注入带动整村发展；鳌顶柿林古村周边柿林遍布，采摘旅游或体验性项目居多。霞关古道文化展示高地，民国风情体验集聚区，全域链接休闲度假目的地。统筹考虑保安乡，以仙霞关景区为龙头，实现"山（仙霞关）、水（石鼓香溪）、田（箬山）、园（鳌顶）、城（戴笠故居老街）"区块的整体提升，强化游客的体验性。

四、打造景村旅游管理一体，提升乡村旅游运维质量

坚持以质取胜，把"质量强旅"作为旅游发展的核心理念，强化旅游企业质量主体责任，重点加强旅游品牌创建、旅游服务创优、旅游质量创新和旅游诚信建设。继续开展"景区管理、景区服务、造血乡村"等旅游质量输出助力乡村振兴等主题活动，推动旅游景区进行旅游提振乡村活动。全面提升乡村旅游从业者、乡村居民和旅游者文明素养，创建文明旅游示范区和示范单位。继续加大教育培训投入力度，重点做好行业领军人才和乡村从业人员的培养，举办饭店、旅行社、景区和乡村相关岗位技能大赛，推动旅游企业和旅游乡村自主培训。鼓励、指导宾馆饭店和民宿、农家乐等进行星级旅游饭店、特色文化主题饭店、绿色饭店、品质饭店创建。积极实施旅游质量精细管理，探索旅游景区和乡村旅游专业化、连锁化运营模式，引进国内外知名品牌、专业团队，组建"旅游运营智库"，实施"万村景区化 2.0"，打造专业强、服务优的乡村旅游运营团队，培育"乡村旅游带头人"，推动江山乡村实现乡村旅游服务设施现代化、服务人员专业化、服务方式标准化和服务内容人性化。通过景区运营管理方式和技能不断输出到乡村，提高乡村旅游运营管理能力，全面实现景村旅游服务和管理一体化。

五、助力景区品牌市场引流，提振景区乡村高质发展

在"景村旅游"的新格局中，发挥景区的引领效应，显得十分必要。引导和促进从一般景区走向打造精品、培育精品景区，发挥景区的引领作用和带动效应，使品质景区成为"全域旅游"先导区和示范地，正是综合统筹发

展新格局的题中之义。在"景村旅游"的新格局中，实现景区转型，发展导向、发展体制和管理机制尤为重要，必须依靠创新驱动和品牌引领。在发展导向上要更加注重景区的生态、社会、经济三个效益同步提高；更加注重把景区建成当地市民和外地游客共享的旅游休闲生活空间；更加注重资源的整合，推进景区的集聚发展、特色发展、协调发展，实现"不是建设更多的新景区，而是创造更大的新空间"。

"有限的景区，无限的产业"，延伸景区产业链，培育新的增长点，丰富旅游业态，拉动综合消费，即实现"景区+"，如"景区+地方美食""景区+文创产业""景区+特色购物""景区+亲子旅游""景区+健康养生""景区+节庆活动""景区+婚庆产业"等。实现景区的综合统筹发展，就是要走产业经济之路。

品牌企业能够提高区域在行业内的知名度，有利于增加合作伙伴。品牌文化对消费者来说，可以提高忠诚度，对同行业的企业来说，可以提高行业知名度。品牌企业不仅能提升区域影响力，而且能带来实质性利益。增加同行业或不同行业企业之间合作的机会，比如，区域品牌的打造和确立等方式。

坚持高质量发展战略，以国际引领的文化旅游目的地品牌建设和江郎山文化传承创新示范区建设为抓手，高质量构建文化和旅游产业体系。通过引入品牌企业带动江山高质量发展，或者通过打造特色文化小镇、文化遗产旅游产品、演艺娱乐文化产品等一批高质量文化和旅游项目工程，优化文化和旅游产业发展环境，培育新业态，推进产品创新、服务创新和机制创新，加强产业发展的保障措施，实现江山旅游产业高质量发展。通过景区高质量优质产品和服务的输出，引导乡村从传统向精品发展，从低端向高质量发展。

六、建设景村创业孵化学校，实现村民旅游就业创业

高标准实施富民强村行动，推进共同富裕共创共建。实现充分高质量就业。坚持以创业带动就业，对重点群体和新业态新模式从业人员开展精准培训，支持企业开发爱心岗位，推进农村创业创新等。促进低收入群体增收。深化低收入农户"奔富十法"，实施"田园共富""飞地认养"等项目，创

新"田园共富""农创共富"等共富新载体，建立完善持续增收、成果巩固和共建共富的闭环机制，壮大农村集体经济。以市镇两级景村抱团项目为核心，纵深推进景区村级集体经济"壮大工程"，构建起高质量增收渠道。

建立景区村民旅游就业创业乡村孵化学校，鼓励村民参与乡村景区创业孵化学习，提高自身旅游从业和创业素质，掌握旅游技能，了解最前沿的旅游态势和旅游市场前景。通过在景区开设培训课堂、民宿现场培训以及农家乐培训服务等项目，提高村民参与景区旅游发展的积极性和参与性，实现村民在景区、庭院、田园和农事活动中的价值，完成在家门口就业和创业，实现乡村旅游促进共同富裕的愿景。

七、整理乡村潜力旅游资源，激活景区村镇乡土资源

坚持"活态保护、有机发展"，盘活闲置资源，最大限度节约土地指标，减少各类建设性破坏。在前期江山夯土房助力乡村旅游共富的成功经验基础上，全面梳理景区周边村镇老屋、古树、环境、文化、生活肌理，重现乡村风貌格局和商业活力。全面整理江山高等级景区周边空置的古宅、老屋、旧居、古桥、古树或空心村等闲置资源。结合景区旅游发展，整体统筹这些闲置或没有充分发挥资源优势的乡村资源，通过传统村落保护利用和活化利用，老屋、宗祠、古廊桥得到修缮保护，乡村植入民宿、生态农业、文化产业等业态。古镇古村在进行保护规划的同时，结合旅游发展的需要，统筹考虑古镇旅游产品和旅游线路的开发，如廿八都古镇与周边乡村旅游融入地方旅游经济发展的大流之中，成为廿八都古镇新的经济增长点。古镇保护与发展旅游相结合，一方面，提升了古镇的环境空间品质，保留了传统的场所精神，使古镇历史文化资源的内在价值得到提升和体现。另一方面，古镇的知名度通过旅游这一手段得以有效宣传，并逐步树立古镇自己的品牌形象，进而促进旅游发展，并为古镇保护提供资金支持。通过古镇古村打造一批"非遗村""画家村""养生村""户外运动村"，活村活业活态富民。

八、符合旅游市场新消费，打造景村差异优质产品

优质旅游产品永远是稀缺品，也是未来旅游的制胜法宝。新发展阶段，

旅游者的需求更加多元化，"游"不再是唯一要素，"住""娱""购"等旅游要素显得愈加重要。一是布局上要更加合理，通过优化旅游产品结构，提高旅游服务质量，重启和优化旅游休闲配套服务，激活和促进旅游休闲业态的整体运行，确保旅游产业高附加值和综合发展质量。二是业态上要更丰富，通过培育丰富业态，做精做活江郎山清漾度假业态、廿八都古镇的民宿集群发展项目、仙霞关景区和保安乡的民国风情体验等项目，通过旅游内容深耕、产品深耕、产业链深耕，满足游客多元化需求。三是服务上要更有温度。注重细分消费者市场，90后、00后成为旅游消费的主力军，有温度、人性化、高效率服务价值需要在旅游相关行业中被大家认可，是优质产品的保障。四是景区和乡村要有差异化优质产品。景区和乡村有不同的资源特色和服务产品，景区以引领性产品为优质产品，而乡村以地域文化特色的乡村个性化旅游产品和服务满足不同游客群体的旅游需求。对于具备优势产业的乡村，选择其优势产业进行重点扶植和培育，与旅游业进行充分融合，将其打造成为景村特色产业；对于不具备优势产业的乡村，选择适宜产业进行导入，例如，对生态环境优美、地域风情浓郁、建筑特色突出、市场发育成熟的廿八都古镇可导入民宿集群产业，并将其打造成景村特色产业，推向市场。乡村作为相对原生态的地域空间系统，拥有城市地域无法替代的经济、社会和生态等功能。农业生产是乡村产业发展的根本，而保持景观的乡村性是乡村旅游发展的本质特性。依托乡村生态、生产和生活资源，积极创新旅游产品，构建新型农业经营体系，促进农业与旅游业融合发展。另外，在此过程中，特别要重视"人"（当地村民）的作用，有了当地村民的参与，景村才是有温度、有灵魂的，才是能更好区别于其他景村的。提炼村庄特色资源和人文风情，将其打造为有别于景区的优质村庄旅游产品。

九、树立景村旅游共富典范，古镇民宿产业先行先试

开展旅游景区助力乡村共富示范典型建设，努力形成"以点带面、示范引领"带动效应，努力建成江郎山景区、清漾景区和石门镇旅游休闲度假片区；统筹发展仙霞关景区与保安乡各个乡村为休闲旅游片区。

乡村民宿在向游客提供高品质住宿的同时，传递原生态的传统文化生活，增加乡村旅游的文化体验和乡村生活体验。通过"景区引领民宿+乡村小众民宿"的形式联动景区和乡村的农产品和休闲观光、农事活动体验、地方民俗体验等其他业态的发展，推进乡村资源、农业资源的开发和利用。

　　目前廿八都民宿发展势头迅猛，依托古镇深厚的文化底蕴、淳朴的民风和古香古色的建筑遗迹，通过在民宿体验过程中加入民俗、"非遗"等文化元素，契合现代人的文化消费需求，不断提升民宿产品附加值，极大提高廿八都民宿品牌影响力，壮大廿八都古镇民宿集群优势。结合树立示范景区乡村共富，休闲产业建设分期实施，可以选择廿八都景区休闲产业发展带动周边乡村民宿发展进行建设示范。以廿八都景区民宿休闲产业为引领品牌，建立乡村民宿孵化学校，引入培训导师和课程，课堂和实践相结合引导乡村居民参与乡村民宿的建设和发展中，依托美丽山水和人文古镇大力发展乡村民宿，促进当地三产融合发展，带动村民增产创收。通过开发各乡村特色民俗资源，举办打糍粑等系列乡土民俗活动，吸引广大游客参与体验，切身体会本土风情和地域文化。举办地方餐饮大赛，依托庭院经济和本地食材结合乡村民宿，实现乡村主题民宿和美食休闲业态融合，推动地方美食带动本地特色农产品销售，实现农民增收。通过廿八都古镇民宿集群发展促进乡村共富的发展典型，总结其发展模式和成功经验，为其他区域景村（仙霞关景区和保安乡全域发展）共富发展提供示范引领。

第十三章　破解江山全域旅游高质量发展困境的创新路径

经过这些年的不懈努力，江山市旅游已经取得了丰硕成果。江郎山·廿八都景区获得了国家 5A 级旅游景区称号，成功创建国家首批全域旅游示范区，获评县域旅游竞争力百强县市，并入选五个县域旅游高质量发展典型案例。江山市创建首批国家全域旅游示范区的做法得到各级领导肯定，在全省、全国形成了全域旅游发展的"江山样本"。尽管与省内同类县市比较，江山市旅游发展取得了明显的成效，但与所需求的全域旅游高品质和高质量发展差距还很大，与全域旅游发展的品牌需求相比还有许多提升空间，如产业链的纵向延伸不充分，项目的差异化、主题化开发有待强化，文化创意、高科技元素在融合中应用较少，缺乏具有竞争力及市场影响力的融合精品，文旅体融合的路径探索与模式创新有待深化。需进一步丰富休闲度假业态，精准招商引入高端引领旅游项目，加强旅游投资，强化运维管理，通过新媒体技术创新旅游营销，以杭州旅游高质量发展为蓝本，创新发展路径，破解江山旅游发展困境。

一、重塑业态产品发展理念，丰富休闲旅游度假业态

近年来，随着旅游消费的不断升级，消费者对旅游住宿等休闲业态的需求越来越多样化，让原本在国内名不见经传，以"情怀"为基调的小众民宿行业焕发勃勃生机，走入大众视野和生活，受到旅游者的欢迎，也得到国家政策层面的关注和支持，成为旅游业创新升级发展的又一个新风口。民宿是指利用当地闲置资源，民宿主人参与接待，为游客提供体验当地自然风景、文化与生产生活方式的小型住宿设施。作为一种新型的非标准化住宿，民宿

给游客带来差异化的住宿体验，因更具特色、性价比高而备受市场青睐。近几年，乡村民宿被越来越多游客选择。相比提供标准服务的酒店，民宿装修更有特色，美食更加地道，更贴近当地生活，已成为游客体验当地文化的一个窗口。当前，短途游、周边游、乡村游迅速升温，给民宿带来新机遇。

民宿、酒店等住宿休闲业态是一个区域发展的重要支撑要素，现在已经成为吸引游客前往目的地的重要旅游资源。改变旅游资源发展观念，要树立"业态产品就是旅游资源"的观念，酒店、民宿等度假休闲产品的打造也是一个区域吸引游客的重要内容。江山休闲旅游已经取得一定成绩，拥有星级旅游饭店、特色文化主题饭店 8 家；金陵大酒店成功获评五星级旅游饭店，实现衢州地区五星级饭店零的突破。江山市开展民宿提质富民工程，成功创建 1 家省金宿，9 家省银宿，和睦大院民宿被评为 2019 浙江非遗特色民宿。结合"诗画浙江·百县千碗"工程，推出江山十大金牌名菜，开展江山金牌菜"五进"工程，努力打响江山旅游美食品牌。做强江山夜间经济，唱响以"党建"为主题的"你好·江山"实景剧。但与同类地区的住宿休闲业态发展比较，尤其是在民宿建设和品牌方面，江山市在民宿产业发展和集群化品牌建设方面仍有一定差距，还需要加大创新发展路径力度。

一是加大民宿集群建设力度。需要加大开发具有区域特征和地方特色的旅游民宿品牌力度，借鉴优质旅游民宿品牌发展和建设理念，通过民宿设计、运营管理、市场开拓等成熟经验，创新发展模式，带动村民增收。充分发挥旅游民宿协会等行业组织作用，推动构建政府引导、村民参与、资本介入、公司运营、协会协调、多方受益的旅游民宿经营管理体系。把产业、体验、创意三个因素作为评价乡村旅游民宿产品的标准，因素间的权重差异，可以引发产品结构、营利模式、经营理念的变化。加大区域民宿集群开发力度，形成各类主题民宿风情体验集聚区。

二是要创新度假产品。通过大型企业资本导入，江郎山和廿八都景区与周边乡镇可以通过发展景区庄园经济，形成"景区+产业+庄园"三驱动；以景区服务品质为基础，以庄园品牌塑造、庄园综合功能扩展和庄园产业模式设计为主，提供独特的庄园生活体验。庄园形式的度假酒店，采用标准化管理经营模式，强化本地特色文化元素，形成"休养乐""产供销""工农贸"

紧密结合的整体化产业模式，以景区加周边乡村合力打造度假产品再创造。

三是要丰富业态融合。推动民宿产业、旅游演艺、文化遗产旅游、体育旅游、研学旅游、康养旅游、山地旅游、主题公园、主题酒店、特色民宿等业态提质升级，不断培育融合新业态。推进旅游演艺转型升级、提质增效，鼓励各地因地制宜发展中小型、主题性、特色类、定制类旅游演艺产品，鼓励合理规划建设旅游演艺集聚区。加强对文化遗产资源价值的挖掘，鼓励依托文物、非物质文化遗产资源大力发展文化遗产旅游、研学旅游，开发集文化体验、科技创新、知识普及、娱乐休闲、亲子互动于一体的新型研学旅游产品。规范发展富有江山文化特色、体现江山文化元素、科技含量高的主题公园。通过参与体验性强的主题公园打造，可以推进数字经济格局下文化和旅游的融合，加强数字文化企业与互联网旅游企业对接合作，促进数字内容向旅游领域延伸，强化文化对旅游内容的支撑和创意提升作用。积极利用数字展示、虚拟现实、增强现实、全息投影等技术，加大数字化、沉浸式、互动性等文化和旅游项目设计开发力度。以景区和旅游乡村为载体，开展业态功能复合、服务品质较高的业态融合产品。

四是跨界深度融合发展。促进文化旅游与农业、工业融合发展，创新推出体育、研学、康养等旅游新业态，力促旅游产业增量资产和文化领域存量资源深度融合，拓宽产业面，拉长产业链，构建现代文化和旅游产业体系，谋求多元化发展。发挥文化和旅游的融合拉动、催化集成功能，深化与第一、二、三产业跨界融合发展。深化文化创意、音乐、影视、动漫等文化业态与旅游业融合，推动旅游与文化娱乐、教育、住宿、餐饮等现代服务业深度融合，深化文化和旅游与交通、民宿、会展等产业的跨界融合，提升旅游带动效益。

二、聚焦旅游项目投资力度，打造核心引爆旅游产品

特色是一个旅游区最基本的属性，但仅有特色还不足以引爆一个旅游项目。因为现在市场雷同化资源太多，同一区域扎堆的景区太多，复制性的产品较多，几乎看不出差异。从市场角度讲，旅游区的特色要上升到核心吸引力的层面，这种核心吸引力一定是独有的，最好是有爆点，具备主题性、唯一性和垄断性。目前，江山景区旅游和乡村旅游缺乏核心引爆的旅游项目，缺乏引领市场的旅游产品。

需要加大江山高等级旅游景区投资力度，尤其是加强对国家 5A 级景区江郎山·廿八都旅游区投资，提升江郎山·廿八都旅游区的品质，全力创建江郎山省级旅游度假区，推动高等级景区和高品质度假区双轮驱动发展。通过加大项目投资力度，大幅提升江郎山·廿八都旅游区的市场影响力。

发挥江郎山世遗影响力。江郎山有着作为省内第一个世遗的优势，逐年建设配比相当的旅游度假产品体系，推动江郎山运动板块以及江郎山世遗文化体验园的建设，强化世遗的价值挖掘和文化交流，成为世遗文化输出的重要载体，通过文化体验活动，引领江山江郎山世遗地和国家 5A 级景区、省级旅游度假区走向全国，走向世界。

提升江郎山·廿八都旅游区品质。在江郎山景区内实施"微改造"旅游品质提升工程。深入挖掘清漾毛氏文化，加强对联家垄水库的保护和开发，打造清漾毛氏文化交流基地。以廿八都古镇为核心，加大对传统文化遗产的保护力度，做大现有古镇规模，启动廿八都古镇二期建设，建设江山廿八都国际非遗活化博览园一期示范改造，打造廿八都古镇旅游拳头产品，推动古镇旅游由观光休闲向度假生活转变，全面提升古镇旅游品质，打造江南古镇旅游目的地。深入挖掘仙霞古道文化，加强对仙霞古道的保护开发利用，启动耀眼明珠古道文化体验带项目建设，打造浸入式古道体验项目。从空间发展上，加强与浮盖山景区、江郎山景区和仙霞关景区的联动发展。通过主题化游线串联石门镇、廿八都镇、保安乡集镇及周边连片区域，织线成网，带动并盘活区域内散布的景区景点，增强景区承载力，推动江郎山·廿八都旅游区由观光型向观光休闲度假综合型转变，努力打造"千万级"核心景区。

加快推进以"春风江山"田园文旅颐养小镇为核心的江郎山省级旅游度假区和国家旅游度假区的创建。积极跟踪一批央企、上市公司及头部企业，持续推进一批重大旅游项目招商，全面完善基础配套、景观风貌、旅游度假、运动健身、文化创意、康体疗养、夜间娱乐等休闲业态，做强旅游核心板块。努力打造与江郎山世界自然遗产功能、主题相匹配的产业发展平台。

三、精准开展项目招商选商，引入高端品牌影响企业

一体化推进招商、育商、稳商工作，通过精准招商、精心育商、精细稳商助力江山旅游取得高质量发展。招商引资是旅游高质量发展的"源头活水"，是产业升级的重要抓手。根据目前江山旅游正处于以传统观光为主转向以休闲度假为主的转型关键时期，面对克服民宿休闲业态发展的短板，需要针对民宿等酒店类企业，进行精准招商，统筹构建"招育稳"一体化格局，加大增量培育力度，加强存量提升，确保旅游经济运行稳中求进，通过引入高端有品质的旅游引领企业，实现带动当地休闲业态的高质量发展。高端引领性品牌旅游企业对于地方经济发展具有重要的推动作用，因此，扩大招商、精选优质商体，对于江山全域旅游高质量发展具有重要的带动作用。

以发挥旅游资源优势为目标，打破所有壁垒。文化融入工业，用全域旅游的思维抓工业旅游。随着工业化的深入发展以及旅游业的蓬勃兴起，工业和旅游日益走向融合共赢。江山是全国著名的蜜蜂之乡，养蜂规模与经济效益连续28年居全国各县（市）之首。可以通过引入蜜蜂品牌企业和旅游融合的发展模式，推广蜜蜂文化、企业文化，提升企业文化层次，扩大企业知名度，带动"旅游+工业"产业的发展。

要实现高质量发展，选商引资是先锋队。从过去旅游地产项目的招引，到如今注重旅游科技、休闲业态含量的招商引资，以"创新"和"品质"为招商标准，力争让"寸土"产"寸金"。在江郎山·廿八都景区招商过程中，需要紧紧围绕江山旅游的主导产业，抓大不放小，特别是要引入一些含有度假业态品质高、运维品牌强的精项目，对产业链进行延链、补链、强链。既要"大好高"，又要"高精特"。通过邀请省内外、国内外品质旅游企业，筛选符合产业导向的"大好高"项目成为江山培育发展新动能的重要着力点。

四、引入现代运维高效体制，强化景区运营优质管理

目前江山高等级旅游景区运维管理与同类地区还有一定差距，江郎山·廿八都景区需要引入现代运维体系，完善和落实景区高效运维体系，提高景区和乡村的运营质量，强化景区高效运行。通过强化运维评价体系，数字化

管理效度，全面提升景区运营管理。针对不同旅游利益主体，推进旅游改革和管理体系改革，完善政府、企业、行业组织、居民等多元参与利益关系机制，合理兼顾各个不同主体利益的诉求，建立现代旅游治理体系，形成旅游业持续健康发展的良好制度环境，实现从传统旅游治理管理向全面依靠高效管理现代化和科学化转化，提升旅游治理效能，促进旅游景区的高效化和优质化。

要注重实效，利用制度确保旅游运行常态化。将运营机制纳入政府年度考核体系，建立旅游高质量发展工作的督查、落实机制，确保机制有效运行。要开展体现高质量发展的评价指标体系。建立高质量发展评价指标。旅游高质量以游客服务为中心，提高旅游高质量和幸福感的指标。江山旅游高质量评价指标不能"一刀切"，应在总体框架允许下，各地因地制宜突出重点，使评价指标真正起到风向标和助推剂的作用。通过江山市旅游高质量发展的评价指标体系，评价全域旅游背景下各个景区旅游发展实际，评价各个景区发展成效。通过发展评级，发现发展中存在的问题，找出各个景区的发展困境，激发各个景区发展积极性，便于后续提出解决对策。

五、加大新型媒介技术应用力度，适应主流游客市场需求

年轻时尚群体是旅游市场主力军，00 后作为年轻一代成为旅游市场消费新主力军。报告显示，通过某平台下单的人数较 2019 年同期增长 2.5 倍，90后消费群体也较 2019 年上半年增长近 40%。年轻时尚群体对于新鲜事物和技术接受程度快，易于用现代新型技术传播所见所闻。随着 AI 大数据、云开发等高新科技的发展，旅游资讯的传播方式已从主流媒体逐步转移到各自媒体平台，旅游活动属于异地消费，且生产与消费同时进行，被广泛认为是受口碑营销影响最大的领域之一，旅游信息传播方向遍布各个行业、各个角落，旅游资讯不再受"某个主导者、某个声音"的统一领导，而是独立于资讯并对所获取的资讯做自我判断和抉择。相对基础的口碑营销方式而言，网络口碑营销具有效率高、感染力强、传播内容丰富多样等特征。而随着高新技术的发展，旅游消费者对旅游信息的获取方式、通过旅游自媒体平台传递的价值理念都发生着深刻变化，需要江郎山·廿八都景区借助互联网技术和

思维，提升旅游实体经济与虚拟经济相融合的创造力。在旅游业网络口碑营销实践中，旅游者关注度较高的信息一般具有图文并茂的特征。年轻群体更多地利用手机等新媒体技术获得旅游资讯。

目前江山江郎山·廿八都景区旅游产品与其他产品的明显区别在于，其依靠独特的山岳地质景观来吸引年轻游客，而旅游自媒体的发展为提升在线呈现七彩景观吸引力提供了相关技术支持和可靠保证。在众多旅游网站中关注度较高的游记有着更为专业的旅游摄影照片，有更多"干货"的旅游线路攻略。因而，江郎山·廿八都景区营销人员应该尽可能在自身设计的网页或营销软文中包含较多展现多彩景观特色的高质量旅游图片，以此来吸引潜在消费者的关注。

六、选择优势资源片区开发，优先打造度假产业集群

目前，江山高等级旅游景区由于地理环境和历史，空间距离较远，都比较分散，休闲业态缺乏有效集中。未来度假旅游的大趋势是更好地将各种内容和体验进行集群化，通过功能的差异化发展，在度假区内形成产业集群，实现规模经济，既能最大限度地利用土地等自然资源，又能充分利用度假区内的基础设施，实现效益最大化。核心产业下的产业多样性，既能为度假者提供多样化的体验，又能满足不同度假者多样化的度假需求。不仅打造休闲度假目的地，还要打造度假产业链的集群。因此，可以选择在江郎山·廿八都景区片区集中开发度假业态产业集群。

以江郎山国家5A级旅游景区为依托，围绕江郎山世遗文化，做精文化旅游产品，全力推进以"春风江山"田园文旅颐养小镇为核心的江郎山省级旅游度假区建设工作，谋划建设清漾毛氏文化交流基地，打造世界知名、全国一流的全域运动休闲旅游目的地，培育壮大千万级核心景区平台。加强江郎山5A级旅游景区及周边环境整治，加快推进江郎山世遗文化体验园、江郎觅境精品民宿、鸟语花香生态园、浙闽赣皖应急避险培训基地等重大项目建设，继续加大建设江郎山养心湖生态旅游区、江郎山滑雪基地项目力度，通过精选招商，建设一批高品质、轻奢型旅游度假设施，建设江郎山旅游度假体系产品的集群片区。以廿八都古镇景区为核心，依托廿八都古镇的深厚

历史文化底蕴和"枫溪锁钥"的独特项目资源，融入旅游项目打造、景观风貌优化等多方面，打响廿八都文化品牌。改变传统古镇景区的模式，重点发展高端民宿、休闲购物、餐饮娱乐和民俗文化体验项目。将溪水空间与古镇空间紧密衔接，凸显廿八都古镇的慢生活风情，引进优质民宿集群等度假项目，做强"文化飞地"品质度假，传承好江山文化，打造江山民俗集聚区。对廿八都—浮盖山景区进行整体系统提升，打造岭上云间凤栖坞乡村精品度假村、廿八都太极湾精品民宿项目、廿八都古镇特色高端民宿集聚区。

七、打造夜间旅游活动项目，激活旅游景区全时体验

文旅夜游可以说是旅游行业的蓝海，其市场具有非常大的潜力，文旅夜游项目火爆的原因是人们休闲活动习惯在夜晚，所带来的是完整的闭环产业链，就算文化旅游业受到影响，夜间经济也可以迅速复苏。文旅夜游项目应该注重周边的基础建设问题，有效促进游客的旅游体验，延长游客的游玩停留时间，通过多场景化，还可以刺激游客产生更多的消费。此外，文旅夜游项目的发展丰富了景区旅游多样化，改善了旅游体验，形成了良好的体验口碑。

对于旅游体验的改善，夜间旅游可以通过多媒体手段创造多维度的体验空间，以多元化、多层次的场景环境，引起游客的情感共鸣，营造夜游文化体验氛围，让游客在不同地方享受到生活的乐趣，同时也可以满足和释放休闲需求和氛围需求。"无夜态，不度假"，异地生活方式的改变，不仅仅是白天的奔波，还有夜间的体验。人的生理结构和生物钟也决定了一天的游玩之后需放松，放松休闲需求是夜间旅游的核心。为了更加吸引人，旅游产品的夜态设计和配套应满足这一需求。夜间旅游产品可融入旅游景区的消费圈和体验圈，如各种特色餐厅、酒吧、购物体验街区、休闲养生商圈等，以承担夜间旅游产品下游客的休闲消费需求。

目前，江山江郎山·廿八都景区和重要的旅游乡村都缺乏体验性强的夜间旅游活动，不能满足游客在旅游目的地夜间旅游活动的配套设施。通过丰富发展"夜游、夜购、夜食、夜宿、夜娱"五大要素，深化打造"夜游江山"品牌，打造夜间消费"文化IP"；开发夜间旅游消费"打卡"地，以夜

生活探寻、夜文化体验点亮"夜经济",以"夜游江山"服务提升为重点,积极发展江郎山·廿八都景区夜间演艺、夜场灯光秀、24小时书店、特色风情街、美食网红店、文创集市、特色旅游街区等夜间经济业态,增强游客体验性和互动性,延长游客停留和消费时间;大力实施亮化工程,优化交通线路设置,延长夜间运营时间。拓展江郎山·廿八都景区夜游空间,将特色旅游演艺产品和乡村夜游项目结合,协同发展。打造夜间旅游活动项目,激活江郎山·廿八都旅游景区全时体验。使游客从不同时间、角度体验江郎山·廿八都景区的山水和人文资源。

八、融入杭州一体化管理发展,破解江山旅游发展困境

江山高铁直通上海、杭州等长三角重点城市,区位优势独特,交通便捷,是全国首批全域旅游示范区,并荣膺"国际花园城市"大奖,在全域旅游方面的创新和成绩有目共睹。站在新的发展起点上,要着力打造江山全域旅游发展新格局,全力推动长三角高质量一体化发展。

杭州之所以成功是因为较早地形成了景村共域、主客共享、全民共建的机制。杭州"旅游西进"战略、"拥江发展"战略的推进,以及特色小镇的旅游功能化、乡村景区化政策的推出,让小城镇、农村居民"零距离就业,足不出户挣钱",促进了杭州小城镇、农村剩余劳动力的分流,增加了百姓收入,让旅游业在满足旅游者需求的同时,使当地居民受益匪浅。杭州高等级旅游景区高质量管理和品质服务带动了周边乡村全域旅游发展,实现乡村共富。

随着与杭州地缘交通和旅游要素的加快融合,要站在融入杭州一体化的战略高度上,充分发挥利用好杭州长三角地区的大客源比较优势、旅游运维的成功管理经验、旅游市场的敏锐研判和旅游产品的及时创新,对内加快形成"杭衢联动、四极辐射、全域旅游"的区域协调发展总体格局,对外通过交流协作为杭州长三角地区区域协调发展和典型学习贡献江山力量。各个区域发挥比较优势,通过积极对接杭州旅游相关部门和企业,协调发展和杭州旅游市场的关系基础。加快实现融入杭州旅游市场一体化战略,通过杭州旅游高质量输出服务江山旅游发展,发挥江山在旅游资源、区位条件和全域旅

游基础等方面的竞争优势；利用杭州和衢州旅游市场与资源，同周边地区开展良性竞合关系，积极探索富有江山全域旅游地域特色与产业特征的高质量发展道路，与杭州旅游高质量相匹配；融入杭州旅游一体化，推进江山高等级景区带动乡村旅游的全面提升，更加深入地融入杭州旅游发展一体化进程，进一步构建江山与杭州的旅游协作关系，形成区域旅游经济体系，积极打造江山—杭州城市群的杭州后花园城市，构建江山在杭州乃至长三角地区的全域旅游竞争优势。通过杭州旅游市场、服务质量、服务品牌和服务输出打造江山在浙江的旅游高地，提升江山旅游服务质量、品牌品质、运维管理水平和发展水平，破解江山旅游发展困境，全面开启以杭州旅游成功经验为学习典范的江山特有的旅游发展之路。